Purimspiel und Fastnachtspiel

Studia Augustana

—

Augsburger Forschungen zur europäischen
Kulturgeschichte

Herausgegeben im Auftrag des Instituts
für Europäische Kulturgeschichte von
Victor A. Ferretti, Mathias Mayer und Klaus Wolf

Band 20

Purimspiel und Fastnachtspiel

Interdisziplinäre Beiträge zur Gattungsinterferenz

Herausgegeben von
Klaus Wolf

DE GRUYTER

Gedruckt mit Unterstützung der Richard Stury Stiftung.

ISBN 978-3-11-110460-7
e-ISBN (PDF) 978-3-11-069688-2
e-ISBN (EPUB) 978-3-11-069692-9
ISSN 0938-9652

Library of Congress Control Number: 2020950011

Bibliografische Information der Deutschen Nationalbibliothek
Die Deutsche Nationalbibliothek verzeichnet diese Publikation in der Deutschen
Nationalbibliografie; detaillierte bibliografische Daten sind im Internet über
http://dnb.dnb.de abrufbar.

Druck und Bindung: CPI books GmbH, Leck

www.degruyter.com

Inhalt

Klaus Wolf

Vorwort

Das Buch Esther, benannt nach seiner handlungstragenden Gestalt, berichtet, wie Mardochais Pflegetochter Esther an Stelle der verstoßenen Königin Vasti (auch: Vaschti) vom Perserkönig Ahasveros-Xerxes (485–465 vor Christus) zur Ehefrau genommen wird. Obwohl der Jude Mardochai dem persischen König sogar das Leben rettete, erwirkt der judenfeindliche Großwesir Haman einen Erlass zur Vernichtung der Juden. Diese Vernichtung wird durch Los (pûr) bestimmt und sollte am 13. Tag des 12. Monats Adar (Februar oder März) erfolgen. Auf Bitten Mardochais setzt sich die Jüdin Esther unter Lebensgefahr für ihr Volk ein. Der Intrigant Haman kann überführt und schließlich am Galgen gehängt werden. Darüber hinaus werden der 14. Adar für die Juden in der Provinz und der 15. Adar für die Juden der Hauptstadt zum Festtag erklärt, die Geburt des Purimfestes. An diesem Festtag wird traditionell das der Gattung Festlegende angehörige biblische Buch als Festrolle verlesen, wobei der Gottesname nicht ein einziges Mal vorkommt.[1]

Das Purimfest, welches im aschkenasischen Europa und nicht zuletzt etwa in der frühneuzeitlichen Reichsstadt Frankfurt am Main, einem wichtigen Vorort des Judentums im Heiligen Römischen Reich neben den SchUM-Städten Speyer, Worms und Mainz, in der Synagoge, aber auch außerhalb gefeiert wurde, ja, wie der Frankfurter Chronist Johann Jakob Schudt berichtet, einmal sogar nach dem Pogrom des Vinzenz Fettmilch und der Austreibung der Frankfurter Juden aus der Judengasse als *Vintzpurim* oder *Purim Vinz* instrumentalisiert wurde, konnte karnevaleske Züge tragen und wurde mitunter performativ ausagiert.[2]

Von daher ist es naheliegend, dass Johann Wolfgang von Goethe aus seiner in *Dichtung und Wahrheit* dokumentierten engeren Vertrautheit mit der Frankfurter Judengasse und in begeisterter Rezeption der Fastnachtspiele von Hans Sachs, der sich eben im sechzehnten Jahrhundert auch des Esther-Stoffs annahm, in seinem Stück *Das Jahrmarktsfest zu Plundersweilern* als Zentrum oder Theater auf dem Theater gerade eine Esther-Tragödie, freilich ironisch, inseriert. Während sich Johann Wolfgang von Goethe in der älteren Fassung der Knittelverse des *einfachen Bürgers* Hans Sachs bedient, verwendet er in der zweiten Fassung nicht zuletzt den Alexandriner, um sich in ironischer Absicht von ebenso pathetischen wie schwülstigen Tragödienformen seiner Zeit zu emanzipieren

---

1 Vgl. Sellin/Fohrer 1979, 271–275.
2 Vgl. zu den Frankfurter Verhältnissen: Backhaus et al. 2005.

https://doi.org/10.1515/9783110696882-001

und den poetologischen, konkret dramentheoretischen Diskurs des ausgehenden achtzehnten Jahrhunderts auf der Bühne parodistisch fortzuspinnen. Mitunter geht es etwa auch um Religionskritik im Spannungsfeld von lutherischer Orthodoxie, Pietismus und insbesondere Aufklärung, freilich in einer karnevalesken Ver-, ja Umkehrung der Welt:

> Der Vorhang hebt sich. Man sieht den Galgen in der Ferne. Kaiser Ahasverus. Haman:

> Gnädger König Herr und Fürst
> Du mir es nicht verargen wirst
> Wenn ich an deinem Geburtstag
> Dir beschwerlich bin mit Verdruß und Klag.
> Es will mir aber das Herz abfressen
> Kann weder schlafen noch trinken noch essen.
> Du weißt wieviel es uns Mühe gemacht
> Bis wir es haben so weit gebraucht
> An Herrn Kristum nicht zu glauben mehr
> Wie`s tut das große Pöbels Heer.
> Wir haben endlich erfunden klug
> Die Bibel sei ein schlechtes Buch.
> Und sei im Grund nicht mehr daran
> Als an den Kindern Heynemann
> Drob wir denn nun Jubilieren
> Und herzliches mitleiden spüren
> Mit dem armen Schöpsenhaufen
> Die noch zu unserm Herrn Gott laufen.
> Aber wir wollen sie bald belehren
> Und zum Unglauben bekehren
> [...][3]

Der von Goethe dem kurzen Drama ausdrücklich beigegebene Untertitel *Ein Schönbartsspiel* verweist auf die wohl durch Hans Sachs vermittelte Tradition des Nürnberger Fastnachtspiels, welches wiederum auf dem fastnächtlichen Brauchtum des Nürnberger *Schembartlaufs* fußt. Letzterer ist im Kirchenjahr fest verankert und thematisierte einst vor allem die Todsünden.[4] Damit ist aber das karnevaleske christliche Fastnachtspiel letztlich ebenso religiös gegründet wie die der Faschingszeit zeitlich nahen jüdischen Purimbräuche, die auch Maskierung und Theater kennen. Freilich wurde diese in einen religiösen Kalender eingeschriebene Konvergenz noch nie systematisch erforscht. Dieses Forschungsdesiderat

---

[3] Vgl. zum Ganzen: Goethe 1985, 255–265, 741–757.
[4] Vgl. Küster 2008, online: <http://www.historisches-lexikon-bayerns.de/Lexikon/Nürnberger_Schembartlauf> (Zugriff 30.9.2020)

ist umso größer als sowohl christlichen Fastnachtspielen wie auch jüdischen Purimspielen – bei aller Problematik des Begriffs – durchaus der Charakter von Volksschauspielen zukommt.[5]

Deshalb veranstaltete der Herausgeber des Bandes mit *Purim-shpiln und Fastnachtspiel* ein interdisziplinäres Kolloquium zu Überlagerungen und Überschneidungen beider Gattungen am 15. und 16. Februar 2018 in der ehemaligen Synagoge Ichenhausen. Der Tagungsort wurde bewusst gewählt im Blick auf die Tatsache, dass die dortige Synagoge samt Rabbinat vom sechzehnten Jahrhundert bis 1933 ein geistliches und geistiges Zentrum des Judentums in Vorderösterreich, später auch im Königreich Bayern und in der Weimarer Republik für ganz Bayerisch Schwaben darstellte, wo Juden und Christen demographisch und ökonomisch sowie kulturell annähernd gleich stark waren.[6] Der Vorortfunktion von Ichenhausen in *Medinat Schwaben* hat erst jüngst Rafael Seligmann mit seinem Roman *Lauf, Ludwig, lauf!* ein vielbeachtetes literarisches Denkmal gesetzt.[7]

Abb. 1: Die Synagoge Ichenhausen. Bild: Synagogenstiftung Ichenhausen.

---

5 Dazu jüngst umfassend: Bernhart 2019.
6 Vgl. dazu umfassend: Kießling 2019, passim.
7 Vgl. Seligmann 2019

Abb. 2: Innenraum der Synagoge Ichenhausen. Bild: Synagogenstiftung Ichenhausen.

Von daher steht der Tagungsort, an dem sich einst Christen und Juden die Waage hielten, auch für ein jahrhundertealtes jüdisch-christliches Interagieren. Tatsächlich wurden Interferenzen zwischen jüdischem Purimfest und christlicher Fastnacht in der Forschung bislang so gut wie nicht beachtet. Um dieses Defizit zu beheben, haben der Mainzer Theologe und Judaist Prof. Dr. Andreas Lehnardt sowie der Augsburger Mittelaltergermanist und Dramenforscher Prof. Dr. Klaus Wolf 2017 Expertinnen und Experten aus dem deutschsprachigen Raum zu einem zweitägigen Kolloquium im Februar 2018 in die ehemalige Synagoge Ichenhausen eingeladen. Es ging darum, erstmals systematisch die wechselseitigen Anspielungen zwischen den Gattungen Purim- und Fastnachtsspiel auszuloten. Und in der Tat folgen Purimspiele mitunter karnevalesken Gesetzmäßigkeiten, während christliche Fastnachtsspiele wiederum oft die jüdische Minderheit thematisieren – im weiteren Sinne also ein Dialog auf der Bühne, dem sich die Forschung bislang noch nicht systematisch gewidmet hat.

Im Einzelnen thematisierte Dr. Jürgen Küster von der Universität Augsburg Geschichte und Wandel des *Jüdischen* im traditionellen Fastnachtsspiel. PD Dr. Cornelia Herberichs von der Universität Stuttgart beleuchtete das Judenbild in den Fastnachtspielen und Bibeldramen von Hans Sachs. Prof. Dr. Cora Dietl von der Universität Gießen referierte zum Thema *Der Jude im Dorn – oder in Frankfurt: Zweierlei Umgang mit Juden in Jakob Ayrers Fastnachtspielen*. Prof. Dr. Benigna Schönhagen, Leiterin des Jüdischen Kulturmuseums Augsburg-Schwaben, berichtete über Purim in Schwaben. Den öffentlichen Abendvortrag hielt Prof. Dr. Andreas Lehnardt von der Universität Mainz mit *Purimshpil – die Megillat Ester auf der Bühne*. Dr. Diana Matut von der Universität Halle referierte aus musikwissenschaftlicher Perspektive *Der Narrenkappen hat er viel … Interferenzen von Purim- und Fastnacht in der Liedperformanz*. PD. Dr. Heidy Greco-Kaufmann von der Universität Bern sprach zum Thema: *Die Anhänger des Antichrist: Juden und konfessionelle Gegner in Schweizer Fastnachtspielen*. Die österreichische Perspektive bot Dr. Klaus Amann von der Universität Innsbruck mit dem Thema *Vom Salbenkrämer über den Quacksalber bis Andreas von Rinn: Antijudaismus in der tirolischen und österreichischen Spieltradition*. Alle Referentinnen und Referenten (bis auf Cornelia Herberichs, die wegen anderer Verpflichtungen eine Verschriftlichung nicht leisten konnte) arbeiteten dankenswerterweise die Vorträge zu den in diesem Band versammelten Beiträgen aus.

Der Band thematisiert damit erstmals die Gattungsinterferenz zwischen Purimspielen und Fastnachtspielen. Denn der ungefähre zeitliche Zusammenfall des jüdischen Purim-Festes und der christlichen Fastnacht im liturgischen Jahreskreis sowie die jeweilige Performanz einer verkehrten Welt lassen – insbesondere wo sich Juden und Christen in Land- sowie Reichsstädten in der Vormoderne täglich begegneten – nach wechselseitigen Beeinflussungen fragen. Im Einzelnen wurden jüdisch-christliche Berührungen in Brauchtum und Spiel für wichtige Spiellandschaften wie das Rheinland, die Schweiz, Schwaben oder Tirol in den Blick genommen. Dabei kristallisieren sich von Ort zu Ort trotz gemeinsamer Sujets unterschiedliche Formen des Ausagierens von interreligiösen Dialogen ab. Dennoch sind die performativen Parallelen, die hier erstmals dokumentiert werden, frappierend. Die interdisziplinären Beiträge des Sammelbandes verstehen sich nicht zuletzt als Anstoß für weitergehende Forschungen.

In der Summe ergibt sich aber bereits mit dem vorliegenden Band, dass Purim und Fastnacht von ihrem performativen Potenzial her im Alten Reich künftig nicht mehr unabhängig voneinander betrachtet werden dürfen. Der Sammelband wendet sich nicht zuletzt wegen des interdisziplinären Charakters seiner Beiträge an Judaist/-innen, Theolog/-innen, Germanist/-innen, Ethnolog/-innen und Historiker/-innen mit der Ausrichtung auf das Spätmittelalter und die Frühe Neuzeit.

Literaturverzeichnis

Backhaus, Fritz / Engel, Gisela / Liberles, Robert / Schlüter, Margarete (Hrsg.): *Die Frankfurter Judengasse. Jüdisches Leben in der Frühen Neuzeit*. Frankfurt am Main 2005 (Schriftenreihe des Jüdischen Museums Frankfurt am Main 9). – Englischsprachige Fassung unter dem Titel: „'Die judden sollen dis spiel in iren husen bliben!' [The Jews should remain in their houses during this play]: The Ghettoisation of the Frankfurt Jews as Mirrored in Urban Plays", in: *Jewish Culture and History* 10 (2008).
Bernhart, Toni: *Volksschauspiele. Genese einer kulturgeschichtlichen Formation*. Berlin / Boston 2019 (Deutsche Literatur. Studien und Quellen 31).
Goethe, Johann Wolfgang: *Dramen 1765–1775*. Unter Mitarbeit von Peter Huber herausgegeben von Dieter Borchmeyer. Frankfurt am Main 1985 (Deutscher Klassiker Verlag: Johann Wolfgang Goethe I.4), 255–265, 741–757.
Kießling, Rolf: *Jüdische Geschichte in Bayern. Von den Anfängen bis zur Gegenwart*. Berlin / Boston 2019 (Studien zur Jüdischen Geschichte und Kultur in Bayern 11).
Küster, Jürgen: *Nürnberger Schembartlauf*, publiziert am 23.12.2008; in: Historisches Lexikon Bayerns, URL: <http://www.historisches-lexikon-bayerns.de/Lexikon/Nürnberger_Schembartlauf> (30.09.2020) [Zugriff am 30.9.2020]
Seligmann, Rafael: *Lauf, Ludwig, lauf! Eine Jugend zwischen Fußball und Synagoge*. Stuttgart 2019.
Sellin, Ernst / Fohrer, Georg: *Einleitung in das Alte Testament*. 12., überarbeitete und erweiterte Auflage. Heidelberg 1979.

Andreas Lehnardt

Purimspiel – Megillat Ester auf der Bühne

1 Einleitung

Ein bekannter Midrasch (Ester Rabba 7,11 zu Ester 3,7 [11d]), ein antiker jüdischer Bibelkommentar zum Buch Ester, erzählt über Haman, den Bösewicht und Gegenspieler Esters und Mordechais, dass, als Haman das Los werfen wollte, um den günstigsten Tag herauszufinden, an dem er die Juden vernichten könnte, die Tage vor Gott traten und sich verteidigten. Alle Wochentage seien Tage der Schöpfung und es gäbe keinen, auf den das Los der Vernichtung geworfen werden könne. Der Sabbat stellte sich schließlich vor Gott und erinnerte an Gottes in der Tora gegebene Zusage: Dieser Tag ist ein Zeichen zwischen mir und den Kindern Israels auf ewig. „Willst Du sie ausreißen, so reiße erst den Shabbat aus, vernichte ihn zuerst und dann vernichte sie."[1] Haman versuchte es daraufhin bei den Monaten und den Sternzeichen. Jeder Monat, beginnend mit dem hebräischen Monat Nisan, in dem das Passa-Fest gefeiert wird, konnte etwas gegen Hamans Vorhaben aufweisen, allein der letzte Monat des jüdischen Kalenders, der Adar, hatte kein Verdienst für das jüdische Volk, und so freute sich Haman. Und so kommt es, dass man das Purim-Fest bis heute im Monat Adar feiert, der etwa den Monaten Februar-März im gregorianischen Kalender entspricht: zum Gedenken an die in diesem Monat abgewendete Verfolgung durch Haman den Aggagiter.

Dieser aggadische Midrasch verweist gut darauf, dass dramatisierende Erzählungen seit der Antike zur jüdischen Bibelauslegung gehören. Das Buch Ester war dabei das Buch von allen biblischen Büchern, welches am häufigsten Gegenstand von solchen Kommentaren wurde. Erweiterungen, Bearbeitungen und Zusätze zu diesem Buch lassen sich bis in vorrabbinische Zeiten verfolgen. Im Grunde setzt die Kommentierung und kreative Fortschreibung mit seiner Entstehung ein und wird von da an stets weitergeführt.

Auch wenn ich also im Folgenden einen Text und seine Auslegungen behandele, der den Epochenrahmen der Beiträge zu diesem Band überschreitet, so auch deshalb, weil sich insbesondere an den unterschiedlichen Interpretationen

---

1 Vgl. Tabory/Atzmon 2014, 133–135.

https://doi.org/10.1515/9783110696882-002

des Ester-Buches beobachten lässt, wie kreativ und vielfältig biblische Schriften rezipiert und dramaturgisch weiterentwickelt werden konnten.

2 Das biblische Buch Ester – Einleitungsfragen

Das Buch Ester ist das Werk eines unbekannten Autors, der als Angehöriger einer Minderheit unter fremder Herrschaft, in einer fremden Kultur lebte. Mittels einer Erzählung versuchte er, sich seiner Identität und seiner Zugehörigkeit zu seiner Gemeinschaft zu vergewissern. Für christliche Kommentatoren war dieses biblische Buch auch wegen dieses jüdischen Charakters oft Stein des Anstoßes, und schon unter den Kirchenvätern fehlte es nicht an Kritikern, die dem Buch jegliche Bedeutung für Christen abzusprechen suchten. Doch gilt es zu beachten, dass auch innerjüdisch die Stellung des Esterbuches innerhalb des Kanons der biblischen Bücher umstritten war. Allzu profan, so erschien es vielen, erzählte das Buch von Hinrichtung und Kontakten mit Nichtjuden, und von vielen Kommentatoren wurde außerdem kritisiert, dass „Gott" in ihm nicht erwähnt und sein Eingreifen nicht vorausgesetzt wird. Zudem handelt das Buch von einer Held*in*, von einer Frau, die für ihr Volk viel riskiert und am Ende Erfolg hat. Schon in frühen rabbinischen Auslegungen und dann auch in den hier zu behandelnden Spielen wird daher versucht, Mordechai, den Oheim oder Ziehvater Esters, als den eigentlichen Helden der Geschichte hervorzuheben. Ester wird dagegen – vor allem in der späteren rabbinischen Tradition – bewusst an den Rand des Geschehens gedrängt.[2]

Das biblische Buch bezieht sich auf die Zeit des Ahasveros (oder Ahaschwerosch), d.h. auf die Zeit Xerses I., der von 485–465 in der Stadt Susa als König über das persische Reich herrschte. Abgesehen von diesem historischen Rahmen, der die später für die Spiele verwendete Bezeichnung Ahaschwerosch-Spiele erklärt, ist der Rest der biblischen Geschichte unhistorisch, wenn auch voller Wahrheiten. Zunächst wird von zwei Trinkfesten erzählt, wobei es zur Entmachtung der Königin Waschti kommt, da sie sich dem Willen des Königs entzieht. Ester, eine jüdische Waise, da sie bei ihrem Vetter Mordechai aufgezogen worden war, wird aufgrund ihres schönen Aussehens als Nachfolgerin gewählt. Ester steigt gewissermaßen vom Deportationsopfer oder Flüchtlingskind zur Königin auf. Ihrem Vormund Mordechai bleibt sie gehorsam und überwindet auf

---

2 Vgl. die immer noch nützliche Zusammenstellung der wichtigsten rabbinischen Interpretationen bei Katzenellenbogen 1933, 40–42.

dessen Drängen sogar ihre Todesangst zugunsten ihres Volkes. Mordechai bleibt auch nach der Krönung Esters mit ihr verbunden und wird von Ester schließlich über die geplante Palastrevolte und den Anschlag gegen die Juden durch den obersten Wesir oder Beamten, Haman, einen Agagiter und damit einen Erzfeind Israels, informiert. Dieser Haman plant ein Pogrom gegen die Juden, dessen Datum er durch Los festlegen will. „Los" bedeutet in Persisch *pur*, was die Etymologie des Festes erklärt (vgl. Ester 9,26). Schließlich veranstalten die Juden mehrere Fasten und für den König ein Trinkgelage. Die Befehle Hamans werden zurückgenommen, der König erlaubt den Juden, alle Feinde zu vernichten. Mordechai wird von Haman gehuldigt, jener schließlich gehängt. Mordechai und Ester verfassen daraufhin Briefe, die die gesamte Zerstreuung des Volkes über die wundersame Rettung aus der Hand Hamans unterrichten und den 14. Adar (in Susa den 15. Adar) zum Festtag machen. Man solle Freunden, aber auch Fremden Esswaren schicken und Arme beschenken, damit sie die Pflicht zu feiern erfüllen können – später wird dieser Brauch auf Jiddisch *Shlakhmones* genannt (vgl. Ester 9,19).[3]

Am 13. Adar aber solle jedes Jahr gefastet werden, um an die Gefahr des einst drohenden Pogroms zu erinnern. *Ta'anit Ester*, der einen Tag vor dem Fest begangene Halbfastentag zum Gedenken an das Reinigungs-Fasten vor der Rettung (vgl. Ester 9,31). Dieses Fasten soll wie ähnliche Bräuche daran erinnern, dass es auf dieser Welt keine Freude gibt, in der sich nicht eine Spur von Trauer mischt.

Das zentrale Thema des Ester-Stoffes ist das Überleben in der Diaspora bzw. im Exil, und die wundersame Rettung, die – obwohl Gott nicht erwähnt wird – dennoch göttlicher Führung zuzuschreiben ist. Gott ist auch in der Zerstreuung, im Exil, unter seinem Volk anwesend. Dieser theologische Gedanke, der bereits von den Rabbinen der Antike am Esterbuch verdeutlich wurde, wird nicht zuletzt durch die zahlreichen genealogischen Bezüge der *dramatis personae* im Esterbuch deutlich. So gilt Haman als Nachfahre Agags und Mordechai als Nachfahre Kischs, des Vaters König Sauls.[4] Dennoch wird das Land Israel in der vermutlich in Babylonien entstandenen Novelle nicht erwähnt, dafür aber zwanzig Mal das Wort für Trinkgelage, *mishte*. Dies und weitere Beobachtungen am biblischen Text waren wohl Grund genug, warum das Buch schließlich doch kanonisiert und daher auch dramatisierend interpretiert werden konnte. Wenn auch Gott nicht ausdrücklich erwähnt wird, sich in der masoretischen Fassung keine Gebete an ihn finden (wie etwa in den sog. Zusätzen zu Ester in der Septuaginta), so kann

---

3 Vgl. Tabory 2000, 357. Zum Brauch, auch Nichtjuden an Purim etwas zugutekommen zu lassen, vgl. Shohetman 1987.
4 Vgl. Katzenellenbogen 1933, 42–43.

man dennoch mit Erich Zenger annehmen, dass gerade das „Gottesschweigen" des hebräischen, kanonischen Esterbuches zu seinem spezifischen theologischen Programm gehört und sich daher besonders gut für eine Dramatisierung und szenische Aufarbeitung anbot.[5] Gerade in dem „Verborgensein Gottes" im Esterbuch wird ein Grund für die Freiheit der Bearbeitungen des Stoffes zu suchen sein – insbesondere der feierlich freudige Charakter des Purim-Festes bot dann für ausschweifende Interpretationen jährlich immer wieder willkommenen Anlass.

3 Purimbräuche

Mit wenigen biblisch begründeten Festen sind im Judentum so viele Bräuche verbunden wie mit dem Purim-Fest. Auf den Brauch des Sendens von Gaben an Freude und Arme wurde bereits hingewiesen. Purim ist aber auch das einzige Fest, bei dem ein frommer und gesetzestreuer Jude im Verlauf des verpflichtenden Festmahles Alkohol in größeren Mengen trinken darf. Im Talmud wird der heute vielen Juden gut geläufige Spruch des babylonischen Amoräers Rava überliefert, dass man sich an Purim so berauschen solle, dass man nicht mehr zwischen „verflucht sei Haman" und „gesegnet sei Mordechai" unterscheiden könne (Babylonischer Talmud, Megilla 7b). Zwar wurde und wird diese Aufforderung weder in islamischen Ländern, in denen Juden leben, noch im aschkenasischen Judentum als Ermunterung zum ritualisierten Betrinken verstanden.[6] Dennoch ist der Genuss von koscheren alkoholischen Getränken an diesem Tag sanktioniert, und dies führte viel später insbesondere in chassidisch geprägten Gemeinden tatsächlich zu Erscheinungen, die an anderen jüdischen Festtagen nicht beobachtet werden können.[7]

Auch die Bräuche und Speisen, die mit dem Fest verbunden wurden, sind bis heute regional unterschiedlich und daher entsprechend vielfältig. Unter osteuropäischen und auch aschkenasischen Juden sind bis heute an Purim besondere Speisen verbreitet, z.B. die berühmten Omen-Tashen, die „Hamans-Ohren", die daran erinnern, dass Haman und seine zehn Söhne einer rabbinischen Tradition folgend an ihren Ohren aufgehängt wurden.

---

5 Vgl. Zenger 2016, 376–377.
6 Vgl. Tabory 2000, 355–356 zu den unterschiedlichen Deutungen des Satzes.
7 Vgl. Haberman 1961.

Als eine weitere aschkenasische Besonderheit ist die Einführung von lokalen Extra-Purimfeiertagen zu nennen. So z.B. das in Frankfurt am Main nach 1614 eingeführte „Wintz-Purim", welches an den Aufstand und die Hinrichtung des Bäckermeisters Vincenz Hans Fettmilch erinnerte.[8] Nachdem die Juden aus der Frankfurter Judengasse vertrieben worden waren, wurde er gefangen gesetzt und selbst als neuer Haman verspottet. Nach zwei Jahren der Vertreibung der Juden aus der Reichsstadt wurde er am 20. Adar 1616, gleich wie Haman, öffentlich gehängt. Zur Erinnerung an die Errettung vor diesem zweiten Haman war es in Frankfurt bis in die zweite Hälfte des neunzehnten Jahrhunderts üblich, Winz-Purim zu feiern.[9]

Doch nicht nur in freien Reichsstädten Städten wie Frankfurt, sondern auch an anderen Orten rund um das Mittelmeer – von Kairo bis Saragossa – hat die Purim-Thematik – die letztlich von der Errettung vor Verfolgung und Vernichtung handelt – zur Einführung lokaler Purim-Feiern geführt.

In einigen Gemeinden wurde es ab einem nicht mehr zu rekonstruierenden Zeitpunkt zudem üblich, so genannte Purim-Könige oder Purim-Rabbis und Gefolge zu wählen, vergleichbar mit Karnevalsprinzen und Dreigestirn im Karneval bzw. in der Fastnacht unserer Tage. Diese Purim-Rabbis durften am Fest Purim-Predigten halten, also Parodien auf die ansonsten länglichen und manchmal auch langweiligen Ansprachen in den Synagogen.

Diese sehr anschaulichen Bräuche erklären allerdings nicht zur Gänze, wie es dann zur Entwicklung von regelrechten Inszenierungen des biblischen Ester-Stoffes kam und wie daraus regelrechte Theaterstücke wurden. Für diese Entwicklung scheint wichtiger gewesen zu sein, dass sich die Estergeschichte im rabbinischen Judentum, wie bereits eingangs an einem Beispiel erläutert, teilweise frei und kreativ weiterentwickelt hat. In mehreren aramäischen Übersetzungen und Paraphrasen (*Targumim*) sowie in eigentlichen Kommentarwerken (Midrashim) wurden bereits die wichtigsten Grundlagen gelegt, um eine szenische Ausgestaltung bis hin zu eigentlichen *Purim shpiln* zu ermöglichen.

Am deutlichsten wird dies an der Verwendung des so genannten zweiten Targum zum Buch Ester[10] und an den so genannten Sammelmidraschim, vor allem Midrasch Yalquṭ Shim'oni zu Ester (verfasst von Shimon ha-Darshan in Frankfurt im dreizehnten Jahrhundert) und Midrasch Leqaḥ Tov zu Ester, verfasst von dem

---

8 Zu den historischen Begebenheiten vgl. Ulmer 2001, 26–34. Zu dem daraus folgenden Brauchtum in Frankfurt vgl. Ulmer 2001, 79; Horowitz 2006, 310.
9 Vgl. Butzer 2003, 19–21; Horowitz 2006, 279–310.
10 Vgl. Ego 1996.

in Bulgarien oder Italien wirkenden Rabbi Tuvya ben Eliezer im zwölften Jahrhundert.[11] Insbesondere die Verlesung des Targum zum Buch Ester war im aschkenasischen Judentum lange Zeit verbreitet und trug neben den Kommentaren Rabbi Shlomo ben Isaaks (Akronym Raschi) zur Verbreitung und Popularisierung zahlreichen Legenden und Aggadot aus den älteren Midraschim bei.[12]

Die wichtigste Neuerung innerhalb des aschkenasischen Judentums bildete jedoch das *Purim shpil* – ein ausschließlich von Männern dargebotenes Laienspiel zu biblischen Themen, mit meist dramatischen Inszenierungen des Esterbuchs, aber auch einzelner erzählender Passagen aus den biblischen Vätergeschichten, aus dem 1. Buch Mose oder aus den Königsbüchern.

4 *Purim shpiln* (Purimspiele)

Seit wann gibt es Purimspiele? Diese Frage lässt sich bislang – auch aufgrund der von mir wiedergefundenen Schrift – nicht genau beantworten.[13] Bekanntlich waren Theateraufführungen schon in der Antike mit der Teilnahme an heidnischen Kulten verbunden, was Juden und auch die Rabbinen selbst allerdings nicht davon abhielt, römische Theater und Aufführungen zu besuchen. Dennoch führte die Faszination des Theaters nicht dazu, eine jüdische Theaterkultur zu entwickeln. Manche Rabbinen warnten vielmehr sogar davor, heidnische Theater zu besuchen und auf keinen Fall an den damit verbundenen heidnischen Praktiken teilzunehmen.[14]

Die ersten schriftlichen Zeugnisse für jüdische Theaterstücke und *Purim shpiln* stammen aus dem sechzehnten Jahrhundert. Verschiedene Belege deuten allerdings darauf hin, dass sich solche dramatischen Aufführungen aus Purim-Predigten und Liedern entwickelten, die bis in das vierzehnte Jahrhundert zurück zu verfolgen sind.[15] Aus synagogalen Predigten und auch aus so genannten Ester-Dichtungen hätten sich seit dem fünfzehnten Jahrhundert vielfältige dramatisierende Nacherzählungen und schließlich, vielleicht unter dem Einfluss

---

11 Diese wichtigen Midraschim zum Buch Ester sind neu ins Deutsche übersetzt von Hollender/Börner-Klein 2000.

12 Zu weiteren mittelalterlichen jüdischen Kommentatoren zum Buch Ester vgl. Walfish 1993.

13 Siehe dazu Steinschneider 1903, 84–86; Weinryb 1936, 415–424; Belkin 2002, 66–81; Butzer 2003, 34–39.

14 Vgl. z.B. Jacobs 1998; Butzer 2003, 30f.

15 Vgl. dazu Matut 2011 und ihren Beitrag in diesem Band.

christlicher Vorbilder wie dem geistlichen Spiel oder dem Fastnachtsspiel, dramatische Aufführungen entwickelt.

Die Bezüge, etwa hinsichtlich der Verbindung von Parodie und Groteske, sind dabei bislang nur ansatzweise erforscht, und bereits die Dissertation von Evi Butzer (heute Michels) aus dem Jahre 2003 geht auf Vorläufer in der neuzeitlichen rabbinischen Parodie ein und verweist zum Vergleich auch auf christliche Fastnachtspiele, wobei sie in den Purim-Stücken einen größeren Realismus als in Fastnachtspielen mit ihrem Metaphernreichtum erkennen will.[16]

Dabei erweist sich in der Forschung immer wieder als Problem, dass die dramatische Aufführung von biblischen Stoffen im Judentum an sich eine relativ späte Erscheinung ist und nur relativ wenige Texte ediert zugänglich sind. Die Grenzen, die die Tradition und die die sie wahrenden geistlichen Autoritäten setzten, waren eng bemessen. Jegliche Profanierung der Heiligen Schrift und der rabbinischen Tradition wurde untersagt und vermieden. Dies wirkte sich negativ auf die Überlieferung der Stücke aus, zumal die meisten Inszenierungen von Laienspielern durchgeführt wurden, die ohnehin meist improvisierten.

Eine gewisse Öffnung gegenüber Bräuchen der Umwelt fand wohl bereits in der Renaissance-Zeit in Italien statt. Die Aufnahme fremder, nichthebräischer sprachlicher Elemente in den Gottesdienst und das Alltagsleben scheint dann mit dazu beigetragen zu haben, den Umgang mit heiligen Texten freier zu gestalten und strenge Verbote teilweise zu lockern oder zu umgehen. Im Zusammenhang mit Berichten über private Feiern finden sich erste Nachrichten über kleine Inszenierungen, deren genauer Charakter und Inhalt nicht bekannt ist. Vieles scheint *ad hoc* inszeniert worden zu sein und wurde wohl nur mündlich und innerhalb einer Familie tradiert.

Eine erste konkrete Information liefert ein um 1555 verfasstes Esterlied von Gumbrecht von Szeczebrzezyn.[17] In diesem Lied werden zum ersten Mal jüdische „Spieler" – d.h. wohl Narrengruppen oder Spielertruppen – erwähnt. Auch der Titel *Purim shpil* findet sich hier erstmals als Bezeichnung für ein Lied, welches der Erheiterung an dem Festtag dienen sollte. Neben der Entstehung solcher Lieder werden in der weiteren Entwicklung Gebetsparodien und parodistische Predigten eine Rolle gespielt haben. Ansätze für parodistische Bibelauslegung finden sich bereits im Talmud und in der frühen rabbinischen Überlieferung.[18] Ab dem dreizehnten Jahrhundert sind dann auch regelrechte Purim-Parodien belegt,

---

16 Butzer 2003, 200–201.
17 Vgl. Shmeruk 1979, 103–105; Baum-Sheridan 1996, 57–59; Belkin 2002, 67–68; Butzer 2003, 51–52.
18 Siehe dazu Zellentin 2011.

wie z.B. das von Qalonymos ben Qalonymos (ca. 1286–1328) verfasste Buch *Ha-Bakbuk ha-Navi*, von dem „Propheten Flasche", in dem das Buch des Propheten Habakuk parodiert wird,[19] oder auch das vermutlich ebenfalls von ihm verfasste *Massekhet Purim*, der Traktat Purim, eine Parodie des müheseligen Talmudstudiums in den Akademien (*Yeshivot*).[20]

5 Ursprung der *Purim shpiln* (Purimspiele)

Vor diesem Hintergrund wird die Beantwortung der Frage, ob es eine Beeinflussung des *Purim shpil* durch christliche Spiele wie das Fastnachtsspiel gegeben haben kann, natürlich auch durch die relativ schlechte Quellenlage erschwert. In der Forschung wird zudem die These vertreten, das Purimspiel habe sich aus einer nicht nur sprachlichen, sondern auch formalen Vermischung von karnevalesken mit den ursprünglich saturnalischen Elementen des Purim-Festes entwickelt.[21] Will man jedoch solche weitreichenden Thesen überprüfen, steht man bald vor dem Problem, dass sich erste schriftliche Zeugnisse für vollständige Purimspiele (bzw. Ahasveros-Spiele) erst ab dem siebzehnten Jahrhundert finden. Auch ein Purim-Stück, welches von mir in Mainz ediert wird, stammt erst aus der Neuzeit, und kann mithin nicht als Beleg für frühere Entwicklungen, im Mittelalter oder zu Beginn der Neuzeit, herangezogen werden.

Aufgrund des volkstümlichen und spontanen Charakters der Aufführungen, sind schriftlich fixierte Theateraufführungen selten. Wie Juden das Purim-Fest im Hochmittelalter oder früher begangen haben, und ob dies mit Aufführungen des Ester-Stoffes verbunden war, muss daher nach wie vor offen bleiben. Nur vereinzelt finden sich Hinweise auf frühe Entwicklungen, etwa in Liedern oder auch erzählenden Stoffen. Doch kann man wohl nicht so weit gehen wie Bernard Gorin, der die Anfänge des Purimspiels im achten und neunten Jahrhundert sehen möchte.[22]

Das früheste komplett erhaltene Purimspiel stammt aus dem Jahre 1697 und ist in einer Handschrift in der Leipziger Universitätsbibliothek erhalten.[23] Die meisten Purimspiele, wie etwa auch zwei der ältesten vollständig überlieferten Ahasverosspiele, die in den Jahren 1697 und 1708 in Frankfurt dokumentiert und

19 Vgl. Davidson 1966, 27–29, 115–134; Beddig 2014.
20 Vgl. Davidson 1966, 19–23, 114–118. Siehe auch Habermann 1960, 139.
21 Vgl. Belkin 2002, 56–65.
22 Vgl. Gorin 1918, 175.
23 Vgl. Shmeruk 1979, 157–210. Vgl. dazu Weinryb 1936, 415–424; Baumgarten 2005, 362.

gedruckt wurden,[24] repräsentieren dabei Zwischenformen. Einerseits sind sie bereits mit aschkenasischer Alltagskultur verbunden, andererseits enthalten sie noch viele Elemente hebräischer Predigtparodien oder Parodien einzelner Gebete. Wie sich solche klassischen Formen des Purimspiels entwickelten, lässt sich angesichts des bislang nicht hinreichend erschlossenen Materials und fehlender sprachlicher Analysen und Detailuntersuchungen der Motive kaum pauschal beantworten. Insbesondere im Hinblick auf die leicht unterschiedlichen Versionen und Fassungen von neuzeitlichen *Purim shpiln* ist zudem eine große, fast unüberschaubare Vielzahl von Variationen zu berücksichtigen. Zieht man zum Vergleich die vor allem aus Osteuropa überlieferten Purimspiele hinzu, werden die denkbaren und traditionell möglichen Variationsmöglichkeiten noch vielfältiger. Der Vergleich zeigt alternative Inszenierungsmöglichkeiten auf und kann dazu beitragen, das spezifische Profil früherer Purimspielvarianten klarer herauszuarbeiten. Da nach der Shoa und nach der Auswanderung und Flucht vieler chassidischer Höfe und ihrer Anhänger in die USA, nach Canada oder nach Israel der Brauch des Spiels zu Purim fast nur noch von den Bobover Chassidim weitergepflegt wurde, ist die textliche Basis für derartige Vergleiche jedoch ebenfalls bislang sehr gering.[25] Immerhin finden sich in den wenigen dokumentierten Stücken aus diesem frommen jüdischen Milieu manche interessante Details, die an ältere Beschreibungen und Dokumente von Purimspielen erinnern.

Dokumentation und Erschließung dieser jüdischen Theatertradition stehen dabei noch relativ am Anfang. Dies belegt etwa der Fall der Wiederentdeckung einer Handschrift in Mainz, in der ein solches Spiel festgehalten ist, und ebenso die von Ahuva Belkin begonnene Neubearbeitung eines älteren Amsterdamer Spiels aus dem Jahr 1650 mit dem Titel *Simḥat Purim* („Purim Freude").[26]

6 Die Wiederentdeckung eines *Purim shpils* in Mainz

Das in jiddischer und zum kleineren Teil auch mit einer zeitgenössischen deutschen Übersetzung überlieferte Manuskript ist bereits seit über 90 Jahren bekannt. Eine im Jahre 1932 von dem Breslauer Bibliothekar und Historiker Bernard

---

24 Vgl. zu ihnen Weissenberg 1904, 29–37; Shmeruk 1979, 155–260; Butzer 2003, 81–96.
25 Vgl. etwa Epstein 1987, 197–198.
26 Belkin 1995, 31–59.

Weinryb beabsichtigte Veröffentlichung der Handschrift konnte aufgrund der politischen Umstände in den 30er Jahren nicht mehr erfolgen.[27] Chone Shmeruk verdanken wir eine erste genauere Inhaltsbeschreibung und -analyse. Sie erschien in seinem großen Werk über jiddische biblische Spiele, welches 1979 in Neuhebräisch veröffentlicht wurde.[28]

Das in gut lesbarer Kursive geschriebene Mainzer Manuskript wurde 1752 erstellt und bietet ein typisches „Ahaschwerosch-Spiel", d.h. eine dramatische Wiedergabe des Stoffes des biblischen Esterbuches. Einigen Notizen auf dem Titelblatt des Manuskripts zufolge wurde das Stück in Frankfurt zur Aufführung gebracht und ist dann aus zunächst nicht geklärten Gründen vom Rat der Stadt Frankfurt verboten worden. Der Name des Stücks „Le-Haman", der auf dem Titelblatt festgehalten ist, hat kurioserweise einmal zu einer falschen Katalogisierung und Zuschreibung an den Philosophen J. G. Hamann geführt. Auch dies erklärt vielleicht, warum die Mainzer Handschrift lange Zeit wenig beachtet wurde. Aufgezeichnet und ediert ist das Purim-Stück tatsächlich von einem gewissen Löb Ochs, dessen Name auf dem Titelblatt notiert ist.[29]

6.1 Schlossers Bibliothek und Goethe

Wie die Handschrift in die Martinus-Bibliothek nach Mainz gekommen ist, gilt es hierbei ebenfalls kurz zu erläutern. Das Manuskript des Stückes befand sich offenbar lange Zeit im Besitz eines gewissen Johann Friedrich Georg Schlosser, einem Freund und Verwandten von J. W. von Goethe in Frankfurt.[30] Nach dessen Tod 1832 gelangte das gebundene Manuskript an das bischöfliche Seminar in Mainz. Dort blieb es – wohl auch wegen der erwähnten Fehlkatalogisierung – lange Zeit unbeachtet, bis es in den 30er Jahren wiederentdeckt wurde.

Das Manuskript und sein besonderer Überlieferungsweg ist im Übrigen auch für die Frage nach Goethes Kenntnis von Purim- bzw. Ahaschwerosch-Spielen von Interesse. Möglicherweise hatte der Dichter in der Bibliothek seines Freundes Schlosser Gelegenheit, das Stück einzusehen.[31] Allgemein wird zwar vermutet,

---

27 Vgl. Weinryb 1932, 167–169.
28 Vgl. Shmeruk 1979, 13–21.
29 Der Name Ochs ist für Juden in Frankfurt am Main häufig belegt. Welcher Löb (Leib) Ochs gemeint ist, lässt sich für den infrage kommenden Zeitraum nicht sicher belegen. Vgl. Dietz 1907, 210. Weinryb behauptet, Ochs sei ein vom Judentum abgefallener Jude gewesen, was sich nicht belegen lässt.
30 Vgl. Kany 2002, 204.
31 Siehe dazu bereits Weinryb 1934, 388–395.

dass Goethe den Esterstoff nur aus dem von Johann Jakob Schudt in seinem Werk *Jüdische Merkwürdigkeiten* (1714) überlieferten „Ahaswerosch-Spiel" kannte.[32] Goethe erwähnt jedoch in seinem 1773 bzw. 1778 erschienenen Schwank *Jahrmarktsfest zu Plundersweilern* einen Ahasverus, der mit dem in der Mainzer Handschrift dargestellten größere Ähnlichkeiten aufzuweisen scheint.[33] Es darf daher vermutet werden, dass Goethe auch ein Frankfurter Purim-Stück wie das vorliegende zu Teilen gelesen hat – vielleicht in der Bibliothek seines Freundes Schlosser. Dies ist insbesondere im Hinblick auf die in der jüngeren Forschung kontrovers diskutierte Frage nach der Haltung Goethes zum Judentum von Interesse.[34] Die Überlieferungs- und Rezeptionsgeschichte des Mainzer Manuskripts wird vor diesem Hintergrund noch bemerkenswerter.

6.2 Das Verbot der Aufführung des *Purim shpils*

Warum das Stück verboten wurde, war lange Zeit unklar. Man denkt heute schnell – vielleicht zu schnell – an antijüdische Maßnahmen der zuständigen Obrigkeiten. Nachforschungen in den Ratsprotokollen der Stadt Frankfurt ergaben, dass von einem anderen Grund für das Verbot ausgegangen werden muss. Einem Protokoll, welches im Institut für Stadtgeschichte in Frankfurt aufbewahrt wird, ist zu entnehmen, dass das Stück unter freiem Himmel in der Judengasse aufgeführt wurde. Im Verlauf der Aufführung waren mehrere Fackeln angezündet worden, vermutlich um die Bühne damit bei einbrechender Dunkelheit zu beleuchten. Offensichtlich hatte sich ein Anwohner darüber beim Magistrat beschwert, weil von den Fackeln Gefahr ausgehen konnte. Erst diese Beschwerde scheint zu einer Überprüfung der Aufführung und der damit verbundenen Brandgefahr geführt zu haben. Wie der verheerende Brand in der Judengasse im Jahre 1711 gezeigt hatte, waren Befürchtungen dieser Art nicht unbegründet. Noch Jahre später wurden deswegen besondere Schutzmaßnahmen durchgeführt. Vor diesem Hintergrund wird das Verbot der Aufführung des Stückes nachvollziehbar.

Den Ratsprotokollen zu diesem Verbot lassen sich weitere Einblicke in die Art der Aufführung entnehmen. Offensichtlich wurde unser Stück in der Judengasse vor größerem Publikum aufgeführt. Die Aufführung sollte wohl an mehre-

---

32 Zu Johann Jacob Schudt, *Jüdische Merckwürdigkeiten,* welches 1714-1717 erschienen ist, und zu dem in ihm zitierten Purimspiel vgl. Butzer 2003, 23.
33 Vgl. Goethe 1999.
34 Siehe dazu etwa Ludewig/Höhne 2018.

ren Tagen hintereinander vor wechselndem Publikum wiederholt werden. Anscheinend war die Aufführung auch nicht nur für rabbinisch gebildete Yeshiva-Studenten gedacht, wie es Johann Jacob Schudt in seiner Darstellung erwähnt, sondern für ein breiteres, auch nichtjüdisches Publikum. Dies erklärt etwa, warum mancher Begriff in dem jiddischen Text auf Hochdeutsch erklärt wird. Dies ist etwa im Hinblick auf die Frage zu berücksichtigen, ob und auf welche Weise Motive aus nichtjüdischen Stücken in *Purim shpiln* einbezogen wurden.

6.3 Die Handschrift

Die Handschrift bildet einen Oktavband von 225 Blättern, auf deren rechter Seite das Spiel niedergeschrieben ist. Auf der linken Seite läuft bis Seite 83 eine parallele Übersetzung des Textes in hochdeutscher Sprache. Auch wenn es einige zeitgenössische Übersetzungen jiddischer Texte gibt: Das Mainzer Manuskript ist auch deswegen von Bedeutung, weil es eine solche Teilübersetzung des westjiddischen Spiels aus der Zeit seiner Aufführung enthält.

Bemerkenswert ist zudem, dass sich auf dem Deckblatt der Handschrift, neben einem *Ex libris* von Petrus Schlosser, ein „Vorbericht" findet, in dem die Akteure und die Bühne dargestellt bzw. erläutert werden. Darin wird etwa auch der Galgen beschrieben, der auf der Bühne aufgebaut werden sollte, und es werden weitere Regieanweisungen mitgeteilt, die belegen, dass die Inszenierung planvoll organisiert wurde. Vermutlich wurde die Anfertigung des Manuskripts auf Veranlassung einer Partei in dem auf das Verbot folgenden Rechtsstreit angefertigt. Die deutsche Teilübersetzung lässt es als wahrscheinlich erscheinen, dass sie für den Magistrat erstellt wurde, so dass ihm die Inhalte des Stücks bekannt wurden.

6.4 Ein Vergleich mit anderen *Purim sphiln*

Das Verbot des Stücks war jedoch nicht auf antijüdische Maßnahmen zurückzuführen. Weinryb und Shmeruk verweisen in diesem Zusammenhang allerdings auf das Verbot eines anderen Frankfurter Purimspiels. Der Text dieses Stücks ist 1708 gedruckt worden. Schudt, der aus dieser Version zitiert,[35] erwähnt, dass diese Fassung von der jüdischen Gemeinde verboten wurde und dass von ihm

---

35 Schudt 1714, 202–225. Wiedergegeben in Shmeruk 1979, 211–252, von dem diese Fassung als Ahaschwerosch-Spiel *bet* bezeichnet wird.

daher alle gedruckten Exemplare verbrannt worden seien. Weinryb sieht den Grund für dieses Verbot in der textlichen Ausgestaltung dieser Fassung.[36] In ihr seien manche Charaktere allzu verächtlich und vulgär dargestellt. Mordechai sei in dieser Fassung – nach Schudt – als ein besonders grober Typ dargestellt, dem schändliche Reden in den Mund gelegt würden und der Gebete parodiere. Zudem würde in dieser Fassung allzu deutlich Kritik an gemeindlichen Institutionen ge-übt, was ebenfalls als anstößig empfunden werden konnte.

Neben diese Version des Purimspiels aus dem Jahr 1708 stellt Weinryb unser Purimspiel aus dem Jahr 1751. In der in Mainz erhaltenen Handschrift wird Mor-dechai deutlich weniger derb und gemein dargestellt. Die ihm in den Mund ge-legte Sprache ist nicht eine einzige Aneinanderreihung von unanständigen Re-den, sondern durchaus akzeptabler für ein gebildetes großstädtisches Publikum. Vergleichbar erscheint die Charakterisierung des Mordechai am ehesten mit einer Fassung eines Purimspiels, welches im Jahre 1718 in Amsterdam gedruckt wor-den ist und das von Shmeruk als Ahasverosh-Spiel *dalet* (Nr. 4) bezeichnet wurde.[37] In ihr wird der Stoff mit vielen ähnlichen Elementen versehen, jedoch gleich einer Oper inszeniert. Offensichtlich konnte man zu diesem Zeitpunkt in Amsterdam bereits ganz andere Einflüsse aufnehmen und spielerisch verarbei-ten.

6.5 Mögliche Beziehungen zu christlichen Stücken

In den Darstellungen der Geschichte der Purim- bzw. Ahasveros-Spiele von Shmeruk bis Weinryb blieb weitgehend ausgeklammert, ob Stücke wie die ge-nannten Frankfurter oder auch das Amsterdamer Beispiel direkte Einflüsse ihrer christlichen Umwelt oder Spuren von Interferenzen aufweisen. Der ersten Gene-ration von Erforschern dieser jiddischen Literatur bis hin zu Ahuva Belkin ging es vor allem darum, den eigenständigen kulturellen Beitrag des Judentums auf-zuzeigen und dabei die *Purim shpiln* mit ihrem spezifisch jüdischen Anliegen als eine inhärente Entwicklung darzustellen. Dabei finden sich bereits im neunzehn-ten Jahrhundert auch Forscher, die auf die engen Bezüge zu christlichen Spielen hinweisen und sogar gegenseitigen Einfluss annehmen. Erst in der jüngeren For-schung wird diese Frage wieder stärker fokussiert. Wichtige Hinweise für diese

---

36 Vgl. Weinryb 1934, 390–395.
37 Vgl. Shmeruk 1979, 329–404.

Fragestellung bietet etwa die auch ästhetische Gesichtspunkte berücksichtigende Untersuchung der Rezeption der Fastnachtsspiele in den Purimspielen von Butzer.[38]

Shmeruk verwies allerdings auf die bemerkenswerte Parallelität der Entwicklungen. Wie die deutschen Fastnachtspiele des fünfzehnten und sechzehnten Jahrhunderts hätten sich jiddische Purimspiele auf das damalige Alltagsleben bezogen.[39] Dabei wird meines Erachtens die von Shmeruk im Hinblick auf die frühen Stücke gemachte Feststellung vor allem dahingehend zu differenzieren sein, dass das Esterbuch im protestantischen Bibeldrama des sechzehnten Jahrhunderts auf ein breiteres Interesse stieß. Erst die daraus folgende volkstümliche Rezeption dürfte wohl auch in jüdischen Kreisen Beachtung und Nachahmer gefunden haben.

Washof hat in seiner Studie über „die Bibel auf der Bühne" daher zu Recht in Erinnerung gerufen, dass gerade im Hinblick auf die Stücke aus Frankfurt (oder mit Frankfurter Bezug) der konfessionelle Bezug stärker zu berücksichtigen ist. Der Esterstoff war gerade in der Reformationszeit und danach für viele protestantische Autoren attraktiv, während er von katholischen Autoren, denen die Fastnachtsspiele vor Augen standen, eher zurückhaltend herangezogen wurde.[40] War das Buch Ester in der älteren Kirchengeschichte noch lange vernachlässigt worden, hatte sich bereits Luther um ein tieferes Verständnis bemüht, gleichwohl er keine Dramatisierung des von ihm als historisches Buch betrachteten empfiehlt.[41] Von der ersten Hälfte des sechzehnten Jahrhunderts an finden wir dann jedoch sehr zahlreiche „Hesterkomödien", die bis in die Zeit des Dreißigjährigen Krieges und danach große Verbreitung fanden.

Die Ursache für die große Popularität des Esterstoffes kann man mit Petra Schrand in der Bekanntheit des Buches vermuten.[42] Plausibler erscheint jedoch, dass man sich insbesondere in protestantischen Gemeinden besonders gut mit dem Stoff identifizieren konnte. Washof verweist dabei auch auf ein statistisches Argument: Von den zehn christlichen Esterdramen, die aus dem sechzehnten Jahrhundert überliefert sind, stammt nur ein einziges von einem katholischen Autor, und zwar ein anonym verfasstes Jesuitendrama aus dem Jahr 1577.[43] Wie immer man dies erklären möchte, man kann davon ausgehen, dass das Esterbuch

---

38 Vgl. Butzer 2003, 155–201.
39 Vgl. Shmeruk 1979, 130.
40 Vgl. Washof 2007, 119–121.
41 Zu Luthers Ester-Lektüre vgl. die – heute veraltete – Darstellung von Bardtke 1964.
42 Vgl. Schrand 1992, 121–122.
43 Vgl. Washof 2007, 123.

zur Zeit der maßgeblichen Entwicklung jüdischer Laieninszenierungen vor allem ein protestantischer Dramenstoff war – und dies paradoxerweise obwohl Luther selbst das Buch sehr kritisch interpretiert hatte.

Die Erfahrung Esters und Mordechais konnte jedoch angesichts der Bedrohung durch Kaiser und Papst leicht auf die eigene Situation übertragen werden.[44] Jeder protestantische Dramatiker vermochte im Esterbuch seine eigene Situation präfiguriert zu erkennen – so wie Luther den Kniefall vor dem Kaiser ablehnte so hatte sich Mordechai geweigert, die Proskynese zu vollziehen. Und von Washof wird darauf hingewiesen, dass die Analogien zum Esterstoff sogar noch weitergehen: Wird im Esterbuch der unwissende König Ahasveros von jeglicher Verantwortung für den von seinem Großwesir Haman heimtückisch geplanten Völkermord an den Juden freigesprochen, so wurde protestantischerseits nicht Kaiser Karl V. als der Schuldige für den Ausgang des Augsburger Reichstages von 1530 gesehen, sondern seine Anhänger und sein Umfeld. Das Esterbuch bot somit einen besonderen Anreiz, „den Gegensatz von Juden und Persern auf Protestantismus und Katholizismus zu übertragen."[45] Zahlreiche dramatische Elemente in der biblischen Vorlage sowie die Kontrastfiguren Vasti und Ester, Haman und Mordechai, erleichterten die Aufnahme und Umdeutung des Stoffes.[46]

6.6 Protestantische Moral im Frankfurter *Purim shpil*

Die bemerkenswert hohe Anzahl von protestantischen Dramen über das Buch Ester erklärt sich dabei auch aus der sich verbreitenden Theaterkultur. Diese vor allem in den größeren Städten entwickelte Kultur diente nicht zuletzt der Verbreitung protestantischer Ethik. Insbesondere der Gestalt der Ester konnte in diesem Zusammenhang die Rolle als Vorbild an weiblichem Gehorsam in der Ehe zugedacht werden. Ester wurde in diesem Sinne bereits in den Hester-Stücken von Hans Sachs von 1536 und 1559 auch als besonders sittsame Frau dargestellt.[47] Und genau diese Tendenz lässt sich dann auch in den Bemerkungen zu ihrer Person in unserem später in Frankfurt „verbotenen" *Purim shpiln* beobachten, in dem etwa im Munde Mordechais mehrfach betont wird, dass sie „erzogen in Tugend und Ehr" (S. 36, Zeile 442 deutsche Fassung). Ebenso wird etwa von Haman in

---

44 Vgl. Washof 2007, 124.
45 Washof 2007, 124.
46 Vgl. Schwartz 1889, 2 zitiert bei Washof 2007, 125.
47 Zu diesen Stücken vgl. den Vortrag von Cornelia Herberichs auf der Tagung. Siehe zu den bibliographischen Angaben Washof 2007, 470–471.

seinem Gespräch mit Königin Ester betont, dass Barmherzigkeit Frauen „angeboren sei." (ergänzte deutsche Fassung, Zeile 284).

So wie Sachs in der Fassung von 1559 die biblische Vorlage als Spiegel „weyblicher Ehr" mit den Attributen „Gehorsam, Tugentsam, Frumb und Gotselig" versieht, so folgert er für seine Zeit, dass züchtige und gütige Ehefrauen die Sanftmut ihrer Männer gegen sie selbst und das ganze Frauengeschlecht bewirken. Mordechai wird dabei als Komplementärfigur zu Ester dargestellt – als wahrhaft fromm und gottesfürchtig.

Ähnlich akzentuiert den Stoff der Korbacher Buchbinder Andreas Pfeilschmidt in seinem in Frankfurt 1555 erschienen Esterspiel.[48] Auch dieser protestantische Autor stellt Ester als gehorsame Frau dar, die als Vorbild dienen kann. Im Unterschied zu jüdischen Interpretationen des Stoffes tauchen bei ihm wie bei anderen protestantischen Dramaturgen allerdings auch Elemente der Hofkritik auf. Hofkritik, wie sie besonders kunstvoll etwa von dem Pfarrer Thomas Naogeorg in seinem Stück *Hamanus* von 1543 entfaltet wurde, wird m. W. in den bekannten *Purim shpiln* nicht direkt aufgegriffen. In dem von mir analysierten Frankfurter Stück finden sich allerdings im Munde des Königs gelegentlich französische Ausdrücke, die ihn dadurch einerseits als besonders vornehm und gebildet charakterisieren, andererseits erscheint er als hochnäsig und weltfremd.

Auch wenn eine umfassende Analyse der Vergleichsmomente zwischen protestantischen Ester-Dramen und jiddischen *Purim sphiln* aussteht, kann man vielleicht schon jetzt festhalten, dass das von Washof als Grundfunktion des protestantischen Esterspiels ausgemachte Interesse als Exempel für Gottesfurcht und Ehefrauengehorsam auch in jüdischen Dramen des achtzehnten Jahrhunderts anzutreffen ist.

Die Entwicklung von *Purim shpiln* insbesondere in einem protestantischen Umfeld wie in Frankfurt könnte mithin als eine Reaktion auf die christliche Aufnahme und völlige Uminterpretation des Stoffes interpretiert werden. Vielleicht sahen jüdische Zuhörer solcher christlicher Interpretationen, zumal jene, in denen Ester auch im Sinne der Kirchenväter als Präfiguration Marias dargestellt werden konnte, als Herausforderung, ja Provokation an. Dagegen wollte man eigene Akzente und Deutungen setzen, um der protestantischen Vereinnahmung entgegen zu wirken. Gerade mit den Gläubigen Augsburger Konfession hatte man ein Gegenüber, das aufgrund besserer Bibelkenntnisse, insbesondere der hebräischen Bibel, durchaus als Herausforderung gesehen werden konnte. Bezeichnenderweise wird in dem von mir bearbeiteten Frankfurter Purim Stück vielleicht

---

48 Vgl. Washof 2007, 127–128.

genau auf dieses Motiv verwiesen: In einer Szene, in der der Canzler Bigthan, einen der beiden Eunuchen am Hofe des Ahasverosh vernimmt, wird dieser „Becken Halter" wohl mit polemisch-satirischer Intention als gebürtiger Augsburger vorgestellt (vgl. S. 54 der deutschen Übersetzung [615]).

7 Zusammenfassung und Ausblick

Weitere Details wie dieses lassen sich vielleicht auch in anderen Stücken aus Frankfurt oder Amsterdam ausmachen. Das auffällige Auftreten des Genres *Purim shpiln* seit der Reformation und in Kulturräumen, die durch den Konflikt mit der katholischen Kirche geprägt waren, ist sicher kein Zufall und bedarf gerade deswegen noch weiterer Analyse, nicht nur aus Interesse an der Jiddischen Sprache.

In einer ersten Phase des von mir initiierten Projektes zu dem Mainzer Purimspiel aus Frankfurt ist die vollständige Textaufnahme des jiddischen Textes erfolgt. Die fehlende deutsche Übersetzung des jiddischen Textes wurde ergänzt, so dass der gut erhaltene Text nun auch dem nicht des Jiddischen Kundigen erschlossen ist.

Ein wichtiges Anliegen meines Erschließungsprojekts ist es, den volkstümlichen Charakter des Purimspiels und die in ihm transportierten Polemiken besser zu verstehen. Das nun bearbeitete, hoffentlich bald veröffentlichte Frankfurter Stück kann dabei zu einer differenzierten Sicht der literarischen Entwicklung der Stücke und der in ihnen verwendeten Motive beitragen. Dabei sind einerseits die Bezüge zur nichtjüdischen Umwelt, insbesondere zur protestantischen Ester-Rezeption, zu berücksichtigen, als auch die innerjüdischen Auseinandersetzungen, die schließlich zu einem Verbot eines Stückes geführt haben.

Juden lebten zwar über Jahrhunderte am Rande der christlichen Mehrheitsgesellschaft, blieben aber von den Moden und kulturellen Errungenschaften in ihrer Umwelt nicht unberührt. Auch im Hinblick auf das in Mainz erhaltene Stück scheint es denkbar, dass der zu beobachtende ernstere Charakter der *dramatis personae* mit dem protestantisch geprägten Umfeld in Frankfurt zu erklären ist. Erst die Edition weiterer vergleichbarer Purimspiele aus dieser Zeit wird hier vielleicht den individuellen Charakter des Stückes besser erkennen lassen.

Die nun abgeschlossene Bearbeitung samt Übersetzung wird hoffentlich ermöglichen, zumindest eine feingliedrigere Typologie dieser Form des jüdischen Theaters zu erstellen und damit detailliertere Vergleiche auch mit christlichen Spielen zuzulassen. Insgesamt sollte damit die Entwicklung der jüdischen Theaterkultur nachvollziehbarer und gleichzeitig ins Bewusstsein gehoben werden, so dass diese lebendige Form jiddischer Kunst einen festen Platz in der allgemeinen Theatergeschichte einnehmen kann.

Literaturverzeichnis

Abrahams, Israel: *Jewish Life in the Middle Ages*. Philadelphia / Jerusalem 1930. 250–272.

Bardtke, Hans: *Luther und das Buch Esther*. Tübingen 1964.

Baum-Sheridan, Jutta: *Studien zu westjiddischen Esterdichtungen*. Hamburg 1996.

Baumgarten, Jean: *Introduction to Old Yiddish literature*. Oxford 2005.

Beddig, Miriam: „Eine Purim-Parodie aus dem 13. Jahrhundert", in: *Wein und Judentum*, hrsg. von Andreas Lehnardt. Berlin 2014. 171–184.

Belkin, Ahuva: „Habit de Fou' in Purimspiel?", in: *Assaph: Studies in the Theatre* 2 (1985): 40–55.

Belkin, Ahuva: „Joyous Disputation around the Gallows: A Rediscovered Purim Play from Amsterdam", in: *JTD. Haifa University Studies in Jewish Theatre and Drama* 1 (1995): 31–59.

Belkin, Ahuva: „Citing Scripture for a Purpose – The Jewish Purimspiel as a Parody", in: *Assaph: Studies in the Theatre* 12 (1996): 45–60.

Belkin, Ahuva: „Masks and Disguise as an Expression of Anarchy in the Jewish Festival Theatre", in: *Theatre and the Holy Script*, hrsg. von Shimon Levi. Brighton 1999. 203–213.

Belkin, Ahuva: „The Scarf and the Toothache: Cross-dressing in the Jewish Folk Theatre", in: *Masquerades and Identities*, hrsg. von Efrath Tseelon. London 2001 (o. Z.).

Belkin, Ahuva: *The Purimshpil – Studies in Jewish Folk Theatre*. Jerusalem 2002 (hebr.).

Butzer, Evi: *Die Anfänge der jiddischen purim shpiln in ihrem literarischen und kulturgeschichtlichen Kontext*. Hamburg 2003.

Butzer, Evi: „Jiddische Purimspiele in der Liedersammlung Eisik Wallichs aus Worms", in: *Jüdische Kultur in den SchUM-Städten*, hrsg. von K. E. Grözinger. Wiesbaden 2014. 315–329.

Davidson, Israel: *Parody in Jewish Literature*. New York 1966.

Dietz, Alexander: *Stammbuch der Frankfurter Juden: geschichtliche Mitteilungen über die Frankfurter jüdischen Familien von 1349–1849*. Frankfurt am Main 1907.

Ego, Beate: *Der Targum Scheni zu Esther: Übersetzung, Kommentar und theologische Deutung*. Tübingen 1996.

Epstein, Shifra: „Drama on a Table: The Bobover Hasidim Piremshpiyl", in: *Judaism. Viewed from Within and from Without. Anthropological Studies*, hrsg. von Harvey E. Goldberg. New York 1987. 195–217.

Goethe, Johann Wolfgang von: „Das Jahrmarktsfest zu Plundersweilern. Ein Schönbartspiel. Zweite Fassung", in: ders., *Poetische Werke*, Bd. 3. Essen 1999. 487–503.

Gorin, Bernard: *Di geshikhte fun yidishn teater*. Bd. 1. New York ²1918.

Habermann, Abraham Meir: „The Editions and Prints of 'Massekhet Purim'", in: *Areshet* 5 (1960): 139.

Hollender, Elisabeth / Börner-Klein, Dagmar: *Die Midraschim zu Ester*. Leiden / Boston / Köln 2000.

Horowitz, Elliott: *Reckless Rites. Purim and the Legacy of Jewish Violence*. Princeton, Oxford 2008.

Jacobs, Martin: „Theatres and Performances as Reflected in the Talmud Yerushalmi", in: *The Talmud Yerushalmi and Graeco-Roman Culture*, Bd. 1, hrsg. von Peter Schäfer. Tübingen 1998. 327–348.

Kany, Robert: „Schlossers Welt. Funktion und Physiognomie einer Bibliothek", in: *Goethekult und katholische Romantik. Fritz Schlosser (1780-1851)*, hrsg. von Helmut Hinkel. Mainz 2002. 181–206.

Kapper, Siegfried: „Ahasverus – Ein Jüdisches Fastnachtspiel", in: *Deutsches Museum – Zeitschrift für Literatur, Kunst und Öffentliches Leben* 40 (1854): Heft 1 vom October 1854. 490–497; Heft 2 vom 5. October 1854. 529–543.

Katzenellenbogen, Ilja: *Das Buch Esther in der Aggada*. Diss. Würzburg 1933.

Ludewig, Anna-Dorothea / Höhne, Steffen (Hrsg.): *Goethe und die Juden – die Juden und Goethe. Beiträge zu einer Beziehungs- und Rezeptionsgeschichte*. München / Berlin 2018.

Matut, Diana: *Dichtung und Musik im frühneuzeitlichen Aschkenas. Ms. opp. add. 4º 136 der Bodleian Library, Oxford (das so genannte Wallich-Manuskript) und Ms. hebr. oct. 219*. Bd. 1–2. Leiden 2011.

Neuberg, Simon: „Mayse-Bukh nr. 228: An early Purim-shpil?", in: *Zutot: Perspectives on Jewish Culture* 8.1 (2011): 47–51.

Philipson, David: „Purim Fettmilch", in: *Purim Anthology*, hrsg. von Philipp Goodman. Philadelphia 1949. 22–25.

Pollafck, Herman: *Jewish Folkways in Germanic Lands (1648-1806)*. Cambridge, Mass. 1971.

Rozik-Rosen, Eli: „The Adaption of the Theatre by Judaism despite Ritual: a Study in the Purim-Shpil", in: *European Legacy* 2.3 (1996): 1231–1235.

Rozik-Rosen, Eli: „The Language of the Jews and the Jewish Theatre", in: *Theatre Research International* (1998): 79–88.

Schrand, Petra: *Frau und Ehe im biblischen Drama der Reformationszeit*. Osnabrück 1992.

Schudt, Jacob Johann: *Jüdische Merckwürdigkeiten...*, Bd. 1–4. Frankfurt am Main u.a. 1714–1717.

Schwartz, Rudolf: *Esther im deutschen und neulateinischen Drama des Reformationszeitalters: eine litterarhistorische Untersuchung*. Oldenburg / Leipzig 1898.

Shmeruk, Chone: *Yiddish Biblical Plays 1697-1750. Edited from Manuscripts and Printed Versions with an Introduction*. Jerusalem 1979 (hebr.).

Shohetman, Eliav: „ 'Al ha-minhag li-ten mattnot le-evyone nokhrim be-Purim", in: *Sinai* 100 (1987): 852–865.

Steinschneider, Moritz: „Purim und Parodie", in: *Monatsschrift für Geschichte und Wissenschaft des Judentums* 47 (1903): 84–89.

Tabory, Joseph: *Jewish Festivals in the Time of the Mishnah and Talmud*. 3. Auflage. Jerusalem 2000 (hebr.).

Tabory, Joseph / Atzmon, Arnon (Hrsg.): *Midrash Esther Rabbah. Critical Edition Based on Manuscripts*. Jerusalem 2014 (hebr.).

Ulmer, Rivka: *Turmoil, Trauma, and Triumph. The Fettmilch Uprising in Frankfurt am Main (1612-1616) According to Megillas Vintz*. Frankfurt am Main 2001.

Walfish, Barry: *Esther in Medieval Garb. Jewish Interpretation of the Book of Esther in the Middle Ages*. New York 1993.

Washof, Wolfram: *Die Bibel auf der Bühne. Exemplarfiguren und protestantische Theologie im lateinischen und deutschen Bibeldrama der Reformationszeit*. Münster 2007.

Weissenberg, S.: „Das Purimspiel von Ahasverus und Ester", in: *Mitteilungen zur Jüdischen Volkskunde* 13 (1904): 29–37.

Weinryb, Bernard: „Ein unbekanntes Frankfurter Estherspiel", in: *Frankfurter Israelitisches Gemeindblatt* 10.8 (April 1932): 167–169.

Weinryb, Bernard: „Goethe und die jiddischen (jüdisch-deutsch) Estherspiele", in: *The Journal of English and Germanic Philology* 33 (1934): 388–395.

Weinryb, Bernard: „Zur Geschichte des älteren jüdischen Theaters (über das Leipziger Manuskript des Achaschwerosch-Esther-Spiels) ", in: *Monatsschrift für Geschichte und Wissenschaft des Judentums* 80 (1936): 415–424.

Zellentin, Holger: *Rabbinic Parodies of Jewish and Christian Literature*. Tübingen 2011.

Zenger, Erich: *Einleitung in das Alte Testament*. 9. Auflage. Stuttgart 2016.

Diana Matut

Interferenzen im frühneuzeitlichen Purimlied – Impulse im nachbarschaftlichen Raum der Fastnacht- und Purimkulturen

1 Einleitung

Fastnachts- und Purimlieder der Frühen Neuzeit können sowohl textimmanent als auch paratextlich, durch ein- und ausleitende Hinweise in Manuskripten und Drucken sowie durch sekundäre Erwähnung in literarischen oder historischen Quellen der Zeit als solche erkannt werden. Dabei war ein Teil der Lieder dem jeweiligen Fest inhaltlich direkt oder durch (regionale) Sing-Tradition brauchtümlich verbunden und somit saisonal begrenzt, d.h., nicht ganzjährig aufführbar. Ein weiterer Teil der Purim- und Fastnachtslieder umfasst Themen und Stoffe, die charakteristisch für die Festkulturen, inhaltlich jedoch nicht an diese gebunden sind. D.h., eine Aufführung zu anderen Gelegenheiten war möglich. Ein Beispiel dafür wären Lieder, die (übermäßiges) Trinken und Essen thematisieren.

Wie Ruth von Bernuth jüngst darlegte,[1] bewegt sich die vergleichende Betrachtung kultureller Ausdrucksformen der christlichen Fastnacht und des jüdischen Purimfestes zwischen den Polen einer vermuteten direkten und unmittelbaren Abhängigkeit der jüdischen literarischen und performativen Traditionen von christlichen (u.a. Shiper 1923; Erik 1928; Belkin 1998; Butzer 2003; Baumgarten 2005) über Khone Shmeruks (1988) nuancierte Darstellung der Entwicklung des jiddischen Dramas im Moment der Loslösung des europäischen Theaters vom christlichen Kontext bis hin zu Moshe Rosmans Aufbrechen der Dichotomie von Abhängigkeit und Unabhängigkeit:

> Moreover, the usual impossibility of tracing modes of transmission renders the question of who influenced whom moot. Some of these common cultural components may indeed have originated from Jewish sources [...]. By the same token, the Jews did not inherit only defined Jewish traditions, but also broader medieval European and even earlier traditions which they adapted, made their own and put into practice just as their non-Jewish neighbors did. So cultural parallels should not be seen through the prism of influence, but rather that of comparison; as two variants of a common tradition whose roots are obscure. [...]

---

1 Von Bernuth 2016, insbesondere 45–49.

https://doi.org/10.1515/9783110696882-003

Even ostensibly traceable practices related to dress, music, diet and popular literature might be better characterized as cultural accretions by default—as the most viable alternatives—rather than isolated influences which by virtue of the power of the hegemonic culture displaced some pre-existing "authentic" Jewish custom.[2]

An Rosmans Konzeption jüdischer Kulturgeschichte ist das Konzept der „Interferenz" sinnvoll anschlussfähig. Als ein der Physik entnommener Begriff, der in anderen geistes- und sozialwissenschaftlichen Disziplinen bereits erfolgreich etabliert wurde (allen voran die Linguistik), reüssierte „Interferenz" jüngst im Rahmen des Versuchs, ihn „literaturwissenschaftlich fruchtbar zu machen, um Phänomene im Umfeld von Vermischung, Kreuzung und Hybridität neu perspektivieren zu können".[3] Dabei kommt, neben anderen, besonders Sebastian Donat das Verdienst der Definition, Übertragung und Anwendung zu, so 2017 in einem Vortrag, in dem er folgende Begriffsbestimmung vornahm: „Überall dort, wo in enger Nachbarschaft gleichzeitig zwei oder mehr kulturelle Impulse wirken und es ein verbindendes Medium gibt, kommt es zu Phänomenen der Überlagerung im Sinne einer positiven oder negativen Interferenz."[4]

Gerade wo es gilt, sich von Modellen des einseitigen Kulturtransfers zu trennen, liegen die Vorteile des Interferenz-Theorierahmens auf der Hand. So wie es für Rosman nur „kulturelle Akkretion" gibt und eben nicht einfach Verdrängung „authentischer" kultureller Äußerungen in Musik oder Literatur durch die Macht hegemonialer co-territorialer Kulturen, so offeriert das Interferenz-Konzept die Möglichkeit, das „Wirken mehrerer Impulse" in einer „nachbarschaftlich-räumlichen Konstellation" herauszuarbeiten. Somit kann man, wie es Ruth von Bernuth bereits spezifisch für die Kultur der Narren hergeleitet hat, verallgemeinernd von einem „set of common cultural materials" sprechen, strukturiert durch „symbolic grammar". „These cultural materials consist of material goods, such as literary and visual representations [...] and [...] symbolic material, that is, concepts and language."[5]

---

2 Rosman 2002, 118.

3 Text zum 2018 erschienen Band *Interferenzen – Dimensionen und Phänomene der Überlagerung in Literatur und Theorie*, hrsg. u.a. von Sebastian Donat, der auch das Vorwort „Interferenzen – Überlegungen zur literaturwissenschaftlichen Anschlussfähigkeit eines physikalischen Begriffs" verfasst hat (siehe Donat et al. 2018, 11–23).

4 Sebastian Donat, „Interferenzen: Überlegungen zur literaturwissenschaftlichen Anschlussfähigkeit eines physikalischen Begriffs am Beispiel von Goethes ‚Faust' (2. Teil, Helena-Akt)", Vortrag vom 3.10.2017, https://www.youtube.com/watch?v=yilU8q38gaw (Zugriff 5.5.2019).

5 Von Bernuth 2016, 48.

Das Interferenz-Konzept bietet, wie ich im Folgenden darlegen möchte, auch den Ansatz zur Korrektur der problematischen Vorstellung von Purim als der „jüdischen Fastnacht".[6] Dabei sollen Ähnlichkeiten und Parallelen der Festkulturen im nachbarschaftlichen Raum nicht negiert werden, doch gerade für Purim lässt sich eindrücklich belegen, wie sehr kulturelle Erscheinungsformen sich (an-)gleichen können, während Ursprünge, religiöse Kontexte und Funktionen sowie soziale Aspekte divergent bleiben. Purim ist nicht das finale, exzessive Moment vor dem Beginn einer langen Fasten- und Trauerzeit wie die Fastnacht, die zur religiös-emotionalen Klimax des christlichen Jahreskalenders führt. Es ist im jüdischen Festkalender eingebettet in eine Reihe von Freuden-, Befreiungs- und Siegesmomenten. Zwar gibt es auch im Purimkontext einen Fastentag sowie die Oppositionsstruktur von Fasten und Völlerei, doch ist sie mit den Dimensionen der christlichen Festkultur in diesem Punkt nicht vergleichbar, ebenso wenig wie mit den religiösen Konnotationen. Dass eine kulturelle Verstärkung karnevalesker Momente an Purim überhaupt geschehen konnte, verdankt sich der grundsätzlichen, innerjüdischen Verfasstheit des Festes (viele andere Feiertage hätten durch ihre solemne Grundhaltung niemals eine solche Festkultur entwickeln können) und der Nähe von Fastnacht und Purim im Kalender.

2 Nachbarschaftlich-räumliche Nähe und Festzeit im Konflikt und als Konflikt

Mit dem ausgehenden Mittelalter und der Vertreibung beinahe aller jüdischen Gemeinden aus den Städten des Heiligen Römischen Reiches Deutscher Nation kam die Zeit jüdischer Urbanität vorerst zum Erliegen – bis sie Ende des siebzehnten Jahrhunderts vor allem unter dem Vorzeichen der Peuplierungspolitik ihren Neuanfang nahm. Alltägliche Realität der meisten Juden und Jüdinnen im Alten Reich der Frühen Neuzeit war ein Leben in kleineren Städten, Kleinstgemeinden und Dörfern, bzw. in relativer Isolation als Einzelperson oder -familie in ländlichen Regionen — in der Forschung als „Atomisierung" jüdischen Lebens bezeichnet.[7] Ehe eine gewisse Konsolidierung einsetzte, konnte die religiös-soziale und

---

6 Siehe Horowitz 2008, 248 und Von Bernuth 2016, 45–48, die den Bogen zu christlichen Hebraisten der Frühen Neuzeit schlägt.
7 Siehe Litt 2009, 11; weiterführend dazu Battenberg 1997; Hsia/Lehmann 1995; Hüttenmeister 2007; Kießling/Ullmann 1999; Richard/Rürup 1997; Rohrbacher 1995 und 1997 sowie Ullmann 1999.

kulturelle Verfasstheit vieler jüdischer Gemeinschaften und vereinzelt lebender jüdischer Menschen durchaus als verheerend bezeichnet werden.[8] Umgekehrt war durch diese Situation jedoch die räumlich-physische Nähe zwischen den Religionsgemeinschaften von einer neuen Intensität geprägt. Die Siedlungstopographie zeichnete sich in Kleinstädten und Dörfern vor allem durch Verschränkung ohne Ghettoisierung aus, durch gemeinsame Nutzung des öffentlichen Raums, der Wege, Plätze, Gassen und Weideflächen im Freien[9] wie auch innerer Räume, am prominenten Beispiel der Wirtshäuser[10] belegt.

Neben der visuellen gegenseitigen Wahrnehmung überschnitten sich, bedingt durch die Nähe frühneuzeitlicher Wohn- und Lebenssituationen, die „akustischen Hüllen" oder Soundscapes einer Kleinstadt oder eines Dorfes bzw. auch nur eines Stadt- oder Dorfteils und seiner christlichen und jüdischen Bewohnerinnen und Bewohner. Zwar kann man von religiös bedingten Unterschieden ausgehen, und je enger gefasst desto sicherer lassen sich Divergenzen postulieren. Dennoch waren zumindest die im öffentlichen Raum zu verortenden hörbaren Klänge, Signale, Musiken, Gesänge und Geräusche aller Art Teil einer gemeinsamen Sinneswelt und Wahrnehmung.[11] Dass diese Wahrnehmung dabei, je nach religiöser Affiliation, zum Teil völlig unterschiedliche emotionale Reaktionen generierte, versteht sich von selbst, und kann nicht Gegenstand dieser Arbeit sein.[12]

Die räumliche, audio-visuelle Nähe der christlichen und jüdischen Gemeinschaften ermöglichte die Übernahme säkularer oder religiöser Melodien der Mehrheitsgesellschaft durch jüdische Sängerinnen und Sänger sowie Instrumentalistinnen und Instrumentalisten und steht beispielhaft für den durch Rosman (s.o.) definierten Prozess der „kulturellen Akkretion". Andererseits existierten in dieser nachbarschaftlichen Konstellation zwei sehr unterschiedliche Festzeiten, Fastnacht und Purim, welche sich zwar in ihrem äußeren Erscheinungsbild und durch festtagsimmanente Grundkonstanten wie Wein- und Speisenkonsum, Verkleidung und Vermummung ähnelten und in kulturellen Formen wie der dramatischen Aufführungsform von Spielen, Obrigkeitskritik, Heischegängen etc. anglichen, in ihren inneren Bezügen jedoch den jeweils eigenen religiösen und ethischen Traditionen verpflichtet blieben.

---

8 Dies betraf grundlegende Aspekte wie Zugang zu religiöser Bildung, Lehrern und Synagogen, das Vorhandensein von Torarollen und Büchern, die Nähe zu einer Mikwe (Ritualbad) etc.
9 Ullmann 1999, 443–448; Kießling/Ullmann 2003; Hüttenmeister 2007.
10 Kühn 2008, 25–26.
11 So wird z.B. ein privates Gebet nur in relativer Nähe als Teil des Soundscapes wahrgenommen werden können, Kirchen- und Kuhglocken jedoch in einem größeren Umfeld.
12 Boddice 2018.

Purim als das ausgelassenste aller jüdischen Feste mit einer intensiven Feierkultur fällt zeitlich in der Regel in die vorösterliche Fastenzeit, die der Fastnacht folgt, manchmal sogar in die Karwoche selbst. Diese Asynchronität von Überschwang und Solemnität führte in der Frühen Neuzeit immer wieder zu Spannungen zwischen den Gemeinschaften, denn im Soundscape einer Stadt oder eines Dorfes waren beide Feiern zu ihren Zeiten bestimmend. Eine sicht- und hörbar feiernde jüdische Purim-Gemeinschaft war für Christen, die sich in einer intensiven Verbotszeit befanden, Grund für Konflikte.[13] Sabine Ullmann stellte in ihrer Arbeit zu den Dörfern der Markgrafschaft Burgau diesbezüglich fest:

> Christen und Juden waren nicht nur gezwungen, sich das Dorf als Nutzungsgenossenschaft zu teilen, sondern auch als sakralen Kunstraum. Dabei sorgten die Verschränkung der Topographien sowie die zahlenmäßige Stärke der jüdischen Gemeinden für vielfältige Auseinandersetzungen innerhalb dieser gewöhnlichen Dorfgemeinschaften, die dem religiösen Leben eine eigene Prägung verlieh.[14]

Doch nicht nur das Purimfest störte die fastenzeitliche Stimmung. Auch jüdische Hochzeiten, die während dieser christlichen Ruhezeit stattfanden, sorgten für immer wiederkehrende Kontroversen, die teils vor die jeweiligen Obrigkeiten gebracht wurden. Für die Markgrafschaft Burgau ist ein Erlass von 1708 erhalten, der „die Anwesenheit christlicher Spielleute bei jüdischen Hochzeiten während der Fastenzeit" verbot.[15] Im Juli besagten Jahres waren die Dorfgeistlichen in Steppach, Pfersee und Oberhausen beauftragt worden, „offentlich ob der Canzel in ihrer Pfarr oder filial Gottshauß zueverkinden, daß sich die Christen Spilleüth bey denen Juden hochzeithen zu verbottner zeith des Jahrs als das ist die advent vnd fasten zeith keines wegs unter straff der wirkhlichen excomunication gebrauchen lassen sollen."[16] Wie hier ersichtlich, wurde die drastische Strafe der Exkommunikation für das Spielen auf jüdischen Hochzeiten während der Fastenzeit angedroht, jedoch konnte dieses Dekret, wie auch aus diversen frühneuzeitlichen

---

13 Auch andere Feste wie z.B. Chanukka unterschieden sich vom jahreszeitlich oft parallelen Weihnachtsfest durch eine intensivere Feierkultur, was zu Rechtsstreitigkeiten führte (siehe Hüttenmeister 2007, 114–115). Darüber hinaus sei erwähnt, dass es selbst im innerchristlichen Rahmen bis ins zwanzigste Jahrhundert hinein durch konfessionelle Divergenzen der Feiertage immer wieder zu Spannungen kam, so z.B. während Fronleichnamsprozessionen in protestantischen Nachbarschaften etc.
14 Ullmann 1999, 411.
15 Ullmann 1999, 413.
16 Archiv des Bistums Augsburg; Bischöfliches Ordinariat Nr. 3080: Seelsorge Verordnungen 1689–1839, Dekret vom 28.10.1689, zitiert nach Ullmann 1999, 414.

Verbotswiederholung anderorts bekannt, nicht streng genug implementiert werden. Immerhin drohte 1728 schließlich zwei Musikern aus Steppach die Exkommunikation, da sie sich nicht an die Fastenzeit-Ordnung gehalten hatten. Sabine Ullmann, die diesen und andere Fälle eingehend recherchiert hat, stellt dar, wie der zuständige Ortsherr, Graf von Arco, dann aber die Rücknahme der Strafe forderte, da der Pfarrer mit „allzugrossen ambts Eüffer" vorgegangen war.[17] In ihrer Analyse erfolgte der Zugriff des Ordinariats über die Dorfgeistlichen, die die kirchliche Aufsichtspflicht in „Judendörfern" hatten. Die Haltung der Pfarrer konnte dabei verschärfend oder ausgleichend wirken – je nachdem.[18]

Die Fastenzeit war für christliche Musiker insgesamt eine ausgesprochen prekäre Zeit, da Musik und Tanz (mit der notwendigen Tanzbegleitung) untersagt waren. Aufträge in den jüdischen Gemeinden stellten daher einen wichtigen Ersatzverdienst da.[19] So präsentiert Ullmann den Fall des Matthes Dailhofer und Jakob Kloß aus Steppach, die 1717 in Kriegshaber um Erlaubnis baten, „trotz des fastenzeitlichen Spielverbots bei den Festen in den umliegenden Judenorten auftreten zu dürfen, denn das Verbot einzuhalten falle ihnen schwer, da ,ietzt ia gar kein nahrung oder stuckh brodt zu gewinnen seye'".[20] Diese in der Tat erbarmungswürdige persönliche Situation professioneller Musiker verstand augenscheinlich auch der Biburger Vogt, der sie in ihrem Gnadengesuch unterstützte, „denn es handle sich um ,ser nottdürftige Leith'".[21] Die kirchliche Vertretung stand dazu in Gegnerschaft und argumentierte, dass der Landvogt bestechlich und korrupt sei und nur deshalb die Erlaubnis erteilt habe.[22] Hier also wurde ein Konflikt zwischen Landesherrschaft und Kirche ausgetragen, der bis 1727 nicht

---

17 Archiv des Bistums Augsburg; Bischöfliches Ordinariat Nr. 1923: Varia Judenschaft zu Steppach 1717–1761, Schreiben des Grafen von Arco vom 22. März 1728, nach Ullmann 1999, 415.
18 Ullmann 1999, 415.
19 Ullmann 1999, 429.
20 Archiv des Bistums Augsburg; Bischöfliches Ordinariat Nr. 1923: Varia Judenschaft zu Steppach 1717–1761: Schreiben von Mathes Dailhofer und Jakob Kloß 1717 (ohne Datumsangabe); zitiert nach Ullmann 1999, 429.
21 Archiv des Bistums Augsburg; Bischöfliches Ordinariat Nr. 1923: Varia Judenschaft zu Steppach 1717–1761: Schreiben des Grafen Arco vom 22. März 1728; zitiert nach Ullmann 1999, 429.
22 „Dz aber weiß ich wohl, das der sogenannte LandVogt Knecht in Biburg zu proiudiz der geistlichen rechten umb ein maaß wein gar gern erlaubet die Spiehlleuth an solchen tag zu halten, an welchen es bey uns Cathol. verboten." Archiv des Bistums Augsburg; Bischöfliches Ordinariat Nr. 2196: X. Kriegshaber Varia Judenschaft, Schreiben des Johann Jacob Landoldt vom 4.9.1721; zitiert nach Ullmann 1999, 430.

beigelegt werden konnte. „Die halltung der Spileüth in denen dreüsigst und andern verbottnen zeithen"[23] wurde weiter der Korruption der weltlichen Herrschaft zur Last gelegt. Andernorts, wie z.B. in Burgau, wurde diese potentielle Konfliktsituation so gelöst, dass der jüdischen Gemeinschaft Hochzeiten an christlichen Feiertagen verboten wurden.[24] Was insgesamt also fehlte, war eine „einheitliche landesherrliche Verordnungspraxis" bzw. eine „Vorabregulierung solcher Konflikte".[25]

Bis ins neunzehnte Jahrhundert hinein reichte die christlich-fastenzeitliche Irritation über Purim. So bietet Salmen u.a. Quellen vom 10. März 1811 zu einem Rechtsstreit in Hohenems (Vorarlberg) um jüdische Maskeraden und Tänze zu Purim während der Fastenzeit oder aus dem Basel des Jahres 1834, für das der Polizeibericht bemerkt: „Viele hiesige achtbare Bürger hielten sich über das Musizieren, Tanzen, Lärmen und Verkleiden auf. So gerade in der heiligen Woche statt hatte."[26]

Diese spezifischen Fastenzeit-Auseinandersetzungen zwischen jüdischer und christlicher Gemeinschaft um Musik/Musiker, Tanz und Maskeraden sind nur ein kleiner Teil aus einem gewaltigen Spektrum regelmäßiger Wahrnehmung der Festtagskultur der jeweils anderen religiösen Gruppierung während der Frühen Neuzeit (wenn auch hier unter negativen Vorzeichen). Für christliche Musiker in vielen Gegenden des deutschsprachigen Raumes war es völlig selbstverständlich, für jüdische Feste engagiert zu werden und vice versa. Diese relativ alltäglichen Begegnungen werden jedoch oft erst da greifbar, wo sie durch Konflikte, Dekrete, Beschwerden und Bestimmungen in den Quellen hervortreten. Diese belegen oft einen örtlichen Brauch, der erst durch sich verändernde äußere Umstände oder Klagen ein Ende findet.[27]

Ein weiterer Aspekt ist die erzwungene „Teilnahme" jüdischer Menschen am Fastnachts-Geschehen dort, wo sie in demütigenden Ritualen als die greifbaren exotischen „Anderen" der Belustigung der christlichen Mehrheitsgesellschaft dienen mussten. Als Vertreter des „Nichtchristentums", das ansonsten u.a. durch türkische Kostüme oder „Mohrenlarven" dargestellt wurde, waren sie oft dessen

---

23 Archiv des Bistums Augsburg; Bischöfliches Ordinariat Nr 2764: Juden 1608–1784, Schreiben an die Regierung in Innsbruck vom 4.10.1727; zitiert nach Ullmann 1999, 430.
24 Ullmann 1999, 429.
25 Ullmann 1999, 430.
26 Nordemann 1955, 119; zitiert nach Salmen 1991, 108.
27 Ein signifikantes Beispiel dafür bietet Hüttenmeister 2002, 114–115.

einzig anwesende und, im bitteren Sinne des Wortes „greifbare" Repräsentantinnen und Repräsentanten.[28] So konnte Fastnacht zu einer gefährlichen Zeit für Juden und Jüdinnen werden, in der sie physisch bedroht und finanziell stark geschädigt wurden. Während die Stadt Rom für Exzesse in diesem Zusammenhang bekannt ist, finden sich mehrere belegte Fälle aus deutschen Städten und Dörfern der Frühen Neuzeit, so z.B. aus Rottweil oder Nürnberg.[29]

3 Fastnachts- und Purimlieder in ihren Festkulturen

In seiner *Geschichte der Kölner Fastnacht* schrieb Wolfgang Herborn: „regelrechte Karnevalslieder kamen erst im 19. Jahrhundert auf."[30] So verdienstvoll Herborns Dokumentation der Entwicklung der Fastnacht in Köln ist, greift seine Darstellung hier jedoch zu kurz. Lieder waren in der Frühen Neuzeit bereits integraler Bestandteil des Fastnachtsbrauchtums, und Gesang ist in diversen Varianten und Formen im Rahmen des Fastnachtspiels und unabhängig davon belegt. Eine Verlagerung ins neunzehnte Jahrhundert als Ausgangspunkt der „regelrechten Karnevalslieder" ist daher nicht haltbar, denn die Ausgangsposition sollte nicht deren Anzahl, sondern Funktionen, Selbstdefinition, Medien und Medialität, Popularität und Wirkung in ihrer Zeit sein.[31] Allein ein Blick auf die Liste der Liedflugschriften und -drucke des fünfzehnten bis achtzehnten Jahrhunderts genügt, um festzustellen, dass diverse Paratexte von „Fastnachtslied" sprechen und somit das Selbstverständnis einer Fastnachtsliedkultur voraussetzen.[32] Neben diesen primären erwähnen auch einige sekundäre Quellen das Lied im Fastnachtsbrauchtum. So wies schon Peter Krawietz in *Fastnacht am Rhein* darauf hin, dass 1544/45 in Krefeld Fastnachtspiele und Fastnachtlieder aufgeführt wurden.[33] Der Chronist Hermann Weinsberg erwähnt in der zweiten Hälfte des sechzehnten Jahrhunderts, dass man bei gegenseitigen, innerfamiliären Besuchen während

---

28 Mezger 1991, besonders 40–45.
29 Mezger 1991, 42–43.
30 Herborn 2009, 120.
31 Den Begriff „populär", wie Dietrich Helms (2012, 133) schrieb, „nur für die zahlenmäßige Verbreitung zu verwenden, ist sicherlich überflüssig. Der Ausdruck ‚verbreitet' ist hier präziser. [...] Verbreitung ist nicht mit Wirkung gleichzusetzen."
32 Nehlsen 2018.
33 Krawietz 2016, 40.

der Fastnachtzeit „fröhlich" war und „gesungen und getanzt" habe.[34] Hier sollen im Weiteren, neben Quellen zum Singgeschehen, vor allem die Lieder selbst und ihre textimmanente Darstellung des Brauchtums im Vordergrund stehen. Martine Grinberg arbeitete heraus, dass Karneval in der Frühen Neuzeit immer mehr zum Prestigeobjekt eines aufstrebenden Bürgertums wurde, welches viel Geld für Spielleute, Musiker und die Versorgung mit Lebensmitteln und Getränken ausgab.[35] Auch dieser Umstand trug neben vielen anderen zeitgenössischen Modi dazu bei, dass das vernakulare Fastnachtslied im Rahmen der zunehmenden Musiziertätigkeit einen Entwicklungsschub erfuhr.

Will man das Lied im Rahmen der Purim- und Fastnachtsfestkulturen verstehen, so ist zuerst die Einheit von Festpraxis und Singwelt hervorzuheben. Grenzen zwischen aufführenden Sängerinnen und Sängern sowie Feiernden ziehen zu wollen, ist für die Frühe Neuzeit als artifiziell zu betrachten, zumindest dort, wo es sich nicht um das professionalisierte Theater des späten siebzehnten Jahrhunderts und seine singenden Darstellerinnen und Darsteller handelt.[36] In der Regel waren aufführende Sängerinnen und Sänger durch ihre religiöse Affiliation Teil der jeweiligen Festgemeinschaft und somit unmittelbar in das Feiertagsgeschehen involviert. Selbst wenn sie aus anderen Orten kamen oder für ihre Dienste honoriert wurden, blieb doch der Umstand, dass sowohl Purim als auch Fastnacht einen (einzigen) hauptsächlichen Festtag haben[37], ein definierender Faktor der religiösen und vermutlich auch persönlich-emotionalen Involviertheit der Aufführenden als Teil einer Glaubensgemeinschaft.[38] Darüber hinaus waren Purim- und Fastnacht in der Frühen Neuzeit vor allem geprägt durch gemeinschaftliches Singen des Festtagsliedguts, neben dem die Aufführung neu verfasster oder spezifischer Lieder durch definierte Gruppen oder Einzelpersonen stand. Das Prinzip der Aufführung und Singmöglichkeiten der Gruppe konnten sich durch schnelles Erlernen und Aufnehmen des Aufgeführten verschränken.

Der christliche Hebraist Johannes Buxtorf bemerkte in Hinsicht auf das Singen zu Purim im Jahr 1603:

---

34 Nach Herborn 2009, 76.
35 Nach Nielen 2005, 107.
36 Siehe Grabmayer 2009, 134–135.
37 Hier gilt einschränkend zu sagen, dass der Begriff „fastabendt" auch den gesamten Zeitraum vom Dreikönigsfest bis eine Woche nach Fastnachtssonntag, teils sogar bis Rosenmontag (Laetare) umfassen konnte, siehe Herborn 2009, 74–75.
38 Anders verhielt es sich bei Instrumentalisten, die regelmäßig die religiösen Grenzen um des Verdienstes willen überschritten und für die jeweils andere Festgemeinde tätig wurden.

Thun also nichts anders diese zwen tage / dañ fressen / sauffen / spielen / dantzen / pfeiffen / singen / sprechen reimen und liebliche Sprûche / verbutzen vñ verkleiden sich die Weiber in Manns / die Mãnner in Weibskleider.[39]

Und einige Jahrzehnte später listet auch der jüdische Konvertit Friedrich Albrecht Christiani folgendes auf:

[...] vermummen sich auch auff unterschiedliche Weise / daß man sie nicht erkennen kan: pfeiffen / tantzen / springen / singen und spielen fast die gantze Nacht hindurch....[40]

Trotz des abwertend-diffamierenden Tons dieser Beschreibungen gibt es keinen Grund, an den beschriebenen Aspekten der Festpraxis wie Trinken, Essen, Verkleiden/Vermummen, Tanzen, Singen und Spielen zu zweifeln, sind sie doch sowohl für die Frühe Neuzeit in Text und bildender Kunst gut belegt als auch immer noch integraler Teil des Festgeschehens.

Zudem war der Ort des Singens ebenso Bestandteil des Festtagsgeschehens und kann (bis auf immer mitzudenkende Ausnahmen) nicht losgelöst von diesem betrachtet werden. Auch für die Purimfestpraxis in Spiel und Lied gilt, generalisierend, was Johann Grabmayer für das Fastnachtspiel in Nürnberg herausgearbeitet hat. Da es dort kein festes Theatergebäude für Aufführungen gab und Stücke somit in Wirtsstuben oder Innenhöfen von Gaststuben aufgeführt wurden, waren die Grenzen zwischen Fastnachtspielern und Fastnachtfeiernden fließend.[41] Selbes gilt für die Aufführungsorte von Purimspielen oder/und -liedern, bei denen zuerst das private Haus zu nennen ist. In diesem intimen, nicht-professionalisierten Raum war die Einheit von Spielern/Sängerinnen und Sängern sowie Festgemeinschaft die Regel.

4 Das Verhältnis von Purimlied und Purimspiel

Fastnacht als auch Purim fanden einen bedeutsamen kulturellen Ausdruck sowohl in der Aufführung von Spielen als auch im Lied. Beide Formen standen miteinander in Beziehung – zum einen durch die Teilhabe an der Festwelt einer Stadt oder Gemeinde, zum anderen durch die Inkorporation von Liedern und Gesängen

39 Buxtorf 1603, 548.
40 Christiani 1677, 15ᵛ. Vor seiner Konversion (1674 in Straßburg) hatte Christiani u.a. das Amt eines Vorsängers (*khazan*) in der jüdischen Gemeinde Bruchsal inne. Er gehört zu den wenigen, die später zum jüdischen Glauben zurückkehrten.
41 Grabmayer 2009, 134–135.

in szenischen Aufführungen und des Weiteren durch die direkte Abhängigkeit der Formen in ihrer Genese.

Im Kontext der Purimfeierlichkeiten des transalpinen, aschkenasischen, jiddisch-sprachigen Raums ist das Lied die ältere belegte Gattung.[42] Evi Butzer arbeitete in ihrer Studie zu den Anfängen der Purimspiele heraus, dass es bis ins sechzehnte Jahrhundert keine dramatischen Formen innerhalb der jiddischen Kultur gab, dafür aber eine reiche Epik und Prosa.[43] Sie geht davon aus, dass im Kontext der Purim-*sude*, des Purim-Festmahls, der Übergang vom Lied zu den ersten Spielen stattfand. Zum Teil gesungene, monologische Stücke, besonders in Form von Parodien religiöser Texte, waren eine häufige Erscheinung und vermutlich Bindeglied zwischen den Gattungen.[44]

In dieser Übergangssituation könnte auch das Wettstreitgedicht (*vikuekh*; Pl. *vikukhim*) Erwähnung finden. Dieser, auch im nicht-jüdischen Umfeld sehr populäre Liedtypus offeriert stets zwei oder mehrere miteinander konkurrierende Prinzipien, die ihre jeweiligen Vorzüge betonen und den „Gegner" moralisch unter Druck setzen. Solche dichotomen Strukturen boten sich für eine „dramatische" Darstellung geradezu an. Einige *vikukhim*-Stoffe, wie z.B. der Streit von Wein und Wasser, wurden gleich mehrfach bearbeitet, so von Zalmen Sofer und Elia ben Mosche Loanz. Aufgrund ihres Inhalts sind diese *vikukhim* gut im Kontext des Purimfestes vorstellbar.[45]

Die Uneindeutigkeit bzw. Überlagerung der Gattungen zieht sich bis in den paratextlichen Bereich hinein. So wurde das älteste derzeit bekannte jiddische Purimlied (will man das unter 5.2 diskutierte Lied des Elye Bokher hier nicht mitrechnen), überliefert durch Gumprecht von Szczebrzeszyn, vermutlich um 1555 von ihm in Venedig aufgeschrieben.[46] Es hat die feststiftende biblische Geschichte des Buches Esther zum Inhalt und ist nicht nur formal, sondern auch durch seine Einleitung als Lied definiert. Dort heißt es:

[491] Auch habe ich es auf einen hübschen Gesang gemacht,
dass einem die Zeit darüber nicht lang werde.
Die Melodie hat dasselbe Maß
wie die Von dem Kalb, das den Landsknecht auffraß

---

42 Für die italienisch-jüdische, hebräisch-sprachige und andere Spiel-Traditionen um Purim kann hier keine Aussage getroffen werden.
43 Butzer 2003, 50.
44 Butzer 2003, 203.
45 Butzer 2003, 103–108.
46 Bibliothek der Ungarischen Akademie der Wissenschaften; Sammlung David Kaufmann, Ms. Kaufmann A. 397, fol. 11r–30v. Für die Edition siehe Stern 1922.

> Und auf ein Lied, das hat den Preis:
> Aber heb ich an mein alte Weis'.
> Wer die Melodie kennt, der soll sich freuen,
> wer sie nicht kennt, der soll es lesen
> oder er soll nach der Melodie fragen.
> Wer das nicht will, der lasse es bleiben.[47]

Beim *Lied vom Kalb, das den Landsknecht auffraß* handelt es sich um *Von einem Freyheit vnd von Cuntz zwergen* (Leipzig 1521) auf eine Melodie des Augsburger Meistersingers Jörg Schiller. Das zweite von Gumprecht erwähnte Lied, *Aber heb ich an mein alter Weis'*, ist aus einer Handschrift des späten sechzehnten Jahrhunderts bekannt.[48] Abgesehen von der Freiheit der Melodiewahl, die Gumprecht seinen Leserinnen und Lesern offeriert, und vom Umstand, dass ein Meistersingerlied kontrafaziert wurde, sprechen die offerierten Melodieangaben und die strophische Form sowie textliche Gestaltung gegen eine dramatische Umsetzung. Auch in Strophe 78, am Ende des Textes, gibt Gumprecht die unverheiratete Zorlein aus Venedig namentlich als diejenige zu erkennen, für die das „Lied" geschrieben worden sei. Sie ist damit eine der vielen aschkenasischen Jüdinnen, die von Autoren der Frühen Neuzeit als intendiertes Zielpublikum jiddischer Werke definiert worden sind.[49] Überraschenderweise wird das Werk jedoch in der ersten Strophe als „Purimspiel" bezeichnet:

> [511] Nun, wer kann es alles erzählen?
> Nur das Beste will ich auswählen!
> Um die Leute zum Lachen zu bringen
> Ein Purimspiel zu machen![50]

Warum Gumprecht den Begriff „Spiel" nutzt, ist tatsächlich eine interessante Frage. Sollte es sich um die liedhafte Verarbeitung des dem Publikum bereits aus Purimspielen bekannten Estherstoffes handeln, so würde sich dies besonders aus dem italienischen Kontext heraus erklären, in dem der aus Polen stammende Gumprecht zur Zeit der Niederschrift tätig war.[51] In Venedig, Modena, Mantua

---

47 Stern 1922, 18. Alle Übersetzungen und Kursivierungen stammen, sofern nicht anders angegeben, von der Autorin.
48 Für mehr Informationen siehe Matut 2014, 168f.
49 Edition Stern 1922, 54.
50 Stern 1922, 18.
51 Wie Butzer (2003, 52, FN 267) bereits festhielt, versucht Gumprecht von Szczebrzeszyn, „das Lied als sein eigenes Werk weiterzugeben". Bereits Shmeruk war der Ansicht, dass Gumprecht nur Bearbeiter, nicht aber Verfasser, war (Shmeruk 1979, 135f).

und anderen Orten wurden bereits Anfang des sechzehnten Jahrhunderts Theaterstücke und Purimspiele aufgeführt.[52] Diese waren, soweit bekannt, in Italienisch oder Hebräisch[53] verfasst – ein jiddisches Purimspiel aus dem Italien des frühen sechzehnten Jahrhunderts ist nicht erhalten.[54] Einmal mehr scheint die Vorgeschichte des transalpinen jiddischen Purimspiels auf Italien zu verweisen. Und selbst wenn kein jiddisch-sprachiges Stück erhalten blieb (oder nie existierte), ist Gumprechts Verweis auf Purimspiel-Aufführungen für seinen Wirkungsort Venedig zumindest für andere Sprachen aus zeitgenössischen Quellen gesichert. Nichts spricht folglich gegen eine Bearbeitung des aus hebräischen oder italienischen Spielen bekannten Stoffes in Liedform und im Vernakular Jiddisch. „Purimspiel" würde hier also dem Publikum keinen strukturellen, sondern einen inhaltlichen Wiedererkennungseffekt für einen Stoff bieten, der von dramatischen Aufführungen her bekannt war.

Zum anderen hat jedoch Erika Timm bereits eine andere, sehr plausible Erklärung für diese Begrifflichkeit geboten:

> ‚Purimspiele' (Pl.). – Sie hatten in dieser Frühzeit nicht notwendigerweise dramatische Form, sondern waren oft noch einfach zum monologischen Vortrag bestimmt, so Elias Śerefe-Lied von 1514 (ed. Shmeruk 1955/56) und Gumprechts Esther-Lied von etwa 1555 (ed. Stern 1922).[55]

Ganz ähnlich ist vermutlich auch das Verhältnis von Lied und Spiel in einigen deutschsprachigen Texten zu bewerten. So bringt, um nur einige Beispiele zu nennen, das um 1570 in Straßburg erschienene *Ein hůpsch Neüw Lied / Von der Narrenkappen* ebenfalls beide Begriffe. In der ersten Strophe heißt es „Ihr Herren wend ihr schweigen / vnnd hŏren ein Faßnacht spil / merckt von den schönen weiben / vnd wie sie stecken ein zil".[56] Struktur, Titel, Melodieangabe sowie letzte Strophe lassen jedoch keinen Zweifel zu, dass es sich um ein Lied handelt: „Das

---

52 Butzer 2003, 32.
53 Für die Theaterwissenschaftlerin Ahuva Belkin war Hebräisch als allgemeine Theatersprache nicht durchsetzbar. Diese Funktion blieb den von Juden und Jüdinnen gesprochenen Vernakularsprachen Italienisch, Jiddisch usw. vorbehalten, weshalb nicht von einer tatsächlichen Aufführung der auf Hebräisch verfassten Stücke auszugehen ist. Siehe die Diskussion bei Butzer 2003, 38.
54 Im Vorwort zur 1594 in Verona erschienen Druckausgabe von *Paris un Wiene* bemerkte der Herausgeber über den bereits verstorbenen Verfasser Elia Levita: „Wer wird uns ein Purimspiel machen, wer Gedichte, wer Brautlieder?" (nach Timm 1996, 5).
55 Timm 1996, 5, Fußnote 1. In diesem Sinn auch Rosenzweig 2011.
56 *Ein hůpsch Neüw Lied* ca. 1570, Str. 1.1–4.

Lied doch jetz ein ende hatt / kan mir das jemand sagen / ich gib euch allen sa-men raht / wir müssen ein Narren kappen haben".[57] Eine weitere signifikante Quelle stellt „Das Gedenkbuch der Jahre" des Kölner Rastherrn Hermann Weins-berg dar. In sich ein „neuer Quellentyp privater Konvenienz" des sechzehnten Jahrhunderts handelt es sich hierbei um „autobiographische Aufzeichnungen, die uns aus privater Sicht über die Fastnachtsfeiern im Familien- und Freundes-kreis sowie in der näheren Nachbarschaft berichten."[58] Weinsberg leistete sich das spielerische Vergnügen, ein lateinisches Fastnachts-Carmen „Von samenfoe-gung der Weinbergschen personen und gutter" zu verfassen, eine Freude, von der er in der Fastenzeit wieder Abstand nahm und bemerkte:

> A. 1578 den 10. febr. uff montag zu klein fastabent, als das folk frolich ware und sicher ver-mommet, gedacht ich mich auch etwas zu vermachen und narrisch zu sein, dan daß kunth die zeit eitz leiden, wust aber bei mir eitz nit besser narheit und geckheit anzutreiben, dan das ich mich selbst lobte, das were ein recht mommen und narrenwirk, finge derhalb diß folgend carmen an zu dichten vur min zit verdreif und fastabendt spill.[59]

Im hiesigen Kontext bedeutsam ist der letzte Satz des Zitats, in dem Weinberg klar verlauten lässt „Ich vermochte aber in meinem Inneren, keine bessere Nar-retei und Verrücktheit anzutreiben, als mich selbst zu loben, das wäre ein recht Mummen und Narrenwerk. Deshalb begann ich zu meinem Zeitvertreib und als Fastnachtspiel [Fastnacht-Spiel; A.d.V.] das folgende Carmen zu dichten."[60] Hier hat „Spiel" vermutlich keine strukturelle Bedeutung, sondern spielt auf den As-pekt des „Spielens" im Sinne des *ludere* an.

In jüdischer Purimkultur verschob sich das Verhältnis von Lied / Gesang und dramatischer Form im Laufe der Frühen Neuzeit eindeutiger in Richtung der letz-teren. Dazu gehörten besonders die oben bereits erwähnten Lieder / Gesänge, de-ren interpolierte wörtliche Rede eine dramatische Darstellung zumindest theore-tisch ermöglichte, auch wenn über die tatsächliche Aufführungspraxis wenig bekannt ist und sie nur textimmanent erschlossen werden kann. In diese Katego-rie fallen mehrere Texte aus der Zeit um 1600, die in einer jiddischen Sammel-handschrift erhalten geblieben sind.[61] Hier sind es vor allem Parodien und Kontrafakte, die Erwähnung finden müssen: zum einen das Lied des Joseph ben

---

57 *Ein hüpsch Neüw Lied* ca. 1570, Str. 20.1–4.
58 Herborn 2009, 55.
59 Zitiert nach Herborn 2009, 70.
60 Herborn 2009, 70.
61 Butzer 2003, 54, 68–73 und Edition Matut 2011, Bd. 1, 104–129, 272–283 mit korrespondieren-dem Kommentar in Band 2.

Benjamin „Wollt ihr es mir nicht für übel nehmen", welches die Söhne des biblischen Patriarchen Jakob vorstellt, die wiederum Väter der israelitischen Stämme wurden. Der in Vers 15 erwähnte Benjamin, Jakobs jüngster Sohn, ist dabei das Bindeglied zur im Lied folgenden Esthergeschichte, da Mordechai und Esther, die zwei jüdischen Protagonisten der Purimgeschichte, zu seinen Nachfahren zählen.[62] Evi Butzer wies bereits auf Erik Shippers Vermutung hin, bei diesem Purimlied handele es sich um das „Relikt eines frühen Intermediums", bei dem Kinder Jakobs von Jeschiwa-Schülern dargestellt worden sind und auch chorisch sangen.[63] Und tatsächlich wird in Strophe 1 explizit erwähnt, dass „Jakob und seine Kinder" gegangen kommen, man sie nicht verdrängen kann und sie auf diese freie Fläche / den Platz treten. Dann wechselt der Narrator die Perspektive von der 3. Person Pl. zur 1. Communis und schließt sich mit ein: „von Jakob wollen wir singen". Das Lied endet mit der Bemerkung, es sei „zu Ehren" des Purimfestes geschrieben worden.[64]

Ein weiteres wichtiges Werk ist in diesem Zusammenhang das so genannte *Taub Jeklein*. Es handelt sich dabei formal um eine Parodie auf *Selichot*, d.h. Buß- und Bittgebete der jüdischen Liturgie im Kontext der hohen Feier- und Fastentage. Da Selichot gesungen wurden, ist eine musikalische Darbietung ihrer Parodie zu Purim zumindest möglich, wobei der komische Effekt durch das melodische, emotional ganz anders konnotierte Material verstärkend gewirkt haben könnte.[65] Der Verfasser betont, dass es Purim üblich sei, ein „Spiel" vom „tauben" (dummen, närrischen) Jeklein „zu machen"[66]; und tatsächlich legt ein weiteres Fragment des Textes nahe, dass es eine andauernde, wenn auch unklare Aufführungstradition gab.[67] Den in diesem Kontext existierenden Hypothesen

---

62 Butzer 2003, 54–55; für Edition und Kommentar siehe Matut 2011, Bd. 1, 272–283 und Bd. 2, 264–273.

63 Butzer 2003, 55.

64 Matut 2001, Bd. 1, 272/73 und 282/83.

65 Butzer 2003, 68–73; Matut 2011, Bd. 1, 104–129 und Bd. 2, 166-193.

66 Matut 2011, Bd. 1, 104, Str. 1.6. „Es ist üblich an Purim, dass man ein Spiel macht vom dummen Jeklein und seinem Weib Kendlein".

67 Das zweite Textfragment befand sich im Besitz des bedeutenden Bibliographen Moritz Steinschneider und bestätigt das Jahr 1620, während die Variante des Manuskripts 1598 angibt. Siehe Butzer 2003, 69–70.

von Chone Shmeruk, der „Taub Jeklein" für die Bearbeitung eines Handlungs-
spiels hielt,[68] und Evi Butzer, die den Text als „parodistischen Monolog" definiert, der keine dramatische Vorlage besaß,[69] kann im Kontext dieses Artikels
nichts hinzugefügt werden.

Ebenfalls mit der liturgisch-kantorialen Tradition verbunden ist ein Purimspiel aus der schon erwähnten Sammlung (um 1600), welches nur noch in seiner
Vorrede erhalten geblieben ist. Aus dieser geht jedoch hervor, dass die drei ange-
kündigten Protagonisten des Spiels jüdische Kantoren (*khazonim*) sind, die aus
verschiedenen Kulturkreisen (Deutschland, Polen und Italien) stammen. Es ist
daher davon auszugehen, dass diese Berufsgruppe für das Spiel ausgewählt
wurde, da sie nicht nur anhand ihrer Ess- und sonstigen Gewohnheiten miteinander verglichen werden, sondern vermutlich auch in Hinsicht auf ihre Gesangstra-
ditionen.[70] Zieht man die anderen, durch den Sammler notierten Purimspiele und
-lieder in Betracht, so lässt sich sagen, dass spätestens ab dem frühen siebzehnten Jahrhundert beide Formen im jiddischen Kulturraum nebeneinander existierten.

Als eine weitere Variante oder gar Entwicklungsmoment im Verhältnis Spiel
und Lied können diejenigen Purimspiele gelten, welche Gesänge und Lieder ein-
schalten, ansonsten jedoch der dramatischen Form verpflichtet sind. Dazu gehören die meisten Purimspiele des siebzehnten und frühen achtzehnten Jahrhunderts. Das älteste erhaltene Spiel dieser Art stammt aus dem Jahr 1697 und
befindet sich heute als Teil des Nachlasses des christlichen Hebraisten Johann
Wagenseil in Manuskriptform in der Universitätsbibliothek Leipzig.[71] In diesem
Purimspiel wird das zeittypische Trio Diskant, Tenor und Bass erwähnt, welches
gewöhnlich den Kantor (*khazan*) nebst (mindestens) zwei weiteren Sängern
(*meshorerim*) umfasste, die in traditioneller, mündlich überlieferter Mehrstim-
migkeit ihre (para-)liturgischen Gesänge darboten. Gesang gibt es weiterhin im
Achaschweroschspiel, das 1714 durch den christlichen Hebraisten Johann Jakob
Schudt veröffentlicht wurde, jedoch bereits 1708 in Frankfurt am Main erschienen war und eine parallele Überlieferung zum Text von 1697 darstellt.[72] Hier und
in beinahe allen weiteren von Shmeruk edierten frühneuzeitlichen Purimspielen
finden sich vor allem Klagelieder (*kines*) diverser Charaktere (besonders jedoch

---

68 Shmeruk 1979, 129ff und Butzer 2003, 73.
69 Butzer 2003, 163.
70 Matut 2011, Bd. 1, 452–455; Bd. 2, 379–384; Butzer 2003, 73–76.
71 Edition durch Shmeruk 1979, besonders 160–161, 167–169, 191, 197 etc. und *pizmonim* 181–
184.
72 Schudt 1714, Bd. 3, 202–225; Butzer 2003, 47.

des zum Galgen verurteilten Hamans) und darüber hinaus Anweisungen für „Musikanten", die Übergangs- und Zwischenmusiken gestalteten.[73] Nach jetzigem Kenntnisstand ist für keines der frühneuzeitlichen Purimspiele Musiknotation überliefert worden, sodass lediglich die Regieanweisungen Rückschlüsse auf musikalisches Geschehen zulassen.

Eines der in einem Aschaschweroschspiel genutzten Lieder begegnet jedoch an anderer Stelle wieder, und zwar als Melodieangabe des im Jahr 1711 erschienenen jiddischen Klageliedes (*kine*) auf den Brand der Judengasse in Frankfurt.[74] Auf dem Titelblatt (siehe Abb. 1) heißt es:

איין ניי קלאג ליד
פון דער גרושי שרפה בק"ק
ורנקפורט בניגון של המן
באחשוורוש שפיל

Ein neues Klagelied
von dem großen Brand in der heiligen Gemeinde
Frankfurt in der Melodie des Haman
im Aschaschwerosch Spiel.

Dieses historische (Klage-)Lied berichtet über den so genannten „Großen Judenbrand", der am 14. Januar 1711 die Häuser der Frankfurter Judengasse fast vollständig zerstörte. Infolgedessen untersagten „die Vorsteher der Gemeinde ... für 14 Jahre alle Komödienaufführungen und Spiele .... Bußgebete und -lieder wurden verfaßt und der Tag des Brandes, nach jüdischem Kalender der 24. Teweth, wurde zum Buß- und Fasttag erklärt".[75] Der Melodietransfer zeugt einerseits davon, dass Purimspiele in einer Stadt so bekannt sein konnten, dass ihre Melodien wiederum referentiell wurden. Da das Sujet an sich gleich blieb – vom Klagelied

---

73 Shmeruk 1979, 159–210, 213–252, 376–377, 641, 649, 702–706 etc.

74 Auch dieses Lied wurde durch den christlichen Hebraisten Johann Jakob Schudt 1714 im 3. Band seiner *Juedische(n) Merckwuerdigkeiten* (63–73) in jiddischen und lateinischen Buchstaben wiedergegeben. Meine Angaben und Zitate beziehen sich jedoch auf den vorhergehenden Einzeldruck des Liedes, dessen Druckangaben widersprüchlich sind. Im Vorwort (fol. 1ʳ) heißt es dort „gedruckt hier in Frankfurt am Main", nach Liedende (fol. 4ᵛ) wird aber angegeben, das Lied sei durch Mosche [Moses] Druker in Halle herausgebracht worden. Bodleian Library Oxford; Opp. 8° 649; siehe Steinschneider 1852–1860, Nr. 3647.

75 Jüdisches Museum Frankfurt am Main, Infobank Museum Judengasse, „Der Brand von 1711", http://www.judengasse.de/dhtml/E006.htm (25. Mai 2019).

des verurteilten Bösewichts Haman im Spiel hin zum Klagelied über den realen Brand – lag ein Transfer nahe. Die Melodie selbst bleibt jedoch unbekannt, da auch der Lieddruck nur den Text und keine Notation enthält. Verfasser war David, Sohn des Rabbi Schimon Sauger [Souger/Soger] aus Prag[76], der zur Zeit der Abfassung des Liedes in קרויניבורג lebte.[77] Ob David Sauger dabei das Frankfurter Aschaschweroschspiel von 1708 und seine Klagelieder im Sinn hatte, ist unklar. Es böte sich sowohl zeitlich als auch räumlich als Vorlage an, jedoch weist die Liedstruktur die stärkste Ähnlichkeit mit dem Klagelied Hamans nach Bekanntgabe seines Todesurteils im Purimspiel der Sammlung Wagenseil auf.[78]

Die für die Frühe Neuzeit, zumindest ab ca. 1600 festzuhaltende, parallele Existenz von Purimlied und -spiel sowie deren komplexes Verhältnis wird im frühen achtzehnten Jahrhundert um eine Variante erweitert. Wie Ahuva Belkin 1998 in ihrem Artikel *Zmires purim – The Third Phase of Jewish Carnavalistic Folk-Literature* darlegte, erschien 1715 in Hamburg die jiddische Adaption eines hebräischen Purimspiels in Liedform.[79] Dieses Purimspiel war 60 Jahre zuvor unter dem Titel *Simkhat Purim* (Freude des Purim) erschienen.[80] Herausgeber der jiddischen Liedvariante war Shmuel-Zanvl Popert, dessen Adaption Belkin folgendermaßen bewertet: „[He] simplified the text, employing popular sayings and stressing the jocular aspects, offering a larger dose of humour and above all, explaining the allusions and references ...".[81] Für Belkin ist die Auflösung der dramatischen Form im jiddischen, nordeuropäischen Kontext durch Shmuel-Zanvl Symptom mehrerer innerjüdischer Entwicklungen, zu denen die kontinuierliche innergemeindliche Purimkritik gehört:

> By the end of the Renaissance, carnival rites in Europe were declining; but the popular Jewish carnival, as we have seen, had died long before. All that remained were couplets of *Zmiroys purim* – a faint reflection of a carnival. The carnavalistic activities, however, was

---

76 Der Familienname Sauger(s) ist für das Jahr 1699 in Prag belegt; siehe Hock 1892, 120; Beider 1995, 33.

77 David Sauger, *Ein neues Klagelied*, fol. 1ᵛ. Dabei könnte es sich um Kronberg im Taunus bei Frankfurt am Main handeln. Schudt gibt den Gemeindenamen als „Cronenburg" wieder (Schudt 1714, Bd. 3, 64).

78 Shmeruk 1979, 200ff.

79 Der Originaldruck befindet sich in der Bodleian Library Oxford, Opp. 8° 606.

80 „*Simhat purim* is not a *purimshpil* for performance at home. It is a didactic drama similar to those often mounted by the Latin schools. Its language is literary, there are no comic figures, and only a little clownish foolery.... Nevertheless, it is this work which Shmuel-Zanvl chose for his *Zmiroys purim*.", Belkin 1998, 154.

81 Belkin 1998, 151.

[sic] threated not only from without. In the sixteenth century, the Ramo (Rabbi Moses Isserles) in his proofs of *Shulhan Arukh*, writes: "It is not forbidden to wear faces (masks) because they are only intended to make merry." Jacob Emdin, of the eighteenth century, vigorously insisted that one should avoid frolic. The *Akhashveyrosh shpil*, which was robed in the disguise of the folklore of other peoples, was burnt in Frankfurt in the very same year that *Zmiroys purim* was published, because it contained offensive elements and coarse language (Schudt 1714).

Shmuel-Zanvl Poppert thus chose this poem which he could publish without fear; though humorous, it contained no obscenities; the world was no longer inverted. On the Hebrew title page Shmuel-Zanvl exclaims: "Sing a new song". If it was not a new song, it was certainly the end of an old one.[82]

Belkins Analyse wird gestützt, wenn man über das einzelne Beispiel die thematische Entwicklung der erhaltenen jiddischen Purimlieder insgesamt in den Blick nimmt. Wie für anderes vernakulares Liedmaterial der Frühen Neuzeit (z.B. Hochzeitslieder) so gilt auch hier, dass im Laufe der Jahrhunderte sowohl eine thematische Engführung erfolgte als auch bis zum achtzehnten Jahrhundert der groteske Realismus, das Überbordende und Anarchische, das Entfesselte und Leibliche aus dem Purimlied verschwand. Es überwiegen verhältnismäßig „zahme" Wiedergaben der Esthergeschichte sowie moralisch-didaktische Anweisungen, wie das Purimfest zu feiern sei.

Die Frage des Verhältnisses von Lied und Spiel ist für das Thema des hiesigen Beitrags bedeutsam, da so das Corpus der relevanten Texte klarer umrissen wird und die Funktion von Liedern im Kontext des Purimfestes erweitert wird.

5 Fastnachts- und Purimliedtypen

5.1 Heischelieder

Im Jahr 1403 tat der Kölner Gaffelrat[83] den Beschluss der Ratsherren kund, „das niemand einen anderen auf der Straße wegen Trinkgeld fangen und halten soll,

---

82 Belkin 1998, 155.

83 Bei den Gaffeln handelte es sich um wichtige bürgerliche Institutionen der Stadt Köln. Jeder Bürger, der einem ehrlichen Handwerk nachging, musste einer Gaffel beitreten. Diese waren jedoch nicht mit einer Zunft gleichzusetzen, sondern nahmen zunftübergreifend Mitglieder auf. Politisch hatten sie großes Gewicht und Einfluss in der Stadt, siehe Militzer 1996, 41–59.

auch bei einer Strafe von 5 Mark".[84] Dieses Verbot musste 1431 und 1460 wiederholt werden, denn das „öffentliche Einsammeln von Heischegaben"[85] war ritualisiert aggressiv und zur Nötigung geworden.

An dieser Stelle muss auch erwähnt werden, dass Gewaltandrohung im Zusammenhang mit fastnächtlichen Heischebräuchen die jüdische Bevölkerung der Frühen Neuzeit immer wieder in besonderem Maße traf. Mehrere Beispiele sind bekannt, wie Angehörige dieser durch Autoritäten während der Fastnachtzeit meist nicht geschützten Minderheit zu Opfern von Gewalt wurden, die über das Maß der brauchtümlichen Androhung weit hinausging und physische, psychische sowie schwere, existenzbedrohende finanzielle Folgen hatte. In irritierend verharmlosendem Duktus gibt Werner Mezger eine Episode aus Nürnberg wieder: „Relativ harmlos war der Schabernack, den man mit ihnen [den Juden; A.d.V.] trieb, noch in Nürnberg. Dort wurden sie bei den fastnächtlichen Heischebräuchen in Zusammenhang mit dem Schembartlauf Jahr für Jahr nur kräftig geschröpft."[86]

Viele Elemente, die in der Frühen Neuzeit als gesetzt gelten, fanden im fünfzehnten Jahrhundert überhaupt erst Einzug ins Fastnachtgeschehen. In der Stadt Köln waren dies z.B. das Maskieren und Umzüge in Masken, Heischegänge, die Tänze der Gaffel- und Zunfthäuser nebst dazugehöriger Musik sowie öffentliche Fastnachtsveranstaltungen.[87] Solche Städte wurden daher zu Orten, an denen ausgehandelt werden musste, was als statthaft galt und was nicht. Heischegänge wurden im öffentlichen Raum Kölns verboten, da sie sich an der Grenze zu (ritualisierter) Gewalttätigkeit und Zwang bewegten. Das Verbot war jedoch, wie seine Wiederholungen belegen, nur schwer zu implementieren und durchzusetzen.

Die Bitte um Gaben während Purim und Fastnacht war brauchtumsgebunden und hatte besonders im Rahmen der Spiel-, Vermummungs- und Unterhaltungstraditionen ihren Raum.[88] Dabei waren es in der Regel (unverheiratete) Männer die im weitesten Sinne für Amüsement oder Androhung von Strafe sorgten und dafür „Lohn" bzw. Vermeidungszahlungen in Form von Speisen, (alkoholischen) Getränken oder monetärer Zuwendung erhielten. Heischereime, -sprüche oder -lieder waren einfach zu produzierende Formen, die keine

---

84 Herborn 2009, 46–47.
85 Herborn 2009, 46.
86 Mezger 1991, 42.
87 Herborn 2009, 53–54.
88 Hier sind nicht *shalakhmones*, die traditionellen Purimgaben, gemeint. Diese wurden und werden gebracht bzw. übersandt und nicht eingefordert. Für mehr Informationen siehe Shifra Epstein, „Purim", in *YIVO Encyclopedia of Jews in Eastern Europe*. https://yivoencyclope-dia.org/article.aspx/Purim (Zugriff: 22.4.2019)

Requisiten erforderten, jedoch oft mit Vermummung einhergingen. Dies wurde im Fastnachtslied *Furwitz der Kramer* (Fürwitz der Krämer) aus dem Jahr 1536 festgehalten, welches vielleicht am intensivsten die brauchtumsgebundenen Vorbereitungen beschreibt:[89]

> Eyn håren sieb die paucken sey / die schlecht
> man mit dem querlen / Vil ofenrůß ist auch dar-
> bey / vnd hauben one perlen / Damit verstelt das
> angesicht / so man nach wůrsten singet / an Ga-
> beln tregt man auffgericht / was yeder seltzams
> bringet.

„Viel Ofenruß ist auch dabei und Hauben ohne Perlen. Damit verstellt man das Gesicht, so man nach Würsten singet" spiegelt den Brauch wieder, vermummt (Heische-) Lieder zu singen und dafür Speisen zu erhalten – als „Lohn" oder um einer oft brauchtümlich angedrohten „Strafe" durch den / die Bittenden zu entgehen. Was hier auf den ersten Blick närrisch erscheinen mag – das Hertragen des Essens auf Gabeln – könnte auch auf den in Sprüchen und Liedern gut belegten Brauch anspielen, bestimmte Speisen auf einem mitgebrachten Spieß oder einer Stangenkonstruktion zu erhalten und damit durch die Straßen zu tragen.[90] Andere Texte belegen andere Speisen, wie Eier, Speck, Schinken oder Bratwürste, z.B.

> Havele, havele Hahne, / Fastnacht geht ane.
> Droben in dem Hinkelhaus / Hängt ein Korb mit Eier raus.
> Droben in der Firste / Hängen die Bratwürste;
> Gebt uns die langen, / Laßt die kurzen hangen.[91]

---

89 *Bergkreyen* 1536, hier Nr. 13, Str. 11; Staatsbibliothek Berlin, Yd 5006; mit Notation bei Rhau (Rhaw) 1545, Nr. 78; siehe auch Erk/Böhme 1894, 81–83.

90 Hier einige, zeitlich jedoch nicht der Frühen Neuzeit zuordnbare, Beispiele: „Fasseläwend häit ik, [Alle Schelmstücke wäit ik]. Giet mi wout an mynen Spiet"; aus Westphalen (Arensberg, Marsberg), wo „junge Leute mit einem Spiet ... umherzugehen und Gaben einzusammeln" pflegen; Erk/Böhme 1894, 125. Oder das „Spießeinrecken", dass im neunzehnten Jahrhundert noch im Erzgebirge und Vogtland bekannt war: „Do reck ich män Spieß ei / Uebern Herrn Jesu sän Tisch nei. Steckt er mir a Kräppel na, Is er oh a feiner Ma"; „Fastnachtsliedchen, wenn die Kinder ‚Spießeinrecken' gehen", Erk/Böhme 1894, 126.

91 Dieses Lied wurde erst 1806 publiziert, ist aber sehr wahrscheinlich bereits im 18. Jahrhundert bekannt gewesen. Aus Frankfurt am Main, aber auch rheinischen Regionen; siehe Erk/Böhme 1894, 126. Siehe auch die Chronik des Enoch Widmanns für das sechzehnte Jahrhundert mit dem fränkischen Spruch: „Ich bring zum Fastelabend einen grünen Busch / Habt ihr nicht Eier, so gebt mir Wurst"; Mezger 1991, 351.

Neben deftigen und in der Regel haltbaren Speisen sowie den eingangs erwähnten Geldbeträgen wurde vor allem auch um süße und /oder fetthaltige Backwaren gebeten. So bemerkt Mezger: „Um das fastnächtliche Spezialgebäck in Form von Krapfen, Waffeln, Kringeln und Pfannkuchen entwickelte sich spätestens seit der zweiten Hälfte des 15. Jahrhunderts ein ausgeprägtes Heischebrauchtum. Man zog mit feststehenden Liedern oder Sprüchen von Haus zu Haus [...] und verzehrte die Brotprodukte [...] oft gemeinsam in immer wilder werdenden Gelagen".[92] Dabei wurde besonders das „Küchleinholen" mit den Jahren exzessiv und unkontrollierbar bis hin zum Ausnutzen des Zugangs zu Privathäusern, in denen Mädchen und Frauen sexuellen Belästigungen und Übergriffen während dieser Heischegänge ausgesetzt waren. Vielerorts wurde dieses Brauchtum daher stark reglementiert.[93] Mehrere Fastnachtslieder thematisieren daher auch speziell die Zubereitung der „Küchlein" sowie die Gefahren (für beide Geschlechter) rund um das „Küchleinholen".[94]

Im Purimkontext fand das Heischen in der Frühen Neuzeit vor allem durch *bakhurim* (unverheiratete junge Männer; Talmudstudenten) und andere Angehörige der Jeschiwot (Lehrhäuser höherer jüdischer Bildung) statt bzw. durch diejenigen, die Purimlieder und -stücke aufführten.[95] Eines der markantesten Beispiele dafür ist das jiddische Lied פומייא איר ליבן גיזעלין (Pumai', ir libėn gėselėn) aus der Zeit um 1600, welches mit dem Eintritt einer närrisch konnotierten Person beginnt: איך קום אריין מיט מיינען שעלין / ווענן דש קוינגש בחורים (Ich kum arein mit meinėn schelėn / wegėn dėś künėgś baḥurim).[96] Was im weiteren Verlauf geschieht, ist Teil der Purim-*sude*, des Festmahls, denn die *bakhurim* bitten bei allen Anwesenden und speziell beim Hausherren um Wein (Str. 3.4), der nicht abgemessen gegeben werden soll (Str. 4.3), um Süßspeisen, Feigenmus, frische Kringel, viel Fleisch, wenig Brot (Str. 5), Fisch, frische Wecken (Str. 9) etc. Mehrfach geht es darum, sich „vollzusaufen", zu erbrechen und weiter zu essen, Speisen und Wein also im Übermaß vor Ort zu sich zu nehmen (besonders Str. 4 und 7). Heischen geschieht hier nicht unter „Strafandrohung", sondern als Lohn für den Auftritt während der Purimfeier in einem privaten Haus.

Ein weiteres signifikantes Beispiel findet sich im so genannten אתרוגר־שפיל (*Essrógér-špil*), ebenfalls aus der Zeit um 1600, das bereits dramatisch ausgeformt

---

92 Mezger 1991, 414.
93 Mezger 1991, 414–415; 489.
94 Siehe Zwey Kurtzwei=lige Weltliche Lieder. Das Erste: Von drey Weibern / Wie sie einem Holtzhacker sein Agst versoffen haben [...]. Nürnberg 1605; Staatsbibliothek Berlin, 50 MA 11420.
95 Siehe Butzer 2003, 57; Erik 1979, 143; Shipper 1923, 115.
96 Edition siehe Matut 2011, Bd. 1, 86–93; Kommentar Matut 2011, Bd. 2, 150–157.

ist und von betrügerischen Männern erzählt, die nicht-koschere *Etrogim* verkaufen (eine Zitrusfrucht, die zum Sukkotfest benötigt wird).[97] Das Stück endet mit einer Scherz-*droshe* (Schriftauslegung; „Predigt"), die wiederum mit folgenden Worten schließt:[98]

היר מיט האט אונזר דרשה איין ענד:

מיר זיין כהנים נעמן ביהענד:

דרום טוט אונש וואל אוף ווארטין:

מיר שפילין אך גערן מיט ווירפיל אונ׳ קרטין:

מיר צעכין אך גערין דאר בייא:

עש קאן איין איטלכר פרעסין קיגן אנדרי דרייא:

דא מיט קענן מיר דיא שוישלן טפ<פ>יר שענדין:

געבט אונ<ש> געלט זא קומן מיר פורט בהענדין:

hir-mit hot unsėr droschę ain end,
mir sein cohanim, nemėn bėhend!
drum tut unś wol uf-wȧrtėn,
mir špilėn ach gern mit wirfėl un`kȧrtėn.
mir zechėn ach gerėn dar-bei',
eś kan ain itlėchėr fresėn kėgėn andėrė drei'.
do-mit kenėn mir di' schüšlėn tȧpfėr schendėn,
gebt unś gelt so kumėn mir fȯrt bėhendėn!

Auch hier wird um alkoholische Getränke und Speisen gebeten, vor allem aber um Geld nach der erbrachten Aufführung. Die monetäre Zuwendung, so der Sprecher, führe dazu, dass alle Spieler das Haus schnell verlassen. Das birgt die Drohung, weiter die Vorräte des Hausherrn zu dezimieren, solange nicht gezahlt werde, zumal die Aufführenden selbst vermutlich andere potentielle Spielorte schnell erreichen.

Das Heischen als ein Brauch, der sowohl im Purim- als auch Fastnachtskontext ausgeübt wurde, erfährt Akzentverschiebungen zwischen christlicher und jüdischer Kultur im Lied. Aufgrund der für den jiddischsprachigen Kontext schmaleren Quellenlage können jedoch nur unter Vorbehalt Aussagen zu diesen Verschiebungen vorgenommen werden, als da wären: Orte des Heischens im Lied (im jüdischen Kontext eher der private und nie der öffentliche Raum), die eingeforderten Heischegaben (im religiösen Kontext nicht erlaubte Speisen entfallen)

---

97 Edition siehe Matut 2001, Bd. 1, 456–481.
98 Matut 2011, Bd. 1, 478–481.

sowie der Modus (als quasi-Zahlung für eine Vorstellung und Unterhaltung) (Abb. 2 und Abb. 3).

5.2 Spottlied und Narrengericht oder: Innere Kritik im Fastnachts- und Purimlied

Purim wie Fastnacht boten eine Art „straffreien Raum",[99] in dem einmal im Jahr gesellschaftliche Missstände öffentlich gerügt werden konnten – und gleichzeitig dem Amüsement der Anwesenden gedient wurde. In jüdischer wie christlicher Tradition wurde dabei auch mit Kritik an Mitgliedern der eigenen Glaubensgemeinschaft nicht gespart und in einem Akt von Enthemmung und Entladung auch vor namentlicher Nennung und persönlicher Aufrechnung nicht zurückgeschreckt.

Das Rügerecht wurde dabei in verschiedenen Formen angewandt, so u.a. im Narrengericht (das allerdings im Purimkontext nicht belegt ist) und den folgenden öffentlichen Rügehandlungen[100], in Spielen und eben auch im Lied. Die Narrengerichte waren ein bereits im Mittelalter belegter Brauch, der bis in die Gegenwart anhält, und sind dem Spektrum der närrischen „Gemeinschaftsjustiz" zuzuordnen. Wie Johann Grabmayer in seinem *Das Königreich der Narren. Fasching im Mittelalter* darlegt, gibt es bis heute Narrenzünfte in süddeutschen Fastnachtsorten, die Narrenbücher besitzen, in denen „vom peinlichen Missgeschick bis zum unsozialen Verhalten alles verzeichnet ist, was einzelne Mitbürger sich im Laufe des Jahres haben zuschulden kommen lassen".[101]

Symbolische Strafen des Narrengerichts reichten von Alkohol und Geldzahlungen bis hin zum öffentlichen Auspeitschen und Ins-Wasser-Werfen (z.B. in den Bach oder Brunnen). Unverheiratete Mädchen wurden z.B. ab einem bestimmten Alter vor einen Pflug gespannt und mussten öffentlich durch die Straßen ziehen, d.h., Ehelosigkeit forderte eine öffentliche Buße.[102] Der Berner Rat versuchte daher z.B. 1480, der brauchtümlichen Nötigung ein Ende zu setzen und

99 Dieser Raum wurde sicherlich immer neu ausgelotet und seine Grenzen verschoben sich je nach Ort, Zeit, politischer und sozialer Situation.
100 Typische Beispiele dafür wären die weitverbreitete Bestrafung nichtverheirateter Männer oder Frauen im heiratsfähigen Alter in einem Akt der öffentlichen Bloßstellung.
101 Grabmayer 2009, 80.
102 Nielen 2005, 112.

befahl „Dass fürohin sölte abgestelt sin das werfen der junkfrowen in die bäch, der mezger unsinning umloufen, und all täntz in der ganzen vasten".[103] (Abb. 4). Die Praxis des öffentlichen Anprangerns und der Kritik wurde, wie schon erwähnt, auch ins Lied übertagen. Einen wichtigen Quellenfund zu Singkultur und Spott- bzw. Straflied der Fastnacht präsentierte Wolfgang Herborn in seiner *Geschichte der Kölner Fastnacht*:

> Ein weiterer Hinweis stammt […] aus dem bergischen Land. In Erkrath (Kreis Mettmann) war es zwischen dem örtlichen Pfarrer Engelbert Fabritius und seinem Vikar Peter Brochmann um die Mitte der siebziger Jahre des 16. Jahrhunderts zu ernsthaften Differenzen gekommen. Im Laufe der Auseinandersetzungen stellte der Pfarrer den Vikar als geistlichen Vater eines Schmähgedichts hin, das ein gewisser „Johann Kremer an der hoher Schuren" auf ihn verfasst hatte und das „überall und besonders zu Fastnacht gesungen worden sei."[104]

Mit ebensolcher öffentlichen Bloßstellung mussten auch jüdische Gemeindemitglieder an Purim rechnen. Die Furcht davor wird im oben bereits erwähnten Purimspiel vom *Taub Jeklein* (um 1600) verbalisiert, das eine *parodia sacra* darstellt und *Selichot* (Buß- und Bittgebete) parodiert und kontrafaziert.[105] Dabei wird u.a. die närrische Welt des tumben und ungebildeten Bräutigams Schmele vorgestellt, der sich in einer Episode ins Frauenbad verirrt und neben Hohn und Spott auch mit Wasser überschüttet wird. Als Reaktion darauf bemerkt er:

מים: גידוכט ער וויל איך אין גערן שענקן:
ווען זיא נייארט פורים ניקס וואלטן גידענקן:

„Majim", gedocht er, „will ich in gern schenken,
wen si' nei'ert purim niks wolten gedenken!"[106]

---

103 Leo Zehnder, *Volkstümliches aus der älteren schweizerischen Chronistik*. Basel 1976, 397; zitiert nach Grabmayer 2009, 80–81.
104 Herborn 2009, 120.
105 Edition bei Matut 2011, Bd. 1, 104–129.
106 Matut 2011, Bd. 1, 126–127. „[Das] Wasser", so dachte er, „will ich ihnen gern nachsehen / wenn sie nur neuerlich Purim [dieser Episode] nicht gedenken wollten!"

Neben diesem indirekten Verweis auf die Schmähpraxis, ist das jiddische Lied *Judéschér štam* (Jüdischer Stamm) aus der Zeit um 1600 überliefert, welches Verfehlungen jüdischer Männer und (zum Teil) deren Gerichtsprozesse und Strafen auflistet.[107] Butzer, Hüttenmeister und Treue beschreiben die Nähe dieses Textes zu Purim folgendermaßen:

> Ausgehend von den Textzeugnissen, die bis heute überliefert sind, kann man grundsätzlich eine Nähe zwischen Kittels Lied und den Purimunterhaltungen der Frühen Neuzeit feststellen. Die Purimspiel-Überlieferungen des 16. und 17. Jahrhunderts sind jedoch so spärlich, daß man lediglich die Vermutung aussprechen kann, Kittels Lied sei zu Purim gesungen und auf ähnliche Weise wie ein Purimspiel aufgeführt worden.[108]

Auch bei diesem Text handelt es sich um Parodie und Kontrafakt eines religiösen Liedes. Die Anfangszeilen

---

יודשר שטאם: פון רעכטר ארט׃

איך וויל איכ׳>יׂ<ך זינגין פון איינם דער האט איין גרואן בארט

Judéschér štam, fun rechtér art,
ich will *ei*ch singén fun ainem, der hot ain gró'én bart

---

legen nahe, dass es sich um eine Initialparodie zu *Akeydes Yitskhok* (Akedat Yitskhak) handelt, ein 1570 (Varianten 1574 und 1579) veröffentlichtes jiddisches Lied, welches die biblische Geschichte der Bindung (*Akeda*) und beabsichtigten Opferung Isaaks durch seinen Vater Abraham wiedergibt (Gen. 22).[109] Dort lautet der Beginn:[110]

יודישער שטאם דׅיא ווערדׅי ארט

דר בון אַבְרָהָם אָבׅינו גׅיבורן וואַרד

Judéscher štam, di' werdé art,
dår v̄un Avrohom ovinu gébórén ward

---

107 Edition bei Matut 2011, Bd. 1, 140–151; Kommentar Bd. 2, 199–213.

108 Butzer/Hüttenmeister/Treue 2005, 53.

109 Für weitere Informationen siehe Butzer 2005, 46–50.

110 Paris, Bibiothèque Nationale, Ms hébr. 589, fol. 125v.

Die im Kontrafakt *Judéschér štam* erwähnten Männer werden teils mit Namen genannt (Isaak Stühlingen, Lima Schnabach, Perle Neuburg, Isaak Seiler etc.), ihre Verfehlungen aufzählungsartig mitgeteilt (Geschlechtsverkehr mit unverheirateten und verheirateten nichtjüdischen und jüdischen Frauen, Besuch bei Prostituierten, Schwängerung von Mägden etc.) sowie, in weit geringerem Maße, die ergangenen Strafen (Geldzahlungen, öffentliche Buße nach jüdischer Bußpraxis etc.) und das Schicksal der Frauen (Erhalt von Strafzahlungen, aber auch Entlassungen und Verschickungen, Schwangerschaften, physische Übergriffe durch eine Ehefrau usw.). Wie Butzer, Hüttenmeister und Treue (2005) in ihrem beispielgebenden Artikel nachwiesen, sind die Fälle der genannten Männer in zeitgenössischen Gerichtsakten und anderen Quellen gut belegt und die Episoden des Liedes können so verifiziert werden. Sollte es sich bei *Judéschér štam* tatsächlich um ein Purimlied handeln, so hätte man es hier mit einem exemplarischen Fall des öffentlich angewandten Rügerechts zu tun.

Als weitere Beispiele können (unter Vorbehalt) zwei Lieder dienen, welche bereits zu Beginn des sechzehnten Jahrhunderts vom berühmten Philologen und wichtigsten Autor jiddischer Werke seiner Zeit, Elia Levita Bakhur, verfasst wurden. Levita textete mehrere Lieder, die zum Teil verloren gingen.[111] Diejenigen, welche erhalten blieben, sind Kontrafakturen bekannter paraliturgischer Gesänge. Von den zwei hier relevanten Liedern weist eines einen klaren Purimbezug auf, für das zweite kann der intendierte Aufführungskontext nicht sicher belegt werden.[112] Im Lied über den großen Brand in Venedig (1514) heißt es in den letzten zwei Zeilen: „Damit gebe euch der Herr ein gutes, seliges Purim".[113] Hier werden die Zustände beim Brand des Rialto beschrieben, die Übergriffe und Plünderungen (auch) durch Mitglieder der jüdischen Gemeinde, über die man in Folge den Bann aussprach. Verschiedene Persönlichkeiten werden dabei mit Namen genannt, jedoch sind sie (anders als im oben besprochenen Lied *Judéschér štam*) in historischen Quellen der Zeit nicht oder noch nicht nachweisbar. Einer der erwähnten Männer, der plündernde Hillel Cohen, wird auch im zweiten Lied des Elye Bokher genannt, dem so genannten *Hamavdil-lid*.[114] Levita verpackte seine literarische Revanche an einem Glaubensbruder, der ihn selbst der Plünderung

---

111 Neben den überlieferten schrieb er nachweislich zumindest noch Brautlieder, siehe Butzer 2003, 52–53.

112 Baumgarten 2005, 369.

113 Bodleian Library Oxford, Ms Can. Or. 12, fols. 258^r–261^v, hier 261^v, Str. 25.7–8.

114 *Hamavdil* (hebr. „Der unterscheidet") wird regulär zum Schabbatausgang gesungen, um die Trennung des heiligen Schabbat vom Rest der Woche zu verdeutlichen. Levita nutzt die Vorlage seines Kontrafakts, um den „Unterschied" zwischen sich und Hillel Cohen herauszustreichen.

beschuldigt hatte, in diesem Kontrafakt eines Schabbatliedes.[115] Hillel Cohen wird durch diesen Text die Ehre gründlich abgeschnitten. Er wird bezichtigt, kein frommer Jude zu sein und wie ein Goi zu leben, einen Bruder zu haben, der Priester geworden sei, mehrere Ehefrauen nicht entjungfert haben zu können, eine Hündin im Bett zu halten und pädophile Neigungen zu haben etc. In jedem Fall nützt Levita hier das Mittel der Hyperbolik, wie es in Purimspielen gut belegt ist,[116] denn es ist kaum vorstellbar, dass jemand mit einem solchen Leumund in der jüdischen frühneuzeitlichen Gesellschaft Italiens ohne Konsequenzen hätte existieren können. Die große, ungeklärte Frage der Historizität der Personen ist für den hier zu betrachtenden Kontext der inneren Kritik durchaus bedeutsam und entscheidet letztlich darüber, ob man es mit einer konkreten Ausübung des Rügerechts zu tun hat oder nicht. Sollte es sich jedoch bei allen im Lied über den Brand in Venedig sowie im *Hamavdil* genannten Personen nicht um historische Figuren handeln, ist damit eine mögliche Bedeutung der Lieder für Purim nicht a priori ausgeschlossen. Sie blieben Beschreibungen und Verzeichnisse des „närrisch"-tumben, gottfernen, schuldig-machenden Verhaltens der Menschen, welches an Purim (und besonders im Purimspiel) konsequent kritisiert und zur Schau gestellt wurde.

6 Purimlied-Interferenzen: Literarisch-kulturelle Impulse im nachbarschaftlichen Raum

Unter den vielfältigen, in Liedern manifesten Bezugnahmen auf Purim bzw. Fastnacht, wurden Heischebrauchtum sowie Spott- und Narrengericht unter vielen möglichen Aspekten ausgewählt und näher untersucht. Neben den für die Erschließung von Interferenz notwendigen übergeordneten und einleitenden Themen wie der des gemeinsamen Festraumes, der Teilhabe bzw. Wahrnehmung der Festkulturen der jeweils anderen religiösen Gruppe und dem sich im Laufe der Frühen Neuzeit permanent entwickelnden Verhältnis von Spiel und Lied, sollten die genannten Hauptthemen dazu dienen, Interferenzen im Purimlied darzustellen.

---

115 Die Diskussion um Hillel Cohen als historische oder fiktive Person und die daraus folgenden Implikationen werden intensiv geführt, siehe Butzer 2003, 138–145; Rosenzweig 2013; Frakes 2017, 58–74.
116 Butzer 2003, 203.

Voraussetzung dafür ist, dass jüdische Purimliedkultur zunächst als eigenständige Tradition und keinesfalls als in direkter Abhängigkeit vom Fastnachtsgesang stehend anerkannt wird. Die Inhalte der Purimlieder weisen keine lineare Übernahme von Fastnachtslied oder -literatur auf. So gibt es, nach jetziger Quellenlage, auch keine direkte Adaption eines Fastnachtsliedes im Jiddischen.

Erst im zweiten Schritt kann das Wirken mehrerer kultureller Impulse in nachbarschaftlicher Nähe, die im Medium des Liedes zu Überlagerungen kamen, herausgearbeitet werden. Die jiddische Purimliedtradition vollzieht, im Rosmanschen Sinne, „kulturellen Akkretion" (siehe 1.). Sie ist, im Interferenztheorierahmen, aneignende Kultur.

Literarisch-kulturelle Impulse im nachbarschaftlichen Raum führten zu positiver Interferenz im Sinne einer Anlagerung und Zunahme der Phänomene Heischebrauchtum bestimmter sozialer Gruppen innerhalb der jüdischen Gemeinschaft in und als Lied, Beschreibung der Festkulturen im und als Lied sowie Spott- und Narrengerichte im und als Lied. Dabei ist für das Purimlied festzuhalten, was bereits oben zur Ungleichheit von Purim- und Fastnacht dargestellt wurde: die Phänomene ändern sich im neuen Kontext und werden dort anders aufgenommen als im alten intendiert. Durch den Aneignungsprozess ist der Impuls der rezipierenden Kultur stärker: was von außen kommt, wird an und in den eigenen religiösen und sozialen Kontext angelagert und aufgenommen; über die Sprachgrenze vom Deutschen zum Jiddischen hin wird es kulturell implementiert.

Abbildungen

אין נייא קלאג ליד

פֿן דער גרושי שרפה בק"ק
וורנקפֿורט בנינן של המן
באחשורוש שפיל :

מיר ליבן לייט טוטרט קלאג ליד זיכגנמוג' קלאמגן
אויך רי טליפֿה רו מין בק"ק פֿרנקפֿורט עיר ומם
ביטרמן מונ גוועגן מין וונגרין טמגן : דרום
לאמט מיך די גרומה לרה לו העגרן גין מום' וייט
פֿרום מונ דנקיט רו מיר בײם הטי' קעגט בטטין :
מונ טוט מיך פֿאר זעהן מזו גוט מו מיך קעגט :
רער מיט וועלרט מיך הטי' רס אײדיגי למזן מין
מיערה העגט : מונ טוט :

תשובה ותפילה וצדקה

בליים מזן : מזו וועלט מיך הטי' למזן גפֿיגרן
מיינר לאן : מונ' טוטלו הטי' פֿר כל
ישׂראל כיטן פֿר מזו מיין לרה
וויטרלו בהיטן :

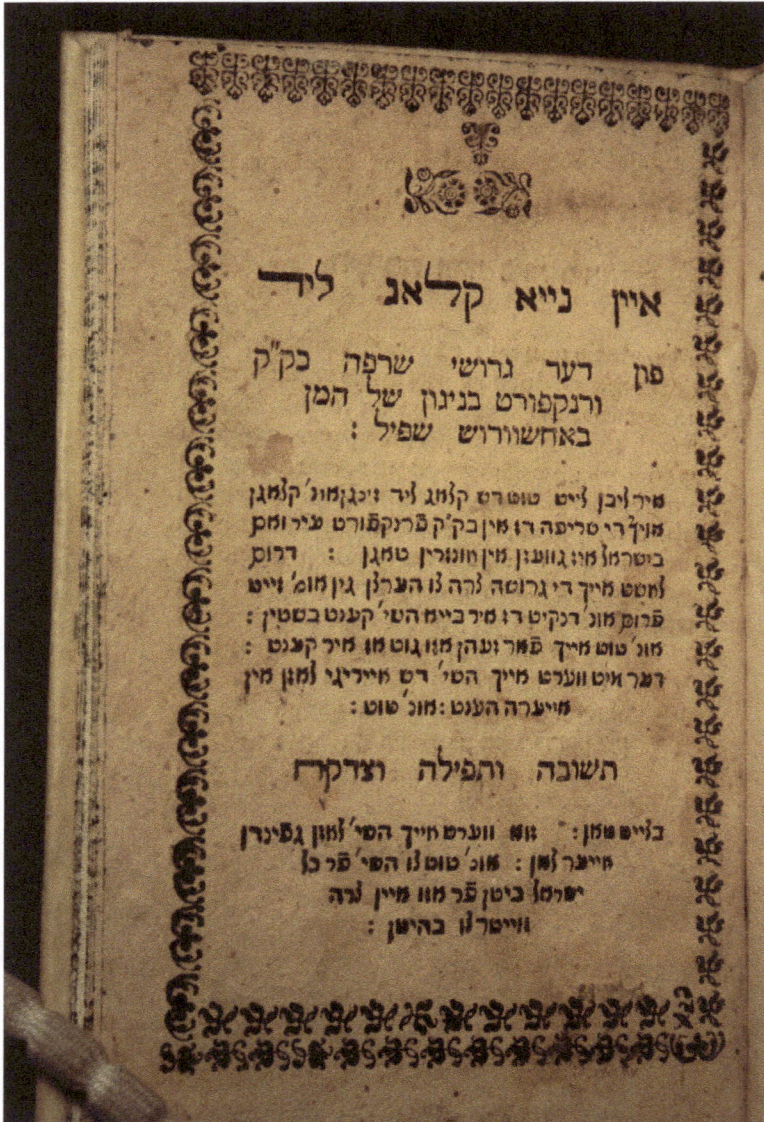

Abb. 1: Ein neues Klagelied; Bodleian Library, Oxford; Opp. 649, Titelblatt.

Abb. 2: The British Library © British Library Board (MS Or. 1047, fol. 2r)

Abb. 3: Purimfeier: Die machen Purim und essen und trinken und tanzen; Sefer Minhogim, Ms. Norditalien (1503), Paris Bib. Nat. Héb. 586, fol. 121v.

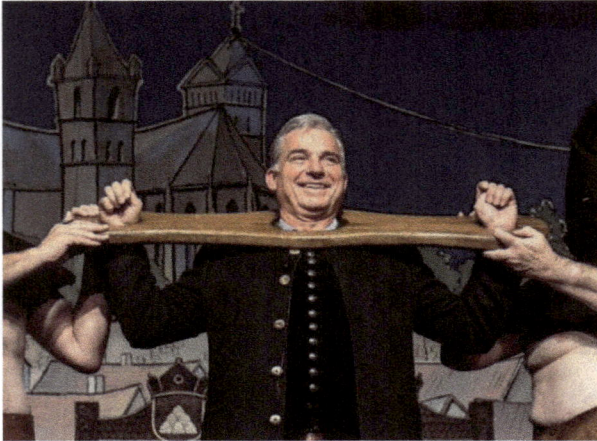

Abb. 4: „Minister Thomas Strobl von Breisacher Narrengericht verurteilt" (Die Welt, 20. November 2016); Quelle: dpa/pse [Bildausschnitt]

Literaturverzeichnis

Nicht edierte Primärquellen

Anon., Bergkreyen. *Etliche Schöne gesenge / newlich zůsammen gebracht /gemehrte vnd gebessert.* Nürnberg 1536. Staatsbibliothek Berlin, Yd 5006.

Anon., *Ein hůpsch Neüw Lied / Von der Narrenkappen.* Straßburg ca. 1570. Universitätsbibliothek Tübingen, Dk XI 1088, 34. Stück.

Anon., *Zwey Kurtzwei=lige Weltliche Lieder. Das Erste: Von drey Weibern/Wie sie einem Holtzhacker sein Agst versoffen haben [...].* Nürnberg 1605; Staatsbibliothek Berlin, 50 MA 11420.

Georg Rhaw (Rhau), *Bicinia gallica, latina et germanica. Secundus tomus biciniorum, quae et ipsa sunt gallica, latina, germanica ex praestantissimis symphonistis collecta.* Wittenberg 1545.

דוד בן חר"ר שמעי' ז"ל זויגרש מפראג [David ben Schimon Sauger (Soger) mi-Prag], ליד קלאג ניי איין *[Ein neues Klagelied]*, Frankfurt am Main oder Halle (Saale) 1711. Bodleian Library Oxford, Opp. 8° 649.

Bibliographie

Battenberg, J. Friedrich: „Aus der Stadt auf das Land? Zur Vertreibung und Neuansiedlung der Juden im Heiligen Römischen Reich", in: *Jüdisches Leben auf dem Lande. Studien zur deutsch-jüdischen Geschichte*, hrsg. von Monika Richarz und Reinhard Rürup. Tübingen 1997. 9–35.

Battenberg, J. Friedrich: *Die Juden in Deutschland vom 16. bis zum Ende des 18. Jahrhunderts*. München 2001.

Baumgarten, Jean: *Introduction to Old Yiddish Literature*, ed. and transl. by Jerold C. Frakes. Oxford 2005.

Beider, Alexander: *Jewish Surnames in Prague (15th–18th Centuries)*. Teaneck, NJ 1995.

Bell, Dean Phillip: *Jewish Identity in Early Modern Germany. Memory, Power and Community*. Aldershot 2007.

Belkin, Ahuva: „*Zmires purim* – the Third Phase of Jewish Carnivalistic Folk-Literature", in *The Politics of Yiddish. Studies in Language, Literature & Society*, hrsg. von Dov-Ber Kerler. Walnut Creek / London / New Delhi 1998. 149–156.

Bernuth, Ruth von: *How the Wise Men Got to Chelm. A Life and Times of a Yiddish Folk Tradition*. New York 2016.

Boddice, Rob: *The History of Emotions*. Manchester 2018.

Butzer, Evi: *Die Anfänge der jiddischen purim shpiln in ihrem literarischen und kulturgeschichtlichen Kontext*. Hamburg 2003.

Butzer, Evi / Hüttenmeister, Nathania / Treue, Wolfgang: „Ich will euch sagen von einem bösen Stück ... Ein jiddisches Lied über sexuelle Vergehen und deren Bestrafung im frühen 17. Jahrhundert", in: *Aschkenas* 15 (2005): 1–29.

Buxdorf, Iohann: *Synagoga Iudaica [...]*. Basel 1603.

Christiani, Friedrich Albrecht: *Seudat Purim, Das ist: Kurtze Beschreibung von den jüdischen Fast-Nachten*. Leipzig 1677.

Daxelmüller, Christoph: „Hochzeitskutschen und Romanzen: Zur jüdischen Assimilation in der frühen Neuzeit", in: *Bayrisches Jahrbuch für Volkskunde* (1996): 107–120.

Donat, Sebastian / Fritz, Martin / Raic, Monika / Sexl, Martin (Hrsg.): *Interferenzen – Dimensionen und Phänomene der Überlagerung in Literatur und Theorie*. Innsbruck 2018.

Eggerz, Niels P.: „Purim in Altdorf. Johann Christoph Wagenseils Interesse am Jiddischen und dessen Kultur sowie seine Zusammenarbeit mit Johann Christian Jakob (Johann Kemper) und jüdischen Konvertiten im Allgemeinen", in: *Zeitschrift für Religions- und Geistesgeschichte* 71 (2019): 176–201.

Erik, Maks: *Di geshikhte fun der yidisher literatur fun di eltste tsaytn biz der haskole-tkufe*. Warschau 1928.

Erk, Ludwig / Böhme, Franz M.: *Deutscher Liederhort. Auswahl der vorzüglichsten Deutschen Volkslieder nach Wort und Weise aus der Vorzeit und Gegenwart*, Bd. 3. Leipzig 1894.

Frakes, Jerold C.: *The Emergence of Early Yiddish Literature. Cultural Translation in Ashkenaz*. Bloomington 2017.

Grabmayer, Johann (Hrsg.): *Das Königreich der Narren. Fasching im Mittelalter*. Klagenfurt 2009.

Helms, Dietrich: „Die mehrstimmige Musik der Renaissance und der Begriff des ‚Populären': eine Kritik", in: *Kultur- und kommunikationshistorischer Wandel des Lieds im 16. Jahrhundert*, hrsg. von Albrecht Classen, Michael Fischer und Nils Grosch. Münster / New York / Berlin 2012. 127–154

Herborn, Wolfgang: *Die Geschichte der Kölner Fastnacht von den Anfängen bis 1600*. Hildesheim / Zürich / New York 2009.

Hock, Simon: *Die Familien Prags. Nach den Epitaphien des Alten Jüdischen Friedhofs in Prag*. Pressburg 1892.

Horowitz, Elliott: *Reckless Rites. Purim and the Legacy of Jewish Violence*. Princeton / Oxford 2008.

Hsia, R. Po-Chia / Lehmann, Hartmut (Hrsg.): *In and Out of the Ghetto. Jewish-Gentile Relations in Late Medieval and Early Modern Germany.* Cambridge 1995.

Hüttenmeister, Nathanja: „Alltägliches Miteinander oder getrennte Gemeinden: Das Leben im Dorf am Beispiel der pappenheimischen Herrschaften", in: *Räume und Wege. Jüdische Geschichte im Alten Reich 1300-1800,* hrsg. von Rolf Kießling, Peter Rauscher, Stefan Rohrbacher und Barbara Staudinger. Berlin 2007 (Colloquia Augustana, Bd. 25). 107–120.

Kapff, Rudolf: „Mitteilungen über die volkstümliche Überlieferung in Württemberg, Nr. 2: Festgebräuche." Sonderabdruck aus den *Württembergischen Jahrbüchern für Statistik und Landeskunde.* Stuttgart 1906.

Kießling, Rolf / Ullmann, Sabine (Hrsg.): *Landjudentum im deutschen Südwesten während der Frühen Neuzeit.* Berlin 1999.

Kießling, Rolf / Ullmann, Sabine: „Christlich-Jüdische ‚Doppelgemeinden' in den Dörfern der Markgrafschaft Burgau während des 17./18. Jahrhunderts", in: *Jüdische Gemeinden und ihr christlicher Kontext in kulturräumlich vergleichender Betrachtung von der Spätantike bis zum 18. Jahrhundert,* hrsg. von Christoph Cluse, Alfred Haverkamp und Israel J. Yuval. Hannover 2003. 513–534.

Kießling, Rolf / Rauscher, Peter / Rohrbacher, Stefan / Staudinger, Barbara (Hrsg.): *Räume und Wege. Jüdische Geschichte im Alten Reich 1300–1800.* Berlin 2007.

Krawietz, Peter: *Fastnacht am Rhein. Kult, Kultur, Geschichte.* Heppenheim 2016.

Kühn, Christoph: *Jüdische Delinquenten in der Frühen Neuzeit. Lebensumstände delinquenter Juden in Aschkenas und die Reaktionen der jüdischen Gemeinden sowie der christlichen Obrigkeit.* Potsdam 2008.

Litt, Stefan: *Geschichte der Juden Mitteleuropas 1500–1800.* Darmstadt 2009.

Matut, Diana: *Dichtung und Musik im frühneuzeitlichen Aschkenas. Ms. opp. add. 4° 136 der Bodleian Library, Oxford (das so genannte Wallich-Manuskript) und Ms. Hebr. oct. 219 der Stadt- und Universitätsbibliothek, Frankfurt a. M;* Bd. 1: Edition, Bd. 2: Kommentar. Leiden / Boston 2011.

Matut, Diana: „*Lid, ton, vayz – shir, nign, zemer* – Der einstimmige jiddische Gesang im 15. und 16. Jahrhundert", in: *troja. Jahrbuch für Renaissancemusik* 13 (2014): 149–174.

Mezger, Werner: *Narrenidee und Fastnachtsbrauch. Studien zum Fortleben des Mittelalters in der europäischen Festkultur.* Konstanz 1991.

Mezger, Werner: „Närrische Gesellschaften und ihre Quasi-Reiche in der urbanen Fastnacht des 15. und 16. Jahrhunderts – Versuch einer Annäherung", in: *Das Königreich der Narren. Fasching im Mittelalter,* hrsg. von Johannes Grabmayer. Friesach / Klagenfurt 2009. 145–212.

Mezger, Werner: *Schwäbisch-alemannische Fastnacht.* Darmstadt 2015.

Militzer, Klaus: „Gaffeln, Ämter, Zünfte. Handwerker und Handel vor 600 Jahren", in: *Jahrbuch des Kölnischen Geschichtsvereins* 67 (1996): 41–59.

Nehlsen, Eberhard: *Liedflugschriften des 15. bis 18. Jahrhunderts.* Quellenverzeichnis. [unveröffentlicht] 2018.

Nielen, Holger: *Prozessionsfeste und dramatische Spiele im interreligiösen Vergleich. Eine religionsphänomenologische Studie zu Fastnacht, Fronleichnam, 'Ašura und Purim.* Berlin 2005.

Nordemann, Theodor: *Geschichte der Juden in Basel.* Basel 1955.

Probst-Effah, Gisela: Review „Kölnischer Liederschatz. Wat kölsche Leedcher vun Kölle verzälle von Reinold Louis", in: *Jahrbuch für Volksliedforschung* 33 (1988): 130–131.

Richarz, Monika / Rürup, Reinhard (Hrsg.): *Jüdisches Leben auf dem Lande. Studien zur deutsch-jüdischen Geschichte*. Tübingen 1997.

Rohrbacher, Stefan: „Medinat Schwaben. Jüdisches Leben in einer süddeutschen Landschaft in der Frühneuzeit", in: *Judengemeinden in Schwaben im Kontext des Alten Reiches*, hrsg. von Rolf Kießling. Berlin 1995. 81–109.

Rohrbacher, Stefan: „Stadt und Land: Zur ‚inneren' Situation der süd- und westdeutschen Juden in der Frühneuzeit", in: *Jüdisches Leben auf dem Lande. Studien zur deutsch-jüdischen Geschichte*, hrsg. von Monika Richarz und Reinhard Rürup. Tübingen 1997. 37–58.

Elye Bokher: *Due Canti Yiddish. Rime di un poeta Ashkenazita nella Venezia del cinquecento*, hrsg. von Claudia Rosenzweig und Anna Linda Callow. Arezzo 2010.

Rosenzweig, Claudia: „Il Purim-shpil: origine e trasformaioni", in: *Altre modernità/Other Modernities* 7 (2011): 22–43.

Rosenzweig, Claudia: „Rhymes to Sing and Rhymes to Hang Up: Some remarks on a Lampoon in Yiddish by Elye Bokher (Venice 1514) ", in: *The Italia Judaica Jubilee Conference*, hrsg. von Shlomo Simonsohn und Joseph Schatzmiller. Brill 2013. 143–165.

Rosman, Moshe: „A Prologomenon to the Study of Jewish Cultural History", in: *Jewish Studies. An Internet Journal* 1 (2002): 109–127.

Salmen, Walter: „*…denn die Fiedel macht das Fest." Jüdische Musikanten und Tänzer vom 13. bis zum 20. Jahrhundert*. Innsbruck 1991.

Schafer, R. Murray: *The Soundscape. Our Sonic Environment and the Turning of the World*. Rochester 1994.

Schudt, Johann Jakob: *Juedische Merckwuerdigkeiten. Vorstellende Was sich Curieuses und denckwuerdiges in den neuern Zeiten bey einigen Jahr=hunderten mit denen in alle IV. Theile der Welt / sonderlich durch Teutschland / zerstreuten Juden zugetragen. Sammt einer vollstaendigen Franckfurter Juden=Chronick…*, Bd. 3. Frankfurt 1714.

Shiper, Yitskhok [Ignacy Schiper]: *Geshikhte fun yidisher teater-kunst un drame. Fun di eltste tsaytn biz 1750*, 3 Bde. Warschau 1923–1928.

Shmeruk, Khone [Chone]: *Yiddish Biblical Plays, 1697-1750*. Jerusalem 1979. [Hebräisch und Jiddisch]

Shmeruk, Khone [Chone]: *Prokim fun der yidisher literatur-geshikhte*. Tel Aviv 1988.

Steinschneider, Moritz: *Catalogus Librorum Hebraeorum in Bibliotheca Bodleiana*. Berlin 1852–1860.

Stern, Moritz (Hrsg.): *Lieder des Venezianischen Lehrers Gumprecht von Szczebrszyn (um 1555)*. Berlin 1922.

Timm, Erika: *Paris un Wiene. Ein jiddischer Stanzenroman des 16. Jahrhunderts von (oder aus dem Umkreis von) Elia Levita*. Tübingen 1996.

Ullmann, Sabine: *Nachbarschaft und Konkurrenz. Juden und Christen in Dörfern der Markgrafschaft Burgau 1650–1750*. Göttingen 1999.

Wirth, Thomas: „Sprache und Schrift", in: *Handbuch der Literaturwissenschaft*. Bd. 1 *Gegenstände und Grundbegriffe*, hrsg. von Thomas Anz. Stuttgart / Weimar 2013. 203–213.

Online-Quellen

Donat, Sebastian: „Interferenzen: zur literaturwissenschaftlichen Anschlussfähigkeit eines physikalischen Begriffs am Beispiel von Goethes ‚Faust' (2. Teil, Helena-Akt)", Vortrag vom 3.10.2017, https://www.youtube.com/watch?v=yilU8q38gaw (Zugriff 5.5.2019).

dpa, „Minister Strobl von Breisacher Narrengericht verurteilt", *Die Welt.* https://www.welt.de/regionales/baden-wuerttemberg/article159612486/Minister-Strobl-von-Breisacher-Narrengericht-verurteilt.html (Zugriff: 20.11.2016)

Epstein, Shifra: „Purim", in: *YIVO Encyclopedia of Jews in Eastern Europe.* http://www.yivoencyclopedia.org/article.aspx/Purim (Zugriff 22.4.2019).

Benigna Schönhagen
Purim in Schwaben – Koexistenz und religiöse Praxis

Gemeinsame Wege bei der Erforschung kulturhistorischer und literarischer Phänomene werden trotz aller Bekenntnisse zu Interdisziplinarität noch immer selten begangen. Zudem klafft ein Graben zwischen dieser Forschung und der Rezeption ihrer Ergebnisse. Das trifft auch und gerade auf die Vermittlung jüdischer Geschichte zu, trotz aller Ansätze zu einer integrativen Perspektive, die der Tatsache Rechnung trägt, dass für Juden das Leben in der Diaspora bedeutet, dass sie in Vergangenheit wie Gegenwart im Kontakt mit ihrer Umwelt stehen und an der sie umgebenden Kultur teilnehmen, sie beeinflussen und von ihr beeinflusst werden. In Jüdischen Museen ist das Ergebnis dieser selektiven Wahrnehmung täglich zu beobachten.[1] Noch immer nehmen die Besucherinnen und Besucher jüdische Kultur primär unter dem Aspekt der Alterität wahr. Offenkundig bekommen sie jüdisches Leben und jüdische Tradition vor allem unter diesem Blickwinkel vermittelt. Das hat zur Folge, dass sie Jüdinnen und Juden als d i e „Anderen" wahrnehmen. Deswegen ist es bemerkenswert, dass die Tagung *Purim-shpiln und Fastnachtspiel* in der ehemaligen Synagoge Ichenhausen mit der literaturwissenschaftlichen Betrachtung der frühneuzeitlichen Festkultur von zwei unterschiedlichen religiösen Gruppen nach deren Gemeinsamkeiten fragt und deren Wechselwirkung in den Blick nimmt.

Die Gemeinsamkeiten von Purim- und Fastnachtsbräuchen sind evident.[2] Die beiden Feste liegen nicht nur in großer kalendarischer Nähe, die dabei herrschende Stimmung und die praktizierten Feierformen weisen bei allen inhaltlichen Unterschieden große formale Ähnlichkeiten auf. Schon im sechzehnten Jahrhundert soll eine Vermischung der beiden Bräuche unter dem Einfluss des venezianischen Karnevals begonnen haben, unübersehbar an den Kostümierungen, die seitdem bei beiden Festen eine Rolle spielen.[3] In dieser Zeit kommt im

---

1 Im Jüdischen Kulturmuseum Augsburg-Schwaben stellten im Jahr 2016 Schulklassen ca. 52 Prozent der annähernd 30.000 Besucher und Besucherinnen, siehe Schönhagen 2016b.
2 Einer Annäherung zwischen Fastnacht und Purim widmete sich 2017 das Deutsche Fastnachtmuseum in Kitzingen mit einer Sonderausstellung, siehe Ausstellungskatalog „jüdisch jeck", 2017.
3 Butzer 2003, 30–39; Weinryb 1935.

https://doi.org/10.1515/9783110696882-004

christlichen Kontext auch die Bezeichnung „Juden-Fastnacht" für das Purim-Fest auf, die dann im neunzehnten Jahrhundert üblich wird.[4]

1 Wechselwirkungen

Das Aufzeigen von Austausch und Verflechtung zwischen den Lebenswelten von Juden und Christen bildet eine konzeptionelle Leitlinie der Dauerausstellung des Jüdischen Kulturmuseum Augsburg-Schwaben.[5] Museumsspezifisch wird dieses Konzept nicht mittels literarischer oder archivalischer Texte, sondern primär mit Objekten realisiert. Denn dingliche Zeugnisse vergangenen Lebens bilden den Kern kulturhistorischer Museen und die Erzeugnisse materieller Kulturen ihr spezifisches Forschungs- und Anschauungsmaterial, auch wenn Inszenierungen und mediale Aufbereitungen diese Grundlage musealer Arbeit erweitern.[6]

Gerade Judaica, also Gegenstände, die Juden bei ihren Kulthandlungen verwenden und für ihre Rituale nutzen, lassen über die Jahrhunderte hinweg deutlich einen Austausch zwischen der Kultur der christlichen Mehrheit und den Kulturen der jüdischen Minderheit erkennen.[7] Das gilt auch und in besonderem Maße für die Gegenstände, die mit der Tora-Rolle, dem einzigen für Juden heiligen Gegenstand, in Berührung kommen. Denn der Weisung der Tora folgend sind die *Kle Kodesch*, die „Heiligen Gerätschaften" aus edlen Metallen wie Silber und Gold herzustellen (Exodus 31,1ff).

Die Bearbeitung von Silber und Gold war aber im aschkenasischen Kulturkreis christlichen Handwerkern vorbehalten, da die zuständigen Zünfte keine Juden aufnahmen.[8] Nur die Fertigung textiler Ritualgegenstände bildete eine Ausnahme.[9] Reduziert man „jüdische" Objekte also nicht auf ihren religiösen

---

4 Schon 1476 erscheint der Begriff „Juden-Fastnacht" in einer Regensburger Urkunde, siehe Straus, 244 (https://fwb-online.de/lemma/judenfasnacht.s.1f, Zugriff 10.4.2019).
5 Siehe Schönhagen 2018b. 2019 hat das Museum seinen Namen in *Jüdisches Museum Augsburg Schwaben* geändert.
6 Zur Diskussion um den Stellenwert von Objekten für Museen siehe Thiemeyer 2018, 121–129. Zur jüdischen Sachkultur siehe Riemer 2016.
7 Zur Definition von Judaica-Objekten siehe Heimann-Jelinek 2016, 98–103. Dort ist mit dem Bisamapfel auch ein weithin unbekannter Beleg für die Übernahme jüdischen Brauchtums in die nichtjüdische Kultur angeführt.
8 Mann 1996; Heimann-Jelinek 2016.
9 Dazu Weber 1999, 246–250; siehe auch Purin 2017 und Schönhagen 2018a, 81–85. Außerhalb des Deutschen Reichs, etwa in Spanien, Sizilien und Mähren, gab es durchaus jüdische Silberhandwerker, siehe Heimann-Jelinek 2016, 104–106.

Sinnzusammenhang, sondern nimmt auch ihre soziale, kunsthistorische und familiengeschichtliche Bedeutungsdimensionen in den Blick, zeigt sich die Verwobenheit von christlichen und jüdischen Bräuchen, wie die Ausstellung *Eine Erinnerung ist eine Erinnerung ist eine Erinnerung? Judaica aus dem Umfeld der Synagoge Kriegshaber* 2018 in der ehemaligen Synagoge Kriegshaber mit Judaica aus Schwaben eindrucksvoll vor Augen führte.[10] Das ausgestellte jüdische Zeremonialgerät, das in der NS-Zeit in alle Welt zerstreut wurde, zeigt nicht nur zeit- und regionaltypische Stilformen, sondern auch genuin „christliche" Motive. So zieren etwa ein Einhorn und zwei Pelikane, gemeinhin als Symbole für die Reinheit und Liebe Christi wahrgenommen, ein besticktes Kissen, das am Ende des siebzehnten Jahrhunderts für die Beschneidung eines Neugeborenen entstand.[11] Der Knabe, der auf diesem Kissen lag, entstammte der Familie Ulma/Ulmo-Günzburg. Ihr kam an Rang und Bedeutung in der Frühen Neuzeit keine andere Familie im jüdischen Schwaben gleich.[12] Simon Günzburg war eine herausragende Gestalt von weitreichendem Einfluss und legendärem Reichtum. Wie Stefan Rohrbacher gezeigt hat, machte er aus seinem Geschäftssitz in der Günzburger Judengasse „eine erste Adresse in der Welt von Finanz und Commerz".[13] Mit der Verheiratung seiner Töchter und Söhne mit den einflussreichsten Rabbinen im deutschen Reich und Polen, unter anderem mit einer Tochter des berühmten Krakauer Rabbiners Moses Isserles, verknüpfte er das schwäbische Judentum mit den rabbinischen Autoritäten seiner Zeit. (Abb. 1)

Mit gutem Grund haben die Veranstalter Ichenhausen zum Veranstaltungsort für das Nachdenken über die Interferenzen von Purim- und Fastnachtsspielen gemacht. Der 1913 zur Stadt erhobene Marktort blickt auf eine nahezu vierhundertjährige jüdische Geschichte zurück. Hier gab es in der frühen Neuzeit eine hebräische Druckerei, in der Chajim ben Davíd Schwarz zwei religiöse Bücher druckte. Eines davon ist ein Pentateuch mit den fünf Megillot, er enthält also auch das Buch Esther, das dem Purim-Fest zugrunde liegt.[14] Im neunzehnten Jahrhundert stellte Ichenhausen die nach Fürth größte jüdische Gemeinde im Königreich Bayern.[15] Aus dem ausgehenden achtzehnten Jahrhundert (1781) stammt

---

10 Schönhagen 2018a.
11 Heimann-Jelinek 2018, 76–79.
12 Rohrbacher 1995.
13 Rohrbacher 1995, 86f.
14 Heute in der Bodleian Library, Oxford, siehe Lechner 1991, 58.
15 Lechner 1991 und Alicke 2008, Bd. 2, 2026–2031. Dort auch das Folgende. Siehe dazu auch: http://www.alemannia-judaica.de/ichenhausen_synagoge.htm#Zur%20Geschichte%20der%20j%C3%BCdischen%20Gemeinde (Zugriff 1.12.2018).

das spätbarocke Synagogengebäude, das Ende der 1980er Jahre von den Zerstörungen der Nationalsozialisten wiederhergestellt wurde. Seine stattlichen Ausmaße und architektonische Gestaltung belegen die religiöse Bedeutung und wirtschaftliche Kraft der damaligen *Kehilla*. In der ersten Hälfte des neunzehnten Jahrhunderts bestand sie aus mehr als 1000 Mitgliedern und stellte damit fast die Hälfte (45 Prozent) der Einwohner des Ortes. Als Sitz des Landesrabbinats bildete sie damals das geistige wie administrative Zentrum der Juden in Schwaben. Ichenhausen galt als „das schwäbische Jerusalem".[16]

Die Frage nach der in Schwaben gepflegten Purim-Tradition liegt deshalb nahe. Um ihr nachzugehen, wird im Folgenden zuerst der Untersuchungsraum zu definieren sein, anschließend werden die in diesem Raum für Juden herrschenden Existenzbedingungen betrachtet, bevor das Ergebnis der Suche nach der regionalen Purim-Tradition skizziert und eine abschließende Einordnung versucht wird.

2 Das „Land zu Schwaben"

Der Begriff „Schwaben" hat seine Tücken. Er bezeichnet kein fest umrissenes Territorium, sondern eine fluide, von vielfachem Wandel gekennzeichnete historische Konstruktion, deren geografische, politische, dialektale und religiöse Bestandteile nicht deckungsgleich sind. Seit dem Ende des Herzogtums Schwaben bestimmen wechselnde Raumkonstruktionen, alternierende Grenzen und unterschiedliche regionale Bünde den Begriff.[17] Umfasste das „Land zu Schwaben" ursprünglich eine Region, die sich zwischen Vogesen und Lech weiträumig erstreckte und den nördlichen Teil der heutigen Schweiz einschloss, so nahm deren Umfang mit dem Verlust des eidgenössischen Gebiets am Ende des Mittelalters kontinuierlich ab. Heute werden mit dem Begriff Schwaben vor allem die östlichen Regionen von Baden-Württemberg sowie der bayerische Regierungsbezirk Schwaben verbunden. Letzterer führt als einzige Region noch den Begriff Schwaben im Namen.

In der Frühen Neuzeit führte die historische Entwicklung in diesem Raum zwischen Iller, Lech, Donau und Alpen zu einer besonderen Verdichtung jüdi-

16 Harburger 1998, hier 14.
17 Paulus 2015; Kießling 2003/04.

scher Niederlassungen. Die Region, in der zeitweise mehr als dreißig jüdische Gemeinden existierten, dient als engerer Untersuchungsraum.[18] Gleichwohl kommen auch die anderen schwäbischen Regionen in den Blick, denn das Gebiet zwischen Schwarzwald, Lech, Kraichgau und Bodensee bildete, mit Ausgriffen auf die Schweiz und das Elsass für Juden wie Christen noch bis in die Frühe Neuzeit hinein als „Land zu Schwaben" eine feste Bezugsgröße.[19]

Zwei große Zäsuren kennzeichnen das jüdische Leben in dieser Region, bevor es in der NS-Zeit ausgelöscht wurde. Das sind die Ausweisungen aus den großen Städten und Territorien am Ende des Mittelalters und die territoriale Neueinteilung unter Napoleon zu Beginn des neunzehnten Jahrhunderts. Hatten die Herzogtümer Bayern und Württemberg nahezu vier Jahrhunderte lang keine Juden zugelassen, erhielten die zu Königreichen aufgewerteten Territorien in beträchtlichem Umfang jüdische Untertanen. Doch erst die den Juden nach einem langen Prozess der Emanzipation 1864 bzw. 1871 zugestandene rechtliche Gleichstellung führte mit der von ihr ausgelösten Abwanderung vom Land in die Städte zu einer Auflösung der jahrhundertelang ungleich verteilten jüdischen Siedlungsschwerpunkte.

Während des Mittelalters bildeten vornehmlich Bischofssitze und Reichsstädte den Lebensraum von Juden. In der schwäbischen Metropole Augsburg entwickelte sich seit dem frühen dreizehnten Jahrhundert eine Judengemeinde, die mit dem Wirken des Rabbiners und Talmudisten Jakob Weil weit in den schwäbischen Raum ausstrahlte.[20] (Abb. 2)

Als am Ende des Mittelalters die großen Territorien und Reichsstädte Juden auswiesen – Augsburg stand 1438/40 am Beginn, Kaufbeuren 1543 am Ende der Entwicklung in diesem Teil von Schwaben[21] – setzte ein nahezu zweihundert Jahre dauernder Prozess der Migration ein, in dessen Verlauf Juden, wenn sie nicht nach Norditalien und Osteuropa abwandern konnten, abseits der großen Städte in den kleinen reichsunmittelbaren Adelsterritorien, die es im Südwesten des Alten Reichs in großer Fülle gab, Aufnahme fanden und schrittweise neue Gemeinden aufbauten. Die daraus resultierende Siedlungsstruktur ließ eine „jüdische Landkarte" mit ganz eigenen Bezügen und Schwerpunkten entstehen.[22] Dabei entwickelte sich die Region zwischen Iller, Lech, Donau und Alpen, die den

---

18 http://www.alemannia-judaica.de/synagogen.htm#Bayrisch%20Schwaben (Zugriff 10.4.2019).
19 Lang 2013, hier 116.
20 Rohrbacher 1995, 84.
21 1442 wies das Herzogtum Bayern-München, 1450 das Herzogtum Bayern-Landshut, 1553 Gesamtbayern und 1498 das Herzogtum Württemberg alle Juden aus.
22 Rohrbacher 1995, 81; Ullmann 2013.

heutigen bayerischen Regierungsbezirk Schwaben bildet, und darin insbesondere die vorderösterreichische Markgrafschaft Burgau, von einem Rückzugsraum zu einer der jüdischen Kernlandschaften des Alten Reichs.[23] (Abb. 3)

Nur in Franken gab es in der frühen Neuzeit eine größere Dichte an jüdischen Gemeinden, die freilich nicht die Größe der jüdischen Niederlassungen im bayerischen Schwaben erreichten.[24] In der Umbruchsphase konnten die fränkischen Gemeinden oft nicht einmal einen Minjan, die für den jüdischen Gottesdienst vorgeschriebene Anzahl von zehn religionsmündigen Männern aufbringen. Während das württembergische Schwaben seit 1498 bis ins neunzehnte Jahrhundert hinein Juden mit wenigen Ausnahmen keine Niederlassung zugestand, ihnen zeitweise sogar das Passieren des Landes untersagte, entstanden an seinen Rändern teils schon vor, vor allem aber nach der Katastrophe des Dreißigjährigen Kriegs jüdische Niederlassungen. In den kleinen Adelsherrschaften und den geistlichen Besitzungen am oberen Neckar und Schwarzwaldrand (Mühringen und Baisingen im sechzehnten Jahrhundert, Rexingen, Nordstetten, Dettensee und Mühlen im siebzehnten und achtzehnten Jahrhundert), am Hochrhein (Randegg, Gailingen, Wangen und Worblingen im siebzehnten Jahrhundert) sowie im zentral gelegenen hohenzollerischen Hechingen und Haigerloch (seit dem fünfzehnten Jahrhundert) entwickelten sich im Lauf dieser Entwicklung die sogenannten „Judendörfer".[25]

Im achtzehnten Jahrhundert kamen noch Jebenhausen, Buttenhausen und Laupheim dazu. Doch nur in der vorderösterreichischen Markgrafschaft Burgau kam es schon früh zu einer Art jüdischer Gebietskörperschaft, den „Medinot Schwaben" (Ländern Schwabens). Sie teilten eine gemeinsame Verwaltungsorganisation und waren durch einen Landesrabbiner sowie gemeinsame Bräuche (*minhag Schwaben)* miteinander verbunden.[26] (Abb. 4)

Nach einer Phase der Konsolidierung stellten Juden in dieser Region ein Viertel bis ein Drittel der Bevölkerung. Mancherorts bildeten sie zeitweise wie in Kriegshaber bei Augsburg oder in Fellheim bei Memmingen die Mehrheit.[27] Die Bewohner dieser „Judendörfer" sind als „verpflanzte Städter" beschrieben worden.[28] Doch darf man das nun entstehende „Landjudentum", wie Mordechai

---

23 Ullmann 2013; Lang 2013.
24 Rohrbacher 1997.
25 Für den württembergischen Bereich hat die Judendörfer als erster Utz Jeggle 1969 untersucht, siehe Jeggle 1999.
26 Rohrbacher 1995.
27 Alicke 2008, Bd. 2, 2026–2034, 2747–2751.
28 Cahnmann 1974.

Breuer betont hat, nicht als „Bauernlandjudentum" missverstehen.[29] Die jüdischen Händler brachten vielmehr städtische Kultur in die Dörfer, was sich in manchem Ortsbild noch heute erkennen lässt. Unter den geschilderten Bedingungen konnte sich in der Regel eine komplette Gemeindeinfrastruktur herausbilden. Viele schwäbische Landgemeinden verfügten schon vor der Emanzipationszeit über oft ausgesprochen stattliche Synagogen sowie Friedhöfe und Ritualbäder. In der Neuzeit unterhielten die größeren Gemeinden auch eigene Schulen. Selbstbewusst erstritten und verteidigten Juden hier ihre Teilhabe an den Gemeinderechten, was zur Ausbildung von parallelen Verwaltungsstrukturen führte und eine Art „Doppelgemeinde" entstehen ließ, wie Rolf Kießling und Sabine Ullmann gezeigt haben.[30]

Die Koexistenz von Christen und Juden auf dem Land war von „Nachbarschaft und Konkurrenz" geprägt.[31] In den Dörfern und Kleinstädten Schwabens lebten Juden nicht in getrennten Vierteln, sondern Haus an Haus mit den christlichen Nachbarn. Das Nebeneinander von Kirche und Synagoge war selbstverständlich und wurde zu Ende des neunzehnten Jahrhunderts gerne auf Postkarten festgehalten. Manchmal stand die Synagoge schon lange, bevor es zum Bau einer Kirche kam, wie etwa in Kriegshaber vor den Toren Augsburgs.[32] Bei dieser politischen wie topografischen Struktur der „Judendörfer" waren vertraute nachbarschaftliche Beziehungen nichts Ungewöhnliches.[33] Juden gehörten dort zum Alltag.

3 Quellenlage

Die topografische Nähe der jüdischen und christlichen Lebenswelten auf dem Land hatte verständlicherweise auch Auswirkungen auf deren religiöse Praxis. Deshalb lag die Erwartung nahe, dass sich Purim-Traditionen in den Akten der jüdischen Gemeinden wie in den externen, von der nichtjüdischen Obrigkeit geführten Unterlagen niedergeschlagen haben. Doch die Suche nach Purim-Bräuchen in Schwaben förderte überraschend wenige konkrete Ergebnisse für die Frühe Neuzeit zutage.

---

29 Breuer 1997, 184. Vgl. dazu Ries 2016.
30 Kießling/Ullmann 2003.
31 Ullmann 1999.
32 Ullmann 1999, 355–357; Hazan/Schönhagen 2016, 17f.
33 Breuer 1996, 184.

Eine Ursache für das Schweigen der Quellen ist in der problematischen Quellenlage zu sehen. Denn die meisten jüdischen Gemeindearchive wurden in der NS-Zeit zerstört. Einer Anweisung des Sicherheitsdienstes der SS zufolge sollten während des Novemberpogroms sämtliche Archivalien und Dokumente in den Kultusgemeinden beschlagnahmt werden.[34] Oft fiel das wenige, was die Gewaltexzesse im November 1938 überstanden hatte, später Luftangriffen zum Opfer. Was an Gemeindearchiven gerettet werden konnte, lagert heute mit wenigen Ausnahmen in den Central Archives for the History of the Jewish People in Jerusalem. Doch die Laufzeit dieser Akten reicht für Schwaben nur selten bis in die Frühe Neuzeit zurück. Zum Stichwort Purim werfen sie für diesen Zeitraum keinen Treffer aus.

Das Archiv der Israelitischen Gemeinde Laupheim ist eines der wenigen im württembergischen Schwaben, das die NS-Zeit nahezu unbeeinträchtigt überstanden hat. Doch auch darin hat eine kursorische Durchsicht keinen speziellen Hinweis auf Purim ergeben.[35]

In den Archiven der christlichen Obrigkeit haben Kriegsschäden ebenfalls große Lücken verursacht.[36] Für den Bezirk Schwaben erstellte Doris Pfister 1993 ein Verzeichnis.[37] Der *Archivführer* listet zwar zahlreiche Unterlagen zu Schutzbriefen, Schuldforderungen und jeder Art von Abgaben auf, Hinweise auf jüdisches Brauchtum, explizit auf Feste und Feiern finden sich darin aber nur vereinzelt. Wenn Kultusangelegenheiten ausgewiesen werden, ging es vorwiegend um den Bau von Synagogen, die Verletzung der Sonntagsruhe oder um das Errichten von Schabbat-Schranken (*Eruvim*) – jene Konstruktionen aus Draht oder Holz, die einen Raum abgrenzen, innerhalb dessen Juden bestimmte, am Ruhetag verbotene Tätigkeiten erlaubt sind.[38] Hin und wieder werden in den Aktenverzeichnissen Umzüge bei der Einbringung einer neuen Tora-Rolle greifbar wie 1679 in

---

34 Fernschreiben vom 10.11.1938, siehe https://www.ns-archiv.de/verfolgung/pogrom/heydrich.php, (Zugriff 1.2.2019).

35 http://cahjp.nli.org.il/content/holdings (Zugriff 1.12.2018). Mitte der 1990er Jahre konnte ich das Archiv der jüdischen Gemeinde Laupheim (D/La/1) in den Central Archives durchsehen. Es liegt heute auch als Mikrofilm im Stadtarchiv Laupheim vor. Das Repertorium ist einsehbar auf dem Portal von Alemannia Judaica http://alemannia-judaica.de.

36 Sabine Ullmann weist in ihrer Dissertation darauf hin, dass für Binswangen, Buttenwiesen, Kriegshaber und Pfersee sowohl die Akten der zuständigen Landkapitel als auch der Ortspfarreien infolge Kriegsschäden nicht mehr erhalten sind; siehe Ullmann 1999, 413.

37 Pfister 1993. Für ihre Unterstützung bei der Durchsicht der Archivverzeichnisse danke ich Linde Wiesner.

38 Zu den Konflikten, die aus den unterschiedlichen Kalendern, Feier- und Ruhetagen erwuchsen, siehe Kießling 2016.

Wallerstein, 1728 in Mönchsdeggingen und 1801 in Harburg.[39] Doch das Purim-Fest wird auf den mehr als tausend Seiten kein einziges Mal explizit ausgewiesen. Die gezielte Suche in den Archiven von Ichenhausen und Buttenwiesen hat ebenfalls keinen Vorgang zum Purim-Fest ergeben.[40] Auch das Archiv Jebenhausen meldete ein negatives Ergebnis.[41]

4 Religiöse Praxis

Zweifellos haben Juden aber auch in diesem Teil Schwabens am Ende des Winters, am 13. und 14. Adar, die Errettung der persischen Juden durch die mutige Königin Esther gefeiert, wie es das Buch Esther vorschreibt.[42] Der Name des Festes, das als letztes im jüdischen Festkalender ansteht, erinnert daran, dass Haman der Legende nach durch Lose (*Purim*) den Tag bestimmte, an dem er das jüdische Volk auslöschen wollte.

Als einziges Fest, das sich auf ein Ereignis außerhalb Israels bezieht, hat Purim für Juden in der Diaspora eine besondere Bedeutung. Wie Chanukka gehört es nicht zu den hohen Feiertagen, weswegen sogar körperliche Arbeiten erlaubt sind, wenn auch nicht gerne gesehen wurden.[43]

Die Erinnerung an die Tage, in denen „sich ihr Kummer in Freude verwandelte und ihre Trauer in Glück" wurden und werden auch heute ausgelassen gefeiert.[44] Zu den ‚Pflichten' an Purim gehören seit der Mischna neben Geschenken für Freunde (*Schlachmones*) und Gaben für Arme das zweimalige Lesen der in einer eigenen Rolle (*Megillat Esther*) aufgezeichneten Esther-Geschichte, ausdrücklich auch für Frauen und Kinder.[45] Mehr gibt die Megilla nicht an. Doch im Lauf der Zeit haben sich weitere, lokal unterschiedliche Bräuche entwickelt. Dazu gehört das Lärmen bei der Erwähnung des Übeltäters Haman mit Steinen und Hölzern oder mit Schuhen, auf die zuvor sein Name geschrieben wurde, um mit

---

39 Ebd. 785, 795, 806.
40 Für die Auskunft danke ich Dr. Claudia Madel-Böhringer, Stadtarchiv Ichenhausen und Dr. Johannes Mordstein, Gemeindearchiv Buttenwiesen.
41 Für die Auskunft zum Archiv Göppingen-Jebenhausen danke ich Dr. Karl-Heinz Ruess.
42 Esther 9, 20–22.
43 Art. Purim, in Jewish Encyclopedia, online unter: http://jewishencyclopedia.com/articles/12448-purim (Zugriff 14.2.2019).
44 Galley 2003, 124–128.
45 Ebd. sowie Butzer 2003, 13f. und Art. Purim, in Jewish Encyclopedia, online unter: http://jewishencyclopedia.com/articles/12448-purim (Zugriff 14.2.2019). Dort auch das Folgende.

dem Namen auch die Erinnerung an diesen Nachfahren Amaleks auszulöschen, dessen Vernichtung die Tora gebietet.[46] Bestimmte Gebete und ein Festessen mit so ausgiebigem Weingenuss, dass der Name des Schurken Haman nicht mehr von dem des weisen Mordechai zu unterscheiden ist, gehören ebenfalls zu den fixen Bestandteilen des Festes. Sie werden schon im Talmud diskutiert.[47] Mancherorts verbrannten Juden auch eine Haman-Figur aus Stroh. Um die Freude über die ungewöhnliche Errettung nicht zu trüben, sind Trauerreden an Purim ausdrücklich verboten. (Abb. 5)

Dass Juden auch in Schwaben die Grundbestandteile des Festes praktizierten, zeigen nicht zuletzt die erhaltenen Esther-Rollen und Haman-Klopfer.[48] Das ausgelassene Lärmen in der Synagoge war nicht zu allen Zeiten gern gesehen. Schon der berühmte Mainzer Rabbiner Jakov ben Moses haLevi, genannt Maharil, hat am Ende des Mittelalters versucht, dieses einzudämmen.[49] Als sich in der vernunftbetonten Emanzipationszeit viele Rabbinen unter dem Einfluss der Aufklärung darum bemühten, ihren Gottesdienst feierlicher zu gestalten, geriet der volkstümliche Brauch vollends in Verruf. In Württemberg verbot der Stuttgarter Rabbiner und „Israelitische Oberkirchenrat" Joseph Maier das „Hamanklopfen" in der Synagogenordnung von 1838.[50] Auch in Altenstadt war das Klopfen seit 1828 bei 9 Kreuzer Strafe verboten.[51] Der Zusatz „noch viel weniger mit Büchsen schießen oder Blasenknallen" in der dortigen Synagogenordnung lässt ahnen, wie turbulent es bei dem Fest in der Synagoge zugegangen ist.[52]

Dass auch die weiteren obligatorischen Bestandteile des Festes, das Fasten am Vortag in Anlehnung an Esthers Fasten, bevor sie zum König Ahashveros ging *(Ta'anit Esther)*, das Festmal *(Sude)* mit reichlich Wein und Gebäck *(Haman-Taschen)* sowie die Geschenke für Freunde *(Schlachmones)* und die Gaben für Arme, auch in Schwaben zum Fest gehörten, ist anzunehmen.[53] Ob aber in der Frühen Neuzeit auch schon Umzüge von Verkleideten aufkamen, die sich im sechzehn-

---

46 Exodus 17, 8–16, siehe dazu auch online: http://hagalil.com/judentum/feiertage/purim/adar/amalek.htm (Zugriff 15.2.2019).
47 Wie Anm. 43.
48 Siehe in diesem Band der Beitrag von Diana Matut.
49 Zunz 1859, 69.
50 Sammlungen 1847, 131–153, hier 14 § 8; vgl. auch Dicker 1984, 22f. Zum Aufkommen der moralisierenden Purim-Spiele siehe Strauss 2002.
51 Rose 1931, 16f.
52 Rose 1931, 46. Ähnliche Verbote sind auch für Ichenhausen belegt, StAA, Regierung, Kammer des Innern, Synagogenordnung Ichenhausen. Für den Hinweis danke ich Claudia Ried.
53 Butzer 2003, 11–19; Galley 2003, 124–128.

ten Jahrhundert zu Purim-Spielen entwickelten und die Rettungs-Legende vergegenwärtigten, ließ sich mit dem herangezogenen Material nicht belegen.[54] Auch in seiner ausführlichen Studie zu jüdischem Leben im „Land zu Schwaben" in der Frühen Neuzeit erwähnt Stefan Lang kein Purim-Spiel.[55]

5 Purim-Spil zu Tannhausen

Generell sind nur wenige Drucke von Purim-Spielen bekannt im Vergleich etwa zu den häufigen, ins Jiddische übertragenen Heldenepen. Für Schwaben findet sich lediglich ein Hinweis bei Moritz Steinschneider. Der Vater der wissenschaftlichen hebräischen Bibliografie erwähnt in seiner Abhandlung über die Zusammenhänge von *Purim und Parodie,* für die er alle ihm zugänglichen Texte von Purim-Spielen auflistet und beschreibt, ein Purim-Spiel in „Tannhausen", was als Thannhausen bei Günzburg lokalisiert wird.[56] Der Marktflecken im Mindeltal gehörte in der Frühen Neuzeit mit über 300 jüdischen Einwohnern zu den größten jüdischen Niederlassungen in der Markgrafschaft Burgau.[57] Im ausgehenden sechzehnten Jahrhundert hatte die Gemeinde die Führungsrolle in der Region inne. Sie stellte den Sitz des Landesrabbiners und beherbergte zwischen 1592 und 1594 sogar eine hebräische Druckerei, bevor eine Austreibung während des Dreißigjährigen Krieges der jüdischen Gemeinde ein vorläufiges Ende setzte, das 1716 endgültig wurde.[58] In dieser Gemeinde soll laut Steinschneider am Ende des sechzehnten Jahrhunderts zu Purim das *Spil von tab (taub) Jäcklein mit sein Weib, Kindlein und mit zwei Sünlich fein* aufgeführt worden sein. Allerdings lag Steinschneider nicht der komplette Text vor, so dass er kritisch anmerkte: „Die Sache

---

54 Zu den Anfängen der Purim-Spiele siehe Galley 2003, 118; Butzer 2003 sowie Stern 1922 online unter: https://www.encyclopedia.com/religion/encyclopedias-almanacs-transcripts-and-maps/purim-shpil, (Zugriff 18.4.2019).

55 Lang 2008. Bernhard Weinryb erwähnt das Manuskript eines Purim-Spiels aus Frankfurt für das achtzehnte Jahrhundert, Weinryb 1935, 132. Es wird zur Zeit von Andreas Lehnardt und Friedemann Kreuder ediert, siehe: https://www.purim-spiel.uni-mainz.de/ (Zugriffsdatum 20.4.2020)

56 Steinschneider 1902, 170, online unter: http://sammlungen.ub.uni-frankfurt.de/cm/periodical/titleinfo/2884430 (Zugriff 1.4.2019).

57 Rohrbacher 1995, 104. Dort auch das Folgende.

58 Ebd., 103–105.

bedarf noch weiterer Aufklärung."[59] Evi Butzer hat sich darum bemüht und den Schwank, der von Übervorteilung und Strafe im bäuerlichen Umfeld erzählt, als typische Parodie auf die Fasten-Liturgie des Festes identifiziert.[60]

In der Regel übernahmen Jeschiva-Schüler die Rollen im Purim-Spiel und zogen damit von Haus zu Haus. Das könnte auch bei *Taub Jäcklein* in Thannhausen der Fall gewesen sein, da der dortige Rabbiner Schüler um sich geschart hatte. Allerdings besteht in der Forschung Uneinigkeit darüber, ob das Spiel *Taub Jäcklein* überhaupt dramatisch dargestellt oder nur als Monolog vorgetragen wurde.[61]

Für unsere Frage nach den in Schwaben praktizierten Purim-Bräuchen ist vor allem die Tatsache entscheidend, dass dieser einzige Hinweis auf ein Purim-Spiel aus einem jüdischen Kontext und nicht aus einem Archiv der nichtjüdischen Obrigkeit stammt. Denn daraus lässt sich schließen, dass sich die christliche Obrigkeit offensichtlich nur dann mit jüdischen Bräuchen befasste, wenn diese Konflikte verursachten. Denn die meisten Schutzbriefe und seit 1618 sogar ein kaiserliches Privileg sicherten den Juden in der Markgrafschaft Burgau Religionsfreiheit zu: „,... dass sie *in Jhren ceremonien, Gebreuchen und Begrebnussen kheines weegs beschwert, angefochten, gesperret noch gehindert* werden sollen, heißt es darin. Danach durften sie ihre Zeremonien frei und ungehindert ausüben:"[62] Im Unterschied zu anderen Territorien des Reichs durften Juden in Schwaben auch Synagogen errichten, in der Regel sogar ohne einschränkende Auflagen. Das führte in der Markgrafschaft Burgau bereits vor der Emanzipation zu stattlichen Synagogenbauten.[63] Ein anschauliches Beispiel für diesen „schwäbischen Typus" einer Synagoge bildet die Synagoge in Ichenhausen.[64]

Die Bereitschaft der Nichtjuden, Juden die Ausübung ihres Kultus zu gestatten, wies in der Praxis jedoch Grenzen auf. Die Verfügungsgewalt über den öffentlichen Raum bildete die Scheidelinie. Praktizierten Juden ihre Bräuche „unter sich", in der Synagoge oder in ihren Häusern, fand das offensichtlich keine Auf-

---

59 Steinschneider 1902, 170, online unter http://sammlungen.ub.uni-frankfurt.de/cm/periodical/titleinfo/2884430 (Zugriff 1.4.2019). Bei Butzer klingen Zweifel an der Lokalisierung an, da im Text auch Lendershausen in Franken erwähnt wird, siehe Butzer 2003, 68–74.

60 Butzer 2003, 68–73.

61 Ebd., Rohrbacher und Kießling erwähnen das Purim-Spiel ebenfalls und gehen von einer Aufführung in Thannhausen aus, siehe Rohrbacher 1995, 102, Anm. 4; Kießling 2016, 190.

62 Siehe Ullmann 1999, 416 und Kießling 1995, 177. Siehe auch den Schutzbrief für Jebenhausen bei Tänzer 1988, 8.

63 Hammer-Schenk 1988, Teil 1, 24; Ma Towu 2014, 7–10.

64 Mehr als Steine ... 2007, 478–487; Ma Towu 2014, 61–66.

merksamkeit bei der Obrigkeit. Konflikte verursachten nur die öffentlich wahrnehmbare Praxis der anderen Religion.[65] In den Visitationsakten von Fischach finden sich viele Beispiele für diese Perspektive der Konkurrenz.[66] Dort nahmen die Pfarrer über zwei Jahrhunderte lang immer wieder Anstoß an jüdischen Bräuchen, wenn sie öffentlich wahrnehmbar waren wie die Sabbatschranken (*Porta Jerusalem)* oder die öffentliche Umzüge beim Einbringen einer neuen Tora-Rolle. Immer wieder lösten auch die im differierenden jüdischen Wochenrhythmus oder anderen Kalender begründeten Arbeiten von Juden an Sonn- und Feiertagen den Unwillen der Pfarrer aus.[67] Das Phänomen der christlichen Schabbatmägde und -knechte *(Machores)*, die Juden die ihnen am Ruhetag nicht erlaubten Arbeiten abnahmen, zeigt gleichzeitig aber auch, dass es Kontakt und nachbarschaftliche Unterstützung gab.[68] Der auf der Schwäbischen Alb noch Ende des zwanzigsten Jahrhunderts zu hörende Satz, „ich bin doch net dein Meschores" macht deutlich, dass die Erinnerung an die Einrichtung des Schabbes-Goi noch lange weiter transportiert wurde.[69]

Sabine Ullmann hat gezeigt, dass Konflikte im Zusammenleben von Christen und Juden zunehmend pragmatisch gelöst wurden.[70] Dabei kam den Juden die Gemengelage an Herrschaftsrechten in Schwaben zu Gute. Nicht nur in Fischach erhielten sie für die den Pfarrer so störenden Schabbat-Schranken Unterstützung vom Landvogt bzw. Oberamt.[71] So erlaubte die vorderösterreichische Regierung 1700 zwei christlichen Spielleuten ausdrücklich, bei jüdischen Hochzeiten und anderen Feierlichkeiten zu spielen, während der Augsburger Bischof dies untersagte.[72] Wenn vor diesem Hintergrund im siebzehnten und achtzehnten Jahrhundert kein Streit aktenkundig wird, der sich an einem Purim-Spiel oder -Umzug entzündete, dann muss dieses Fehlen von Nachrichten über Purim-Bräuche in den obrigkeitlichen Akten als Hinweis darauf gelesen werden, dass in dieser Zeit

---

65 Breuer 1977, 70; siehe v.a. auch Ullmann 1999, 411–442.
66 Piller 1981, 286.
67 Ders., 208–233, 309f., siehe dazu Kießling 2017.
68 Ullmann 1999, 426–429.
69 Oswald, 48. Im Elsass wird der „Karneval Machores" gefeiert, siehe
https://www.elsass-netz.de/168/Feiertage-Festtage-Feste/Karneval-Machores-Selestat.html,
(Zugriff 1.4.2019).
70 Ullmann 1999, 382–442.
71 Dies. 1999, 429. Dort wird auch erwähnt, dass 1717 zwei christliche Spielleute aus Steppach bitten, in der Fastenzeit bei Juden ihren Beruf ausüben zu dürfen, da „iezt gar kein nahrung oder stuckh brodt zu gewinnen seye."
72 Ullmann 1999, 429.

Purim-Feiern nicht im öffentlichen Raum stattfanden, sondern sich auf die Synagoge und das Haus beschränkten. Der „Schutzwall der Religion", wie Utz Jeggle formulierte, wurde nur selten durchbrochen.[73]

Diese Trennung des öffentlichen Raums entlang der Konfession änderte sich im neunzehnten Jahrhundert. Im Kampf um ihre Anerkennung als gleichberechtigte Staatsbürger eroberten Juden im Zuge der Emanzipation auch eine selbstverständliche Teilhabe an der bürgerlichen Öffentlichkeit und damit ein Anrecht auf den öffentlichen Raum. Diesen Wandel bestätigt der einzige Fund, in dem es in den herangezogenen Akten explizit um Purim geht. Der Vorfall ereignete sich in Kriegshaber bei Augsburg, damals ein Filialort der Pfarrei Oberhausen. 1829 lebten dort 322 Juden.[74] Sie erregten 1833 den Unwillen des Oberhauser Pfarrers, der beim bischöflichen Ordinariat in Augsburg Anzeige wegen öffentlicher Tanzmusik zur Fastenzeit in seinem Filialort einreichte. Was war vorgefallen? Es war März und im jüdischen Festkalener stand offensichtlich das Purim-Fest an. Die Kriegshaberer Juden hatten dies mit Tanz in einem christlichen Gasthaus gefeiert, und hatten dafür zuvor die vorgeschriebene polizeiliche Erlaubnis eingeholt. Allerdings waren sie beim Feiern nicht unter sich, sondern hatten bei ihrer „Feier der Faschingslustbarkeiten" christliche Gäste, darunter auch Schulkinder.[75] Der Pfarrer bittet deshalb darum, solchen „Exzessen" künftig vorzubeugen. Die mehrfach erwähnte Anwesenheit von Christen legt nahe, dass der Geistliche vor allem seine eigenen Schäfchen im Blick hatte, deren Seelenheil er durch das Brechen der Fastenzeit gefährdet sah.[76] Das Ordinariat reicht die Klage unter ausdrücklichem Hinweis auf die polizeiliche Erlaubnis an die Regierung des zuständigen Oberdonaukreises weiter. Auch ohne deren Reaktion zu kennen, da sie nicht überliefert ist, ist der Vorgang aufschlussreich. Denn ihm lässt sich ein Wandel in der christlich-jüdischen Koexistenz entnehmen. Öffentliche Purim-Feiern waren mittlerweile nicht nur erlaubt, sondern Usus geworden, sogar während der christlichen Fastenzeit. Wie die Juden in Kriegshaber gefeiert haben, ist allerdings nicht bekannt. Ob es neben dem Tanz auch ein Purim-Spiel oder einen Purim-Umzug gab, ob die Feiernden verkleidet waren und wenn ja, welche Kostüme sie trugen, bleibt im Dunkeln. Der Bericht vermeldet nur, dass es zu Purim

---

73 Jeggle 1999, 239.
74 Hazan/Schönhagen 2016, 2.
75 Bistumsarchiv Augsburg, Bischöfliches Ordinariat, BO Nr. 2357.
76 So findet sich in den Beständen des Bischöflichen Ordinariats zwar nur der eine geschilderte Purim-Fall. Das Verbot für die Judenschaft, Hochzeiten in der Fastenzeit abzuhalten, findet sich jedoch wiederholt (BO 1923, BO 1761.), vgl. auch Pfister 1993.

eine Tanzmusik im semiöffentlichen Raum eines Wirtshauses in Anwesenheit von Christen gab.

Ein Blick an den südlichen Rand Schwabens führt weiter. Dort war es ein paar Jahre zuvor im vorarlbergischen Hohenems, das durch familiäre Beziehungen vielfach mit Schwaben verbunden war und zudem seit 1806 vorübergehend zum Königreich Bayern gehörte, zu einer Schlägerei an Purim gekommen. Sie endete vor dem Landgericht Dornbirn.[77] Damit wurde der Konflikt aktenkundig. Die Prozessakten spiegeln einen Brauch wider, der anders offensichtlich schwer fassbar ist. Ausgelöst hatte die Schlägerei ein bayerischer Beamter. Er hatte Anstoß daran genommen, dass einer der Juden beim öffentlichen Umzug und anschließendem Maskenball eine bayerische Uniform trug. Die Entscheidung des Richters ist nicht überliefert. Doch der Vorfall zeigt, dass Purim-Feiern mittlerweile zumindest in diesem Teil Schwabens öffentlich begangen wurden. Zu erkennen ist auch, dass die Kostümierungen nicht mehr nur das Personal der Esthergeschichte verkörperten, sondern Personen der Gegenwart aufs Korn nahmen. Solche Maskenbälle lassen sich am Ende des Jahrhunderts auch vielfach durch Anzeigen in den Zeitungen belegen.[78] Purim-Bälle und Kostümumzüge haben sich auch in den literarischen Erinnerungen mancher Zeitgenossen niedergeschlagen.[79]

Mit der wachsenden Integration von Juden ins Bürgertum lassen sich Überschneidungen von Fastnacht und Purim immer deutlicher erkennen, so auch in Gailingen, am anderen Ende des Bodensees. In dem zum Großherzogtum Baden gehörenden Ort stellten Juden seit 1830 die Mehrheit der Einwohner, 1870 wurde dort ein Jude zum Bürgermeister gewählt, der einzige jüdische Bürgermeister im badischen Großherzogtum.[80] Seitdem die Gailinger Juden 1861 bürgerlich gleichgestellt worden waren, feierten sie Purim in der Öffentlichkeit.[81] Höhepunkt des dreitägigen Ereignisses, das ab 1898 ein Narrenverein organisierte, bildete ein Umzug. Die aufwändigen Kostümierungen waren nur noch selten der Esthergeschichte entnommen. Blumenmädchen, Rotkäppchen und das Münchner Kindl waren beliebter und machten die Verquickung mit dem Karneval ebenso greifbar wie der Themenwagen des Festzugs. 1892 etwa galt er Napoleon, 1912 Amundsens

---

77 Burmeister 1987. Dort auch das Folgende. 2015 hat das Jüdische Museum Hohenems in Anknüpfung an diesen Fall erstmals wieder Purim mit einem öffentlichen Umzug begangen. Siehe https://www.vol.at/erster-purim-umzug-seit-jahrzehnten-in-hohenems/5183816.
78 online unter http://sammlungen.ub.uni-frankfurt.de/cm/periodical/titleinfo/2727841 (Zugriff 30.1.2019).
79 Für den alemannischen Raum siehe Picard 1989; Friesländer-Bloch 1926.
80 Girres 2007, 150.
81 Klose 2018; Berner 2018. Dort auch das Folgende.

Entdeckung des Südpols.[82] An die tausend Besucher sollen zur „Gailinger Juden-Fastnacht" mit Sonderzügen aus der Schweiz angereist sein.[83] Der Purim-Umzug war so beliebt, dass sich christliche Gailinger dafür einsetzten, dass das Purim-Fest nicht, wie vom Pfarrer 1906 beantragt, untersagt wurde, weil es in die Fastenzeit fiel.

> Wir, die unterzeichneten katholischen Christen, ständige Einwohner Gailingens erklären, dass wir keinerlei Einwand machen oder nehmen, sondern sogar empfinden, dass es unseren hiesigen Juden anstandslos gestattet sein soll und muss, das Purimfest nach ihrer[unterstrichen] Religion, wie seit vielen Jahren auch dieses Jahr öffentlich zu feiern, zumal auch bei den vielen großartigen Aufführungen noch nie Ausschreitungen irgendwelcher Art vorgekommen sind und überdies die Aufführung erst nach dem beendigten Nachmittagsgottesdienst stattfindet.[84]

Der Purim-Umzug fand statt. Ob jüdische Gailinger dabei die Purim-Stecken mitgetragen haben, die heute im Jüdischen Museum Gailingen gezeigt werden, ist nicht bekannt. (Abb. 6)

Die Figuren, die nicht datiert sind, belegen einmal mehr den Einfluss der Fastnacht auf Purim. Sie können ihre Nähe zu den Hohensteiner Kasperlefiguren nicht verleugnen, die im Zuge pädagogischer Reformbewegung in den 1920er Jahren entwickelt wurden.[85] Zugleich lassen sie an die Figur des Hans-Wurst denken, der schon seit dem sechzehnten Jahrhundert bei Purim-Spielen auftrat.

6 Purim-Bräuche in der Sachkultur

Einen anderen Einblick als die Akten der christlichen Obrigkeit erlauben die Objekte, die an Purim Verwendung fanden. Auch wenn die materielle Kultur der schwäbischen Juden noch fragmentierter überliefert ist als die Akten, haben Sachzeugnisse dennoch den Vorzug, dass sie nicht einen externen Blick, sondern die Innensicht auf jüdische Lebenswelten wiedergeben. In den Sammlungen der einschlägigen Museen Schwabens finden sich Purim-Klopfer, -Rasseln und -Rätschen aus Holz oder Eisenblech, aber sie sind nicht häufig. (Abb. 7)

---

82 Friesländer-Bloch 1950.
83 Klose 2018.
84 Ebd.
85 Joachim Klose danke ich für den Hinweis, siehe auch http://hohnsteiner-kasper.de/ (Zugriff 14.4.2019).

Dass diese Gerätschaften so selten erhalten sind, hängt mit ihrem einfachen Material und ihrer visuellen Alltäglichkeit zusammen. Einst mussten sie massenhaft vorhanden gewesen sein, sollte doch jedes Mitglied einer aschkenasischen Gemeinde mit diesen Gerätschaften bei der Verlesung der Esther-Geschichte den Namen Hamans übertönen. Doch erst als dieser Brauch verschwand, erweckten die simplen Geräte Aufmerksamkeit und erhielten Aufnahme in musealen Sammlungen. Unerlässlich für das Purim-Fest sind Esther-Rollen. Es wird sie in jeder Gemeinde gegeben haben. Dank der Inventarisation jüdischer Kunst- und Kulturgegenstände, die Theodor Harburger in den 1920er Jahren im Auftrag des Landesverbandes der Israelitischen Gemeinden in Bayern durchführte, kennen wir die aus seiner Sicht schönsten und bedeutendsten Esther-Rollen, die damals in den jüdischen Gemeinden Bayerns sowie in dem ihm zugänglichen Privatbesitz vorhanden waren.[86] Von den sechs zumeist aufwändig illustrierten Megillot stammte eine aus dem Besitz des Augsburger Rabbiners Dr. Richard Grünfeld, der zum Zeitpunkt der Inventarisation im Ruhestand in Nürnberg lebte.[87] Wie die Megilla in seinen Besitz gekommen ist, ist unbekannt ebenso deren ursprünglicher Verwendungsort. Alle sechs Rollen sind seit der NS-Zeit verschollen. Nur eine Esther-Rolle aus Fischach wurde gerettet. Sie wird dort heute im Rathaus verwahrt. (Abb. 8)

Die Fischacher Megilla ist so schlicht, dass sie Harburger nicht eines Fotos wert war. Ihr fehlt die typische Illustration mit den am Galgen erhängten Söhnen Hamans. Doch lässt sie ahnen, wie die Ausstattung vieler Landjudengemeinden ausgesehen haben mag. Die Hülse fehlt, es ist zu vermuten, dass sie beim Novemberpogrom entwendet wurde.

Unter den Objekten, die Harburger dokumentierte, treten Purim-Objekte deutlich hinter Tora-Schildern und -Kronen sowie den Gerätschaften für Pessach zurück. So gibt es in Harburgers Dokumentation nahezu doppelt so viele Pessach- wie Purim-Teller. Das Zahlenverhältnis mag aber auch widerspiegeln, dass Purim, wie bereits erwähnt, nicht zu den hohen Feiertagen zählte und wegen seiner spürbar säkularen Feierpraxis immer wieder auf Vorbehalte stieß. Ein erster Überblick über die Bestände schwäbischer Genisot weist in dieselbe Richtung.[88] Die an Purim vorgeschriebenen Gaben wurden gerne auf besonderen Tellern gereicht, die eigens für diesen Zweck hergestellt wurden. Unter dem von Harburger

---

86 Harburger 1998, Bd. 2 und 3.
87 Harburger 1998, Bd. 3, 627–629.
88 Dr. Martina Edelmann vom Genisaprojekt Veitshöchheim danke ich für diese Auskunft, siehe dazu Edelmann 2017.

dokumentierten jüdischen Kultgerät in Bayern finden sich fünf Purim-Teller. Keiner davon stammt aber aus Schwaben.[89]

Massenhaft liegen dagegen Fotografien von Purim-Feiern vom Anfang des zwanzigsten Jahrhunderts vor. An ihnen kann man beobachten, wie nun bei der Kostümierung der Fantasie freier Lauf gelassen wurde und die Verbindung zur Esther-Geschichte zunehmend in den Hintergrund geriet. (Abb. 9)

Vergeblich sucht man bei den Aufnahmen aus den 1920er und 1930er Jahren nach dem biblischen Personal, Königin Wasthi, Mordeachai oder Esther. Am ehesten scheinen die vertauschten Geschlechterrollen noch etwas von der verkehrten Welt zu transportieren, die in den überlieferten Purim-Spielen eine große Rolle einnahmen. So verwundert es nicht, dass einige Zeitzeugen nicht mehr sagen konnten, ob die Aufnahme an Purim oder an Fasching gemacht wurde. Letztlich belegt auch die Ausstellung „Jüdisches Kultgerät zu Pessach und Purim", die der Landesverband der Israeliten in Bayern 1933 durch mehrere bayerische Gemeinden schickte, dass die traditionellen Purim-Bräuche im Zuge der Assimilierung mehr und mehr in Vergessenheit geraten waren.[90]

Nach 1945 änderten sich die Purim-Bräuche erneut. In der von Juden aus Osteuropa geprägten, traditionstreuen Augsburger Nachkriegsgemeinde spielen Esther, Haman, Mordechai und Waschti wieder die Hauptrolle. (Abb. 10)

7 Fazit

Zusammenfassend ist festzuhalten: Die Suche nach Purim-Bräuchen in Schwaben hat nur sehr punktuell Ergebnisse gebracht. Für die Frühe Neuzeit ergab sich nur ein einzelner Hinweis auf ein Purim-Spiel in Schwaben. Im Spiegel der herangezogenen Quellen werden die Bräuche insgesamt nur vage sichtbar. Klarere Konturen sind von einer systematischen Auswertung jüdischer Quellen zu erwarten. Heranzuziehen wäre etwa das 1590 von Simon von Günzburg in Venedig in Druck gegebenen Minhag-Buch sowie einschlägige Responsen schwäbischer Rabbiner. Deutlich wurde, dass das obrigkeitliche Quellenmaterial allein keinen Blick in das Innere der Synagoge erlaubt. In ihrer Synagoge blieben die schwäbischen Juden unter sich, trotz der ihnen in Schwaben fast überall zugesicherten Freiheit der Religionsausübung. Das gilt auch für die Feier des Purim-Festes, und

---

89 Das mag auch darin begründet sein, dass sich laut Purin der Brauch, eigene Teller für Purim herzustellen, schon im neunzehnten Jahrhundert verliert, Purin 2017, 86.
90 Bayerisch Israelitische Gemeindezeitung 6, 1934, 115.

zwar offensichtlich bis ins späte achtzehnte Jahrhundert hinein.[91] Nur konflikthafte Veränderungen, wie sie die im frühen neunzehnten Jahrhundert erlassenen Synagogenordnungen widerspiegeln, machen lang anhaltende Bräuche wie das Haman-Klopfen greifbar. Die Frage, ob die religiöse Abgrenzung aus eigenem Antrieb erfolgte oder darin begründet war, dass die christlichen Geistlichen eifersüchtig darüber wachten, die religiöse Deutungshoheit im öffentlichen Raum zu bewahren, musste offen bleiben. Vielleicht hielt sich auch beides die Waage.

Mit der Emanzipation setzte sich dann in Schwaben sowohl auf wirtschaftlicher wie sozialer Ebene ein pragmatisches Miteinander von Christen und Juden durch. Mit der Gleichstellung und Integration ins Bürgertum verlagerten sich die Feiern in den öffentlichen Raum. Dabei wird eine Übernahme von Brauchformen aus der nichtjüdischen Umwelt erkennbar. Seit Beginn des neunzehnten Jahrhunderts sind Purim-Feiern in Schwaben nicht mehr nur in der Synagoge belegt, sondern finden auch im Wirtshaus, mit Tanzmusik, Maskeraden und bei Umzügen auf der Straße statt. Dabei vermischten sich die traditionellen Purimbräuche mit denen von Fastnacht. In dieser Mischform wurden sie im zwanzigsten Jahrhundert zunehmend üblich. Insofern spiegeln die herangezogenen Quellen zwar eine Entwicklung in der christlich-jüdischen Koexistenz, lassen aber nur wenige Einblicke in die alltägliche Feierpraxis von Juden vor dem neunzehnten Jahrhundert zu.

---

91 Siehe auch Mordstein 2005, 298.

Abbildungen

Abb. 1: Motiv aus dem christlichen Kulturkreis auf einer Kissenplatte für die Beschneidung aus Süddeutschland, 1614; Jüdisches Museum der Schweiz.

Abb. 2: Das Siegel der mittelalterlichen Judengemeinde von Augsburg, 1298; Stadtarchiv Augsburg.

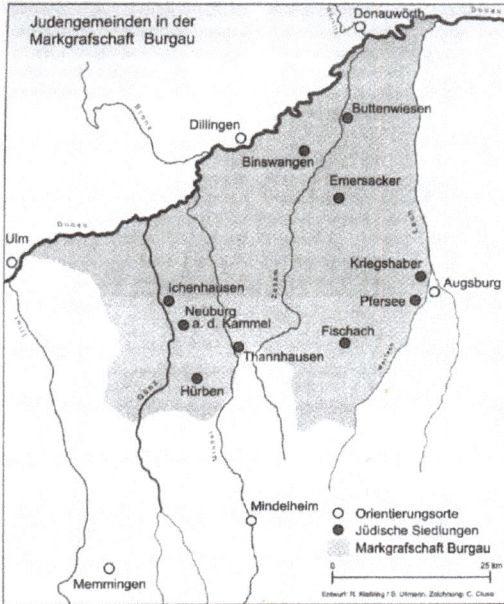

Abb. 3: Karte der Judengemeinden in der Markgrafschaft Burgau, aus: Kießling/Ullmann 2003, 519.

Abb. 4: Siegelabdruck der Landjudenschaft im „Land zu Schwaben" mit hebr. Inschrift „Medinot Schwaben", 1787; Israel National Library / Central Archives for the History of the Jewish People, Collection Fischach.

Abb. 5: Darstellung des Purim-Festes im späten neunzehnten Jahrhundert aus Moritz Daniel Oppenheims Bilder aus dem altjüdischen Familienleben; Jüdisches Musuem Augsburg-Schwaben.

Abb. 6: Purim-Puppen, Gailingen, vermutl. Anfang 20. Jahrhundert; © Jüdisches Museum Gailingen.

Abb. 7: Purim-Rassel; Jüdisches Museum der Schweiz.

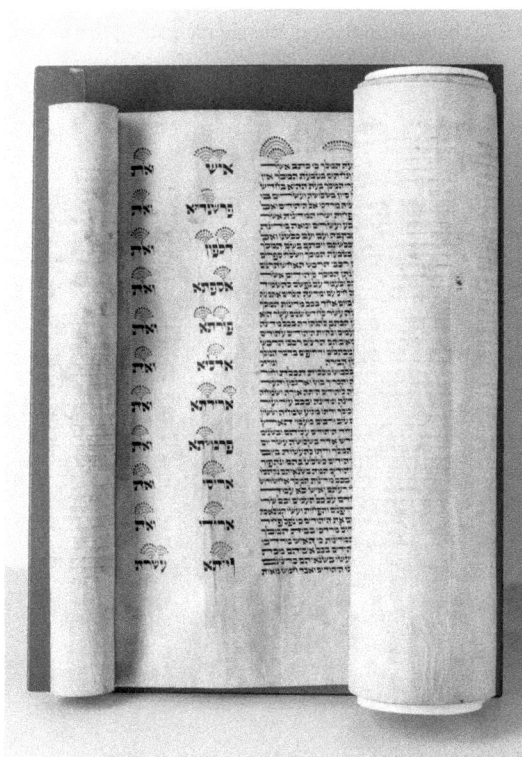

Abb. 8: Megillat Esther aus Fischach; Marktgemeinde Fischach.

Abb. 9: Zu Purim verkleidete Kinder aus Ichenhausen; Jüdisches Museum Augsburg-Schwaben, Sammlung Gernot Römer, Stadtbergen.

Abb. 10: Kinder in Purim-Kostümen im Brunnenhof der Synagoge Augsburg, um 1960; © Jüdisches Museum Augsburg-Schwaben.

Literaturverzeichnis

Alicke, Klaus-Dieter: *Lexikon der jüdischen Gemeinden im deutschen Sprachraum*. Gütersloh 2008.

„Ausstellung jüdischer Kultgeräte in Augsburg", in: *Bayerisch Israelitische Gemeindezeitung 6* (1934): 115. Siehe: http://sammlungen.ub.uni-frankfurt.de/cm/periodical/pageview/2742681?query=kultger%C3%A4t

Berner, Herbert: „Gailinger Purim – jüdische Fastnacht im Hegau. Ein Beitrag zum jüdischen Gemeindeleben und zur Emanzipation der Juden in Baden", in: *Umbruchszeiten. Themenband*, hrsg. vom Hegau-Geschichtsverein e.V., Bd.7 (2018): 470–503.

Breuer, Mordechai: „Frühe Neuzeit und Beginn der Moderne", in: Ders. / Graetz, Michael: *Deutsch-jüdische Geschichte in der Neuzeit, Bd.1. Tradition und Aufklärung 1600–1780*, hrsg. von Michael A. Meyer unter Mitwirkung von Michael Brenner. München 1996. 85–250.

Breuer, Mordechai: „Jüdische Religion und Kultur in den ländlichen Gemeinden 1600–1800", in: *Jüdisches Leben auf dem Lande. Studien zur deutsch-jüdischen Geschichte*, hrsg. von Monika Richard und Reinhard Rürup. Tübingen 1997 (Schriftenreihe wissenschaftlicher Abhandlungen des Leo Baeck Instituts). 69–78.

Burmeister, Karl Heinz: „Hohenemser Purim, eine jüdische Fasnacht im Jahr 1811", in: *Schriften des Vereins für Geschichte des Bodensees und seiner Umgebung* 105 (1987): 131–137.

Butzer, Evi: *Die Anfänge der jiddischen purim shpiln in ihrem literarischen und kulturgeschichtlichen Kontext*. Hamburg 2003 (Jidische schtudies. Beiträge zur Geschichte der Sprache und Literatur der aschkenasischen Juden, hrsg. von Walter Röll und Erika Timm, Bd. 10).

Cahnmann, Werner J.: „Der Dorf- und Kleinstadtjude als Typus", in: *Zeitschrift für Volkskunde* Bd.70 (1974): 169–193.

Cluse, Christoph / Haverkamp, Alfred / Juval, Israel (Hg.): *Jüdische Gemeinden und ihr christlicher Kontext in kulturräumlich vergleichender Betrachtung von der Spätantike bis zum 18. Jahrhundert*. Hannover 2003 (Forschungen zur Geschichte der Juden A 13).

Daxelmüller, Christoph: Holekreisch und Hamanklopfen. *Jüdisches Brauchtum in Franken*. Würzburg 1988.

Dicker, Hermann: *Aus Württembergs jüdischer Vergangenheit und Gegenwart*. Gerlingen 1984.

Edelmann, Martina / Singer-Brehm, Elisabeth/Weinhold, Beate: „Genisot – Funde aus Synagogen", in: *Jüdisches Kulturgut. Erkennen – Bewahren – Vermitteln*, hrsg. von Bernhard Purin und Otto Lohr. München 2017 (MuseumsBausteine, hrsg. von der Landesstelle für die nichtstaatlichen Museen in Bayern beim Bayerischen Landesamt für Denkmalpflege, Bd. 18). 99–112.

Friesländer-Bloch, Berty: „Gailingen. Der Purim", in: *Israelitisches Wochenblatt für die Schweiz* 10 (1926), wiederabgedruckt in: Friesländer-Bloch, Berty: „Es war einmal: Eine jontefdige Reminiszenz aus dem alten Gailingen", in: *Alemannisches Judentum. Spuren einer verlorenen Kultur*, hrsg. von Manfred Bosch. Eggingen 2001. 227–236.

Friesländer-Bloch, Berty: *Vier Wochen lang vor Purem*. Gailingen 1950.

Galley, Susanne: *Das jüdische Jahr. Feste, Gedenk- und Feiertage*. München 2003.

Girres, Detlef: „Leopold Hirsch Guggenheim – Gailingens jüdischer Bürgermeister", in: *Hegau. Zeitschrift für Geschichte, Volkskunde und Naturgeschichte des Gebietes zwischen Rhein, Donau und Bodensee* 64 (2007): 149–153.

Hammer-Schenk, Harold: *Synagogen in Deutschland. Geschichte einer Baugattung im 19. und 20. Jahrhundert (1780–1933)*. Teil 1 und 2. Hamburg 1988.

Harburger, Theodor: „Alte jüdische Kunst in Bayern", in: *Central-Vereins-Zeitung* (1928): 75–76, wiederabgedruckt in: Harburger, Theodor: *Die Inventarisation jüdischer Kunst- und Kulturdenkmäler in Bayern*, hrsg. von den Central Archives for the History of the Jewish People, Jerusalem und dem Jüdischen Museum Franken-Fürth & Schnaittach. Bd.1. Fürth 1998. 1–16 (=Harburger 1998a)

Harburger, Theodor: *Die Inventarisation jüdischer Kunst- und Kulturdenkmäler in Bayern*, hrsg. von den Central Archives for the History of the Jewish People, Jerusalem und dem Jüdischen Museum Franken-Fürth & Schnaittach. 3 Bd.e, Fürth 1998 (=Harburger 1998b).

Hazan, Souzana / Schönhagen, Benigna: *Das jüdische Kriegshaber. Geschichten von Häusern und Menschen in einem Augsburger Stadtteil*, hrsg. für die Stiftung Jüdisches Kulturmuseum Augsburg-Schwaben von Benigna Schönhagen. Lindenberg 2016.

Heimann-Jelinek, Felicitas: „Zur Geschichte und Geschichten jüdischer Kultobjekte", in: Riemer, Nathanael (Hrsg.): *Einführungen in die materiellen Kulturen des Judentums*. Wiesbaden 2016 (Jüdische Kultur. Studien zur Geistesgeschichte, Religion und Literatur, hrsg. von Karl E. Grözinger, Bd. 31). 95–118.

Heimann-Jelinek, Felicitas: „Kissenplatte für die Beschneidung", in: *Eine Erinnerung ist eine Erinnerung ist eine Erinnerung? Judaica aus dem Umfeld der Synagoge Kriegshaber / A Memory is a Memory is a Memory. Judaica from Kriegshaber Synagogue and the surrounding area*, hrsg. von Benigna Schönhagen. Ausstellungskatalog. Berlin 2018. 77–79.

Jeggle, Utz: *Judendörfer in Württemberg*, erw. Neuauflage der Ausgabe von 1969. Tübingen 1999 (Untersuchungen des Ludwig-Uhland-Instituts der Universität Tübingen im Auftrag der Tübinger Vereinigung für Volkskunde, hrsg. von Hermann Basinger et al., Bd. 90).

„jüdisch jeck". Fastnacht und Purim – eine Annäherung (Ausstellungskatalog des Deutschen Fastnachtmuseum), hrsg. von Daniela Sandner, Romana Wahner, Hans Driesel und Margret Löcher. Kitzingen 2017.

Kießling, Rolf: „Landesgeschichte in Schwaben – oder der Umgang mit einer ‚offenen' Region", in: *Blätter für deutsche Landesgeschichte* 139/140 (2003/04): 199–220.

Kießling, Rolf: „Juden und Christen im konkurrierenden Zeittakt. Zum Umgang mit den Alltagsabläufen in den schwäbischen Judengemeinden im 17./18. Jahrhundert", in: *Zeiten und Räume, Rhythmus und Region*, hrsg. von Dietmar Schiersner. Konstanz / München 2016 (Forum Suevicum. Beiträge zur Geschichte Ostschwabens und der benachbarten Regionen, Bd.11). 179–201.

Kießling, Rolf / Ullmann, Sabine: „Christlich-jüdische „Doppelgemeinden" in den Dörfern der Markgrafschaft Burgau während des 17./18. Jahrhunderts", in: *Jüdische Gemeinden und ihr christlicher Kontext in kulturräumlich vergleichender Betrachtung: von der Spätantike bis zum 18. Jahrhundert*, hrsg. von Christoph Cluse Hannover 2003 (Forschungen zur Geschichte der Juden: A, Abhandlungen; Bd. 13). 513–534.

Kirchner, Paul Christian: *Jüdisches Ceremoniell oder Beschreibung derjenigen Gebräuche, welche Die Juden sowohl in- als ausser dem Tempel, bey allen und jeden Fest-Taegen, im Gebet, bey der Beschneidung, bey Hochzeiten, Ausloesung der Erst-Geburt, im Sterben, bey der Begraebnueß und dergleichen, in acht zu nehmen pflegen*. Nürnberg 1726.

Klose, Joachim: „Gailinger Purim – die Judenfastnacht?", unveröff. Manuskript des Vortrags zur Eröffnung der gleichnamigen Ausstellung im Jüdischen Museum Gailingen am 26. Januar 2018.

Lang, Stefan: *Ausgrenzung und Koexistenz. Judenpolitik und jüdisches Leben in Württemberg und im „Land zu Schwaben" (1492-1659)*. Ostfildern 2008 (Schriften zur südwestdeutschen Landeskunde, hrsg. von Wilfried Hartmann u.a. in Verbindung mit dem Institut für Geschichtliche Landeskunde und Historische Hilfswissenschaften der Universität Tübingen, Bd. 63).

Lang, Stefan: „Zwischen Reich und Territorien. Innen- und Außenperspektiven jüdischen Lebens im „Land zu Schwaben" in der Frühen Neuzeit", in: *Die Juden in Schwaben*, hrsg. von Michael Brenner und Sabine Ullmann. München 2013 (Studien zur Jüdischen Geschichte und Kultur in Bayern, hrsg. von Michael Brenner und Andreas Heusler, Bd.6). 115–132.

Lechner, Silvester: „Juden auf dem Lande – die Geschichte der Ichenhausener Juden", in: *Juden auf dem Lande. Beispiel Ichenhausen*, hrsg. vom Haus der Bayerischen Geschichte. München 1991.

Mann, Vivian B.: „Torah Ornaments before 1600", in: *Crowning Glory. Silver Torah Ornaments of the Jewish Museum New York*, hrsg. von Rafi Grafman. New York 1966. 1–15.

„Ma Towu …". „Wie schön sind deine Zelte, Jakob …" Synagogen in Schwaben. Ausstellungskatalog, hrsg. von Benigna Schönhagen. München 2014. 61–66.

Mehr als Steine… Synagogen-Gedenkband Bayern, Bd.1, hrsg. von Wolfgang Kraus, Berndt Hamm und Meier Schwarz. Lindenberg 2007 (Gedenkbuch der Synagogen in Deutschland, begründet und hrsg. von Meier Schwarz, Synagogue Memorial Jerusalem, Bd. 3: Bayern).

Mordstein, Johannes: *Selbstbewusste Untertänigkeit. Obrigkeit und Judengemeinden im Spiegel der Judenschutzbriefe der Grafschaft Oettingen 1637-1806*. Epfendorf 2005 (Quellen und Darstellungen zur jüdischen Geschichte Schwaben. Veröffentlichungen der Schwäbischen Forschungsgemeinschaft, Reihe II, Bd.2, hrsg. von Rolf Kießling).

Picard, Jacob: „Erinnerungen eigenen Lebens", in: *Allmende*, hrsg. von Hermann Bausinger und Manfred Bosch, Bd.24/25. 1989. 5-38.

Piller, Michael: *Fischach, Geschichte einer schwäbischen Marktgemeinde*. Weißenhorn 1981.

Pfister, Doris (Bearb.): *Dokumentation zur Geschichte und Kultur der Juden in Schwaben*, hrsg. von Peter Fassl. Bd. I/2 (Archivführer). Augsburg 1993.

Purin, Bernhard: „Judaica in Süddeutschland. Eine Typologie", in: *Kulturgut. Jüdisches Kulturgut. Erkennen – Bewahren – Vermitteln*, hrsg. von Bernhard Purin und Otto Lohr. München 2017 (MuseumsBausteine, hrsg. von der Landesstelle für die nichtstaatlichen Museen in Bayern beim Bayerischen Landesamt für Denkmalpflege, Bd. 18). 61–97.

Riemer, Nathanael (Hrsg.): *Einführung in die materiellen Kulturen des Judentums*. Wiesbaden 2016 (Jüdische Kultur. Studien zur Geistesgeschichte, Religion und Literatur, hrsg. von Karl E. Grözinger Bd. 31). 95–118.

Ries, Rotraut: „Landjudentum als kulturelles System? Beobachtungen aus Unterfranken", in: *Juden und ländliche Gesellschaft in Europa zwischen Mittelalter und Früher Neuzeit (15.–17. Jahrhundert). Kontinuität und Krise, Inklusion und Exklusion in einer Zeit des Übergangs*, hrsg. von Sigrid Hirbodian und Torben Stretz. Wiesbaden 2016 (Forschungen zur Geschichte der Juden. Schriftenreihe der Gesellschaft zur Erforschung der Geschichte der Juden e.V. und des Arye Maimon-Instituts, hrsg. von Alfred Haverkamp und Sabine Ullmann. Abt. A: Abhandlungen, Bd.24). 161–186.

Rohrbacher, Stefan: „Medinat Schwaben. Jüdisches Leben in einer süddeutschen Landschaft in der Frühneuzeit", in: *Judengemeinden in Schwaben im Kontext des Alten Reichs*, hrsg. von Rolf Kießling. Berlin 1995 (Colloquia Augustana, Bd. 2, hrsg. von Jochen Brüning und Johannes Burkhardt). 80–110.

Rohrbacher, Stefan: „Zur „inneren" Situation der süd- und westdeutschen Juden in der Früh- neuzeit", in: *Jüdisches Leben auf dem Lande. Studien zur deutsch-jüdischen Geschichte*, hrsg. von Monika Richard und Reinhard Rürup. Tübingen 1997. 37–58.

Rose, H[ermann]: *Geschichtliches der Israelitischen Kultusgemeinde Altenstadt*. Altenstadt 1931.

Sammlungen der württembergischen Gesetze in Betreff der Israeliten, hrsg. von F.F. Mayer. Tü- bingen 1847.

Schönhagen, Benigna: *Jahresbericht 2016 des Jüdischen Kulturmuseums Augsburg-Schwaben*. Augsburg 2016.

Schönhagen, Benigna (Hg.): *Eine Erinnerung ist eine Erinnerung ist eine Erinnerung? Judaica aus dem Umfeld der Synagoge Kriegshaber/A Memory is a Memory is a Memory. Judaica from Kriegshaber Synagogue and the surrounding area, Ausstellungskatalog*. Berlin 2018 (=Schönhagen 2018a).

Schönhagen, Benigna: *Das Jüdische Kulturmuseum Augsburg-Schwaben 2006–2018*. Linden- berg 2018 (=Schönhagen 2018b).

Schudt, Johann Jakob: *Jüdische Merckwürdigkeiten. Vorstellende Was sich Curioses und Denck- würdiges in den neueren Zeiten bey einigen Jahrhunderten mit denen in alle IV Theile der Welt, sonderlich Teutschland, zerstreuten Juden zugetragen*, Bd. 1–4. Frankfurt 1714.

Schwarz, Meier (Hrsg.): *Mehr als Steine … Synagogengedenkband Bayern*, Bd. 3. 478–488 (Ichenhausen). Lindenberg 2015.

Steinschneider, Moritz: „Purim und Parodie", in: *Monatsschrift für Geschichte und Wissen- schaft des Judentums* 46 (1902): 176–187, 275–280, 372–276, 473–478, 567–582; 47 (1903): 84–89, 169–180, 279–286, 360–370, 468–474; 48 (1904): 242–247, 504–509 (Purimspiele).

Straus, Raphael (Bearb.): *Urkunden und Aktenstücke zur Geschichte der Juden in Regensburg 1453–1738*, mit einem Geleitwort v. Friedrich Baethgen. München 1960 (Quellen und Erör- terungen zur Bayerischen Geschichte, NF. 18).

Strauss, Jutta: „Purimspiel und Familiengemälde – Theaterstücke von Fürther Juden aus dem 18. und 19. Jahrhundert", in: *Jüdisches Leben in Franken*, hrsg. von Gunnar Och und Hart- mut Bobzin. Würzburg 2002 (Biblioteca academia: Reihe Geschichte, Bd.1). 85–114.

Tänzer, Aron: *Die Geschichte der Juden in Jebenhausen und Göppingen*, neu herausgegeben von Karl-Heinz Rueß. Weißenhorn 1988.

Thiemeyer, Thomas: *Geschichte im Museum. Theorie – Praxis – Berufsfelder*. Tübingen 2018 (Public History – Geschichte in der Praxis, hrsg. von Irmgard Zürndorf und Stefanie Sa- mida).

Ullmann, Sabine: *Nachbarschaft und Konkurrenz. Juden und Christen in Dörfern der Markgraf- schaft Burgau 1650 bis 1750*. Göttingen 1999.

Ullmann, Sabine: „Judentum in Schwaben (bis 1800)", publiziert am 25.09.2013 in: *Histori- sches Lexikon Bayerns*, URL: <http://www.historisches-lexikon-bayerns.de/Lexikon/Ju- dentum in Schwaben (bis 1800)> (17.02.2019).

Ullmann, Sabine: „Jüdisch-christliche Kreditnetze", in: *Juden und ländliche Gesellschaft in Eu- ropa zwischen Mittelalter und Früher Neuzeit (15.-17. Jahrhundert), Kontinuität und Krise, Inklusion und Exklusion in einer Zeit des Übergangs*, hrsg. von Sigrid Hirbodian und Tor- ben Stretz. Wiesbaden 2016. 51–72.

Das Vincenz-Lied, nach dem von Rektor J.J.Schudt in seinen „Jüdischen Merkwürdigkeiten" (Frankfurt und Leipzig 1714) aufgezeichneten „Vintz-Hanß-Lied", metrisch von J.B.Levy ins Hochdeutsche übertragen. Berlin 1916.

Weber, Annette: „Synagogenausstattungen als Dokumente jüdischen Lebens", in: *Jüdisches Leben auf dem Lande. Studien zur deutsch-jüdischen Geschichte*, hrsg. von Monika Richard und Reinhard Rürup. Tübingen 1997. 189–206.

Weber, Annette: „Der Wandel jüdischen Selbstverständnisses vom Spätmittelalter zur Frühen Neuzeit im Spiegel der Objektkultur", in: *Juden und ländliche Gesellschaft in Europa zwischen Mittelalter und Früher Neuzeit (15.-17. Jahrhundert), Kontinuität und Krise, Inklusion und Exklusion in einer Zeit des Übergangs*, hrsg. von Sigrid Hirbodian und Torben Stretz. Wiesbaden 2016. 187–214.

Weinryb, B[ernhard]: „Verschollene jüdische Volksbräuche am Purimfest", in: *Bayerische Israelitische Gemeindezeitung* 11 (1935): 129–132.

Zunz, Leopold: *Der Ritus des synagogalen Gottesdienstes, geschichtlich entwickelt.* Berlin 1859.

Internet

Art. Purim, online: http://jewishencyclopedia.com/articles/12448-purim, Zugriff: 15.2.2019.

Art. „Purim-Shpil." Encyclopaedia Judaica, online: https://www.encyclopedia.com, Zugriff: 20.3.2019.

Burmeister, Karl Heinz: „Hohenemser Purim, eine jüdische Fasnacht im Jahr 1811", in: *Schriften des Vereins für Geschichte des Bodensees und seiner Umgebung* (105): 1987, 131–147, online: http://bodenseebibtest.bsz-bw.de/viewer.html, Zugriff: 1.4.2019.

https://www.vol.at/erster-purim-umzug-seit-jahrzehnten-in-hohenems/5183816, Zugriffsdatum: 20.2.2019.

Karneval Machores, online: https://www.elsass-netz.de/168/Feiertage-Festtage-Feste/Karneval-Machores-Selestat. html, Zugriff: 1.4.2019.

Lenhardt, Andreas: https://www.regionalgeschichte.net/bibliothek/texte/aufsaetze/hausmann-wohnen-und-wirtschaften/ inter-judeos.html, Zugriff: 12.12.1018.

Lieder des Venezianischen Lehrers Gumprecht von Szczebrszyn, hrsg. von Moritz Stern. Berlin 1922, online: https://www.encyclopedia.com/religion/encyclopedias-almanacs-transcripts-and-maps/purim-shpil, Zugriff: 1.4.2019.

Paulus, Christof: „Schwaben (Begriff)", publiziert am 01.12.2015; in: *Historisches Lexikon Bayerns*, URL: <http://www.historisches-lexikon-bayerns.de/Lexikon/Schwaben (Begriff), Zugriff: 1.4.2019.

Steinschneider, Moritz: „Purim und Parodie", in: *Monatshefte für Geschichte und Wissenschaft des Judenthums, Jg.47* (1903) H.2: 169–180. online: http://sammlungen.ub.uni-frankfurt.de/cm/periodical/titleinfo/2884430, Zugriff: 28.3.2019.

Straus, Raphael: *Judenfasnacht*, online: https://fwb-online.de/lemma/judenfasnacht.s.1f

http://www.talmud.de/talmd/purim-fest-des-sieges-ueber-die-widersacher, Zugriff: 1.4.2019.

Ullmann, Sabine: „Judentum in Schwaben (bis 1800)", publiziert am 25.9.2013, in: *Historisches Lexikon Bayerns*, online: <http://www.historisches-lexikon-bayerns.de/Lexikon/Judentum in Schwaben (bis 1800), Zugriff: 1.2.2018.

Zunz, Leopold: *Der Ritus des Synagogalen Gottesdienstes, geschichtliche entwickelt*, Berlin 1959, online: https://archive.org/details/bub_gb_7nhBAAAAYAAJ/page/n41, Zugriff: 2.10.2018.

Jürgen Küster
Zu Geschichte und Wandel des „Jüdischen" im traditionellen Fastnachtsspiel

In der traditionellen Fastnachtskultur Mitteleuropas ging es seit dem dreizehnten Jahrhundert stets um die Krankheit, die man kennen müsse, um am Aschermittwoch die heilende Umkehr zu den Werten und Normen der christlichen Kirche bewältigen zu können.[1] Eingebettet in die Liturgie der Feste und Bräuche im christlichen Jahreslauf ist die vorösterliche Fastnacht seit dem neunzehnten Jahrhundert dennoch immer wieder als unchristliches, weltliches Schauspiel heidnischen oder antiken Ursprungs missverstanden worden. Gerade auch an der Konstruktion des „Jüdischen" im Fastnachtsspiel lässt sich jedoch dessen provozierende und zur Umkehr mahnende Aufgabe im Rahmen des christlichen Weltverständnisses darstellen und erklären. Die kritische Analyse des „fatalen" Befundes soll dabei Distanzierung möglich machen und humanistischem Denken Raum schaffen.

Jüdische „Verstocktheit", falsche Messiaserwartung und Blindheit gegenüber den Offenbarungen des Evangeliums hatten besonders im späten Mittelalter vielfältige Darstellungen von unzivilisierten, ja tierischen und dämonischen Figuren als Vertretern des „Jüdischen" nach sich gezogen. Und Hans Folz ersinnt in seinem Fastnachtsspiel „Vom Herzog von Burgund" Ende des fünfzehnten Jahrhunderts in Nürnberg eine Reihe von übelsten Strafen für die Rollen der Juden: sie sollten mit glühenden Pfannen gequält, nackt ausgezogen, gefesselt und ausgesetzt, unter den Latrinenbalken gezwungen werden und zuletzt – in Übereinstimmung mit einer älteren perfiden Tradition – an den Zitzen der „Judensau" zu saugen und deren Kot zu essen genötigt werden[2]. Besonders drastisch findet dieser Gedanke etwa auch Ausdruck an der Stiftskirche St. Peter in Bad Wimpfen aus dem dreizehnten Jahrhundert (Abb. 1).

Bereits 1466 hatte Papst Paul II. in Rom in der Fastnacht Judenwettläufe angeordnet, die später Anlass für antijüdische Kundgebungen boten, „wobei man sogar Steine und Schmutz auf die zweibeinigen Bestien schleuderte"[3]. Für den

---

1 Der Verfasser nimmt Bezug auf die seit den 1980er Jahren entstandenen Untersuchungen (auch im Rahmen eines DFG Forschungsprojektes zur Fastnacht) von Moser 1986; Mezger 1999; Leibbrand 1989 und eigene Forschungen vgl. z.B. Küster 1983, 1984 und 2019.
2 Von Keller 1853, Bd. 1: *Der Herzog von Burgund*. Ein Überblick über das Thema und die Darstellungen der „Judensau" bei Shachar 1974.
3 von Pastor 1928, 314f., zitiert nach Moser 1986, 33.

https://doi.org/10.1515/9783110696882-005

römischen Karneval der Barockzeit bezeichnet Clara Gallini diesen Brauch als typisch.[4]

Sebastian Franck warnte 1534 in seinem *Weltbuch*[5] anlässlich der Beobachtung von Brauchspielen in Franken vor Juden, Türken und Heiden – die nicht alleine närrisch (d.h. krank und diabolisch) seien, sondern auch noch diejenigen ins Verderben ziehen könnten, die derartige „Breüch" vor ihren Türen zuließen (Abb. 2).

Für die Vergesellschaftung von Jude, Teufel (und Narr) gab es bis dahin schon viele Vorbilder: etwa an einer Steinkonsole des Südportals am Dom zu Wetzlar aus dem dreizehnten Jahrhundert. Der Teufel hält einen Juden fest im Griff (Abb. 3).

Wer sich zum Christentum nicht bekehrte oder diesem nicht per se angehörte, stand – aus der Sicht der Mitte – im Abseits.[6] Und dieses Abseits war nach mittelalterlicher Auffassung bedrohlich und potentiell dem Teufel verfallen. Schon Werner Mezger hat darauf hingewiesen, dass sich im Mittelalter eine zunehmende Diabolisierung der Narrenfigur und mit ihr der Fastnacht und ihrer Fest- und Spieltraditionen vollzog. Dabei fußte dieser Prozess unter anderem auf der Leugnung Gottes, die dem Narren im Anschluss an Psalm 52 (Vulgata) „Dixit insipiens in corde suo: non est deus" jahrhundertelang unterstellt worden war[7] – während sich die Juden ja analog als Leugner Jesu, des christlichen Messias, erwiesen hatten (Abb. 4).

Die Integration des „Jüdischen" in die Fastnachtskultur seit dem Mittelalter wäre insofern historisch betrachtet stringent und wirkungsvoll. Dies wohl vor al-

---

4 Gallini 1990/91, 67–78; Boiteux 1976, 745–787.
5 Erstausgabe Tübingen 1534, fol. Lr.
6 Die (bedrohliche) Vergesellschaftung von Jude und Narr war etwa auch Thema einer Federzeichnung mit dem Titel „Vier Kopfstudien" des Daniel Lindtmayer 1592. Mezger 1980, 49 hat dazu gesagt: „… im Vordergrund ein verliebtes Bürgerpaar und dahinter je zwei Gestalten, welche die Idylle bedrohen: rechts der diabolisierte Narr und links, ihm gleichgestellt, der Jude. Diese fatale Zuordnung bot sich nach mittelalterlicher Weltanschauung geradezu an. Sowohl der Narr als auch der Jude hatten nämlich keinen Platz innerhalb der Gemeinschaft der christlichen Stände, beide waren soziale Außenseiter."
7 Küster 1984, 97–134. „Insipiens" wird spätestens seit dem zwölften Jahrhundert in den Psalterillustrationen als Narrenfigur mit Narrenkappe und Marotte dargestellt. Vgl. auch Langenfeld/Götz 1984, 37–96; Moser 1986, 94 zeigt die Abbildung einer Psalterillustration (zu Psalm 52, Psalter der Bonne de Luxembourg, vor 1349), die einen Narren und einen Juden darstellt und damit wohl auf deren gemeinsame Leugnerschaft abzielt.

lem, weil die Liturgie der Fastnacht (des Fastnachtssonntags) dem augustinischen Zweistaatenmodell einer „civitas diaboli versus einer civitas dei"[8] als einem prägenden Denkmuster unterworfen war. Die mittelalterlichen Predigten, die darauf Bezug nahmen, hatten Tradition gebildet und legten die – im Missale Romanum bis zum zweiten Vatikanum 1962 – vorgeschriebenen Perikopen entsprechend aus. Fastnachtsbräuche sind im Verlauf des dreizehnten Jahrhunderts an diesem Denkmuster entlang faktisch geworden und sie galten einer zeitlich begrenzten und bewussten Inszenierung der „civitas diaboli" mit all ihren mehr oder weniger weltlichen, teuflischen und närrischen Substituten, z.B. Babylon, Jericho oder Rom. „Faßnacht-Zeit hat zwey Weeg" so predigte später der vielzitierte Bischof von Cadiz 1727: „Christus gehet nach Jerusalem; die Welt geht nacher Babylon"[9] Der babylonische König Nabuchodonosor (Nebukadnezar) spielt unter anderem im Fastnachtsspiel der Benediktiner 1685 in Salzburg eine Hauptrolle[10] – und schon 1504 waren Motive als „Höllen" im Nürnberger Fastnachts-Schembartlauf verwendet worden, die an den babylonischen Turmbau und den Riesen Nimrud als Bauherren denken lassen.[11]

Die Angehörigkeit der Juden zur „civitas diaboli" erschien biblisch – etwa in der babylonischen Gefangenschaft – begründet und im Anschluss an die Beteiligung am Verrat und der Kreuzigung Jesu für das Mittelalter evident. Sie war in zahlreichen die Juden verleumdenden Bild- und Erzählmotiven, dem Ritualmord, der Brunnenvergiftung und der Hostienschändung immer wieder zum Ausdruck gekommen. Antijüdische Pogrome, Massenvertreibungen, Diffamierung und Ausbeutung sind untrennbar mit der mittelalterlich-abendländischen Geschichte verbunden und haben noch viel später ihre schrecklichsten Auswüchse unter den Nationalsozialisten in Deutschland gefunden – auch in der Fastnacht, wo die Nürnberger Narren im Fasching 1938 aufgehängte Judenpuppen an der „Todesmühle" zeigten (Abb. 5), oder schon 1933, wo die Jecken in Köln über die erzwungene Auswanderung der jüdischen Bevölkerung hämisch feixten[12] – da hatte die Katastrophe kaum begonnen.

---

8 Moser 1986, 36f. u.ö.
9 Aus einer Predigt, gedruckt in Augsburg 1744, zitiert nach Moser 2002, 99. Der Jesuit Matthias Faber bestätigte die Tradition des augustinischen Gedankens für das siebzehnte Jahrhundert „Babylonem mundi perversi typum esse scimus" ebd.
10 Köhler 1989, 217 Nr. 598.
11 Küster 1983, 82–91.
12 „Hurra", rief ein Redner, "mer wäde jetz die Jüdde loß, die ganze koschere Band trick nohm gelobte Land. Mir laachen uns für Freud noch halv kapott." Zitiert aus: http://aikoeln.blogsport.eu/2015/02/10/koelner-karneval-hey-koelle-do-bes-e-jefoehl/ (Zugriff 10.04.2018).

Insofern der mittelalterliche Antijudaismus bis in die Neuzeit fatale Tradition gebildet hat,[13] lag es nahe, in unserem Zusammenhang auch das gegenreformatorische Fastnachtsspiel – etwa der theaterbegeisterten Jesuiten und Benediktiner – einer näheren Betrachtung zu unterziehen. Hierzu ist jedoch voranzuschicken, dass die Quellenlage immer noch dünn ist. Längst nicht alle – zumeist in Theater(flug)zetteln oder Periochen – überlieferten Spiele sind dokumentiert und zugänglich (Abb. 6 und 7).

Allerdings hat Annette Köhler bereits 1989 einen (bisher unveröffentlichten) Katalog mit über 700 neuzeitlichen Fastnachtspieltiteln des späten sechzehnten bis achtzehnten Jahrhunderts erarbeitet:[14] ein Desiderat der Forschung, weil das Fastnachtspiel im Allgemeinen als eine spätmittelalterliche Gattung verstanden wird, die um 1430 in einigen städtischen Zentren, allen voran Nürnberg, in Erscheinung tritt und – literaturwissenschaftlich – bedeutend wird und schließlich mit Hans Sachs ihren Höhe- und nicht zuletzt ihren Endpunkt findet. Eine wissenschaftliche Auseinandersetzung mit den textierten Fastnachtspielen der Gegenreformation und parallelen Brauchkomplexen hat bisher kaum stattgefunden. Eine systematische Erhebung der Quellen, z.B. in der ehemals oberdeutschen Ordensprovinz der Jesuiten zwischen Donau und dem südlichen Alpenrand steht noch aus – obwohl etwa auch die Tiroler Fastnachtsumzüge in Telfs, Imst und Nassereith mit ihren Ursprüngen im späten sechzehnten und siebzehnten Jahrhundert, ihr barockes Erscheinungsbild und ihre Aufnahme im Weltkulturerbe der UNESCO Anlass genug böten, sich auch unter unserer Fragestellung ihrer Erschließung und Analyse zu widmen. (Abb. 8).

Immerhin gibt es eine Reihe von historischen Zeugnissen, die belegen, dass besonders auch die Jesuiten „gefährliche Gegner" der Juden waren. Das Jüdische Lexikon von 1927 greift diese auf und berichtet etwa unter dem Stichwort „Jesuiten":

> Die Schüler der zahlreichen Jesuiten-Kollegien veranstalteten in einer Reihe von Städten (…) fürchterliche Gräuel gegen die Juden … Den Geist des Unterrichts zeigen auch die Jesuitendramen, d.h. die Dramen, die in den Jesuitengymnasien aufgeführt wurden; sie behandelten mitunter auch „Ritualmorde", wirkten also propagandistisch für die Blutlüge (Halle

---

13 Rommel 2002, hat darauf hingewiesen, dass Antijudaismus/Antisemitismus natürlich im jeweiligen historischen Kontext gesehen werden müssten, und dass es nicht angehe, Johannes Chrysostomus und Adolf Hitler (wenngleich in der Wahl ihrer Worte ähnlich) in eine Linie zu stellen. Tatsächlich aber ist Chrysostomus ein Vordenker späterer Antisemiten – so, wie die Evangelien an entsprechenden Stellen Vorlagen für die Tradition der Judenfeindlichkeit geliefert haben.
14 Köhler 1989.

1624, Konstanz 1634). Ihrem Bekehrungseifer für die Juden konnten sie besonders frönen, seitdem Papst Gregor XIII. das Collegium Germanicum gegründet und die kanonische Satzung neuerdings eingeschärft hatte, dass christliche Prediger an Sabbaten und Feiertagen in den Synagogen womöglich in hebräischer Sprache predigen sollten ... So waren in Prag durch Erlass Ferdinands II. die Juden 1630 genötigt, in einer Kirche den Jesuitenpredigten beizuwohnen, wobei Aufseher dafür sorgten, dass die Juden nicht schliefen oder gar sich Wolle in die Ohren stopften.[15]

Eingedenk derartiger Überlieferungen ist damit zu rechnen, dass die Fastnachtsspieltradition in der Gegenreformation den Antijudaismus des Mittelalters in irgendeiner Form aufnimmt und weiterführt. Im Kanon der pädagogischen Aufgaben, der an zahlreichen aufblühenden Gymnasien, Kollegien und Universitäten der Jesuiten im sechzehnten und siebzehnten Jahrhundert umgesetzt wurde, mittels ihrer reichen Theater- und ihrer rhetorischen Schulungspraxis, sollten Konstruktionen des Jüdischen im gegenreformatorischen Fastnachtsspiel und Fastnachtsbrauch eine markante und nachhaltige Rolle gespielt haben.

Bei Durchsicht des entsprechenden online-Periochenkatalogs der Freiburger Universitätsbibliothek fallen unter 278 Titeln zunächst acht Titel auf, die offensichtlich um alttestamentlich-jüdische Figuren ranken: um David, Absalon, Manasse und König Saul etwa, deren tragische Schicksale Anlass zur Buße oder zur Umkehr gegeben hätten. Manasse, der „gottloseste" unter den jüdischen Königen, wird von Nabuchodonosor nach Babylon entführt und bei Wasser und Brot eingekerkert. In der Finsternis des Kerkers gehen ihm die Augen auf, er betet zu Gott und tut Buße. Schließlich wird er befreit. Keines dieser acht Spiele wurde jedoch zur Fastnacht aufgeführt oder speziell für die Fastnacht konzipiert.

Annette Köhlers Katalog neuzeitlicher Fastnachtspiele, der einen Zeitraum vom Beginn der Gegenreformation bis zum ausgehenden achtzehnten Jahrhundert betrifft, umfasst etwa 25 Titel, die alttestamentliche und jüdische Personen und Themen zur Darstellung bringen: Absalon und Daniel, David, Eleazar und Holofernes, Joseph, Kain und Nebukadnezar, Salomon, Saulus und Simon in alphabetischer Folge. Daneben dokumentiert Köhler Titel, die den Sündenfall und Themen um den falschen Messias oder den Antichristen betreffen, zu dessen Gefolge ja schon im Mittelalter Juden gerechnet wurden. In Nürnberger Fastnachtspielen des fünfzehnten Jahrhunderts – etwa im „Herzog von Burgund" des Hans Folz – werden die Juden als Anhänger des Antichristen gezeichnet.[16] Auch das

---

15 Zitiert nach: http://www.hagalil.com/2012/02/jesuiten/ (Zugriff 10.4.2018).
16 von Keller 1853, 169–190; vgl. auch Voß 2010, 197–217.

Motiv des Ritualmordes wird, z.B. im Anderlspiel (Hall 1621) tradiert.[17] Soweit ersichtlich knüpft keines dieser neuzeitlichen Spiele aber an die Darstellung des mittelalterlichen verteufelten oder närrisch-kranken Juden, der unwürdigen „Bestie" oder des gefährlichen Außenseiters.

Die Bezüge zu den Figuren und Handlungen des Alten Testaments als Vertreter des Jüdischen im gegenreformatorischen Fastnachtspiel der frühen Neuzeit sind allerdings zu komplex, als dass sie im Rahmen des kurzen Beitrags hier differenziert verfolgt und dargestellt werden könnten. Schon deswegen, weil das Alte Testament aus christlicher Sicht als historisch überwundene Phase der Menschheitsgeschichte einerseits aber auch als typologische Präfiguration des Neuen Testaments negativ und positiv ausgelegt werden konnte. Schon damit ist eine eindeutige Verteufelung des Jüdischen nicht möglich. Die Lösung lag möglicher Weise in der Fokussierung auf Reue, Buße und Umkehr der Akteure – wie beispielsweise Manasses – wofür der Fastnachtstermin aus liturgischer Sicht den allerbesten Zeitpunkt abgab, grundsätzlich aber auch andere Spieltermine im Rahmen katechetischer Dramaturgie in Frage kamen.[18]

Anlässlich der fastnächtlichen Schlittaden Freisinger Studenten 1762 und 1766 werden am Rande einer Fahrt nach „Lappland" und unter dem Motto „Gleich und Ungleich gesellt sich gerne" ein Jude auf einem Schlitten mit türkischer Musik sowie ein „Spanier mit einem Juden von Gragau" genannt. 1761 tritt im Rahmen der Landshuter Schlittenfahrt ein „Jude mit seinem Waldhorn" auf.[19] Viel später wird im Telfer Fastnachtsbrauch – dem Schleicherlaufen – 1890 ein Jude dargestellt, dem unterstellt wird, etwas verschoben zu haben, was für arme Kinder gesammelt worden war. In den Texten der Telfer Fasnacht kämen – so der bekannteste Tiroler Fastnachtsbiograf Wolfgang Pfaundler – sehr selten Juden vor, wobei der Tiroler Antisemitismus nicht der deutsch-nationale und später ras-

---

17 1621 fand in Hall (Tirol) das erste Anderl-Spiel im Stil des lateinischen Jesuitentheaters statt, um die Jahrhundertmitte gab es deutsche Fassungen in Art des Volksschauspiels, vgl. Fresacher 1998.

18 Zur Diskussion des Fortlebens typologischer Deutungsmuster in den humanistisch-jesuitischen Theaterstücken der Gegenreformation und ihren Bezug zu mittelalterlichen Quellen vgl. auch Rädle 1989, z.B. 239ff. Eingehendere Textanalysen als sie hier möglich sind mögen darüber hinaus Anteile typologischer, allegorischer, litteraler oder historischer Sinnebenen und Interpretationen in den Spieltexten offenlegen, die auch zu differenzierteren Beurteilungen führen können – auch und hinsichtlich der Reaktionen der Jesuiten auf den stilbildenden Bruch der Reformatoren mit allegorischen Ausdrucksformen. Sie sind hier aber nicht Gegenstand dieser Fühlungnahme mit dem Thema.

19 Vgl. Moser 1988.

sistische gewesen sei, sondern ein „katholischer, der aus dem Katechismus abgeleitet wurde".[20] Der Rahmen, innerhalb dessen sich die Fastnacht vollzieht, ist also an dieser Stelle durchaus greifbar.[21]

Anders als in Oberelsbach / Rhön. Dort und in einigen Nachbarorten spielt in der Fastnacht bis heute der „Blaue Jüd" eine zentrale Rolle (Abb. 9).

Es handelt sich um Figuren, die wohl spätestens Mitte des neunzehnten Jahrhunderts im Zusammenhang einer dortigen Aufführung „Der Auszug der Kinder Israel aus Ägypten" entstanden sind und mit den ältesten erhaltenen Masken eines Moses oder Aaron präsent blieben. „Dieser Brauch zieht heute noch den gesamten Ort Weisbach in seinen Bann und verbreitet dort geradezu eine festliche Stimmung" – so heißt es im Ausstellungskatalog und im Internet. Eine regionale

---

20 Pfaundler 1981, 297 und 12: „Den Schluß des Zuges bildete ein von sog. Wilden, welche für europäische Menschenkinder sammeln und den Reinertrag zu wohlthätigen Zwecken verwenden, eskortierter Jude. Derselbe, angethan mit einem langen Kaftan, auf den historischen Locken einen schäbigen Cylinder, eine Kielfeder hinter dem Ohre, mußte an seinem Gürtel einen schweren Holzprügel, der ihm bis auf die Knie herunterreichte, tragen, und außerdem auf einem einradigen Schiebkarren einen eisenbeschlagenen Geldkoffer fahren, wobei er fortwährend von den, mit allerdings nur mit sog. ‚Baumbart' gefüllten Tuchknütteln bewaffneten Wilden geschlagen wurde".

21 Hier werden einige Beispiele aus dem „Großraum" der ehem. Oberdeutschen Ordensprovinz der Jesuiten benannt, deren regionale und zeitliche Streuung sicherlich mehr Forschungslücken aufzeigen, als sie füllen. Eine systematische Untersuchung der (literarischen und brauch"tümlichen") Fastnachtsspiele (und von deren Zusammenhängen) in diesem „Großraum" über das sechzehnte, siebzehnte und achtzehnte Jahrhundert hinweg steht noch aus. Auch deswegen, weil einerseits das literarische Fastnachtspiel bisher ja als Gattung für die frühe Neuzeit kaum in Betracht gezogen worden ist und andererseits die volkskundlich-ethnologische Forschung sich stärker der aktuellen Gegenwart zugewandt hat. In diesem Zusammenhang sei besonders auf Köhler 1989, 8 hingewiesen, die u.a. zu den grundlegenden Arbeiten Jean Marie Valentins anmerkt: „Jean Marie Valentins (...) Bibliographie zum Theater der Jesuiten im deutschsprachigen Raum, die der Forschung eine völlig neue Ausgangsposition bietet, weist unter dem Stichwort „Carneval" nicht mehr als 50 Spiele zu diesem Anlass nach. Der erste Eindruck aber täuscht, denn Valentin verzeichnet eine Fülle von Fastnachtspielen, ohne sie jedoch als solche kenntlich zu machen, was besonders dann verwundert, wenn sie sich, wie zum Beispiel in der Ingolstädter Perioche der „Megalogorius/Comedia" aus dem Jahre 1724, ausdrücklich als „in ludis saturnalibus" zu erkennen geben; die Reihe der auf diese Art „verkannten" Fastnachtspiele ließe sich fortführen. (...) Zudem sind Valentin eine Reihe von Datierungsfehlern unterlaufen, wie etwa im Falle des Regensburger Spiels von 1759 „Homo Larvatus / A / Ratione Delarvatus", das, obwohl auf dem Titelblatt der Perioche eindeutig auf den 22. und 26. Februar datiert, von Valentin unter dem Aufführungsmonat September angeführt wird. (...) Eine große Zahl erhaltener jesuitischer Fastnachtsspiele verzeichnet Valentin überhaupt nicht, wohl deshalb, weil er seinen Schwerpunkt auf das Repertoire der Herbstspiele legt."

Brauerei hat neben einer Reihe von Bierdeckeln mit regionaltypischen Land-
schaftsmotiven auch eine Reihe aufgelegt, die diese Masken zeigt (Abb. 10).

Man distanziert sich dabei aber allenthalben prophylaktisch und ausdrücklich von antisemitischen Gefühlen, Gedanken und Haltungen – man habe sogar
Judaisten damit beauftragt, so der Bezirksheimatpfleger auf der Webseite des
bayerischen Rundfunks, derartigen Verdacht auszuräumen:[22] wissend, dass erst
jüngst die Maske des „Moses" nach historischem Vorbild wieder erneuert wurde
und wohl wissend, dass die lokale Fastnachtstradition wichtige Impulse aus einem alttestamentarischen Stück empfangen hatte, das möglicher Weise auch
Darsteller aus ansässigen jüdischen Familien hatte aufbieten können[23]. Mit ihrem
kalenderzeitnahen, teils ausgelassenen Purimfest hatte die jüdische Bevölkerung
möglicherweise vielerorts einen Anlass, sich an fastnächtlichen Spielen und Um-
trieben in der christlichen Nachbarschaft zu beteiligen.

Es wäre jedenfalls auch hier geraten, sich offenen Auges der Geschichte zu
stellen und die ja ohnehin in der Fastnacht implizierte Umkehr zur Klarheit einerseits zu wagen und andererseits historische Befunde mit allen „wenns und
abers" erst einmal zu akzeptieren. Immerhin setzen die Oberelsbacher eine Tradition fort, in der sich die Darstellung von Szenen aus dem Alten Testament und
mithin jüdischen Personals kohärent zur mittelalterlichen Darstellung einer „civitas diaboli" und später zur gegenreformatorisch alttestamentlichen Buß- und
Umkehrthematik in der Fastnacht bewährt hatte. Das war und ist ganz wertneut-
ral nicht machbar, und das fällt auch den Akteuren wohl immer wieder auf. Nicht
ohne Grund kommt die Distanzierung der Verantwortlichen von antisemitischen
und diskriminierenden Haltungen so deutlich zum Ausdruck. Aber es gehört ja
gerade zum Wesen der Fastnacht, dass sie die Themen aufgreift, die sonst nicht
präsent sein dürfen. Nicht zum Selbstzweck, sondern im Rahmen einer ernsthaften Auseinandersetzung mit den üblicherweise abgelehnten Alternativen zu
menschlich-alltäglichem Tun und Handeln. Dem Brauchgeschehen an dieser
Stelle antisemitische Tendenzen zuzuschreiben und es dabei zu belassen wäre
etwa so wenig sinnvoll, als würde man die weit verbreiteten Verbrennungsrituale
der Fastnachtsnarren am Abend vor Aschermittwoch in eine Reihe mit mittelalterlichen Hexenverfolgungen stellen und entsprechend abschließend verurtei-
len. Dennoch fußen beide Überlieferungen in einander ähnlichen und sich be-
dingenden Denkmustern aus den gleichen Quellen. Hier gilt es aber zu
differenzieren, die Klammer zu beachten, die von der Liturgie definiert wird und

22 https://www.br.de/br-fernsehen/sendungen/zwischen-spessart-und-karwendel/fastnacht-
rhoen-100.html (Zugriff 10.4.2018).
23 Geheimnisvolle Masken, 2005.

die Fastnacht mittels negativem Vorzeichen – aber im Rahmen des Heilsgeschehens – in besonderer Weise charakterisiert. Da die Fastnacht traditionell zeigt, was des Teufels sei und was nicht zum Heil führe, gehört in christlicher Überlieferung auch das „Jüdische" dazu. Die Funktion der Fastnacht: nämlich die Abkehr davon und die Umkehr am Aschermittwoch, rückt die Thematik dann aber wieder in die Heilsperspektive.

Zumindest nach mittelalterlich-typologischem Verständnis war Ägypten ein mächtiger „Höllenort"[24]. Ihn zu verlassen und das Heilige Land anzuvisieren entsprach dem Umkehrprozess, der im traditionellen Fasching vorbereitet und am Aschermittwoch vollzogen wird oder werden soll. Der „Auszug der Kinder Israels aus Ägypten" im Alten Testament nahm zudem als typologisches Vorbild das neutestamentarische Ansinnen Jesu an seine Jünger, ihm nach Jerusalem zu folgen vorweg. Dieses Ansinnen gehört zum traditionellen Evangelium der Perikope des Fastnachtssonntags „Sehet, wir gehen hinauf nach Jerusalem ..." (Lk 18,31-43). Die Oberelsbacher Umzüge mit dem „Blauen Jüd" passen also genau in das überlieferte Umfeld alttestamentlicher Themen und jüdischer Figuren, wie sie aus jesuitischen (Fastnachts)Inszenierungen bekannt waren.

Aber auch schon im Kölner Rosenmontagsumzug 1823 war Ägypten als Thema präsent.[25] Es waren Vertreter der teils jesuitisch gebildeten Oberschicht, die den Kölner Karneval im ersten Viertel des neunzehnten Jahrhunderts reformiert und neu aufgestellt haben. Sie dürften mit den entsprechenden typologisch-allegorischen Denkmustern vertraut gewesen sein.[26]

Im Fastnachtspiel der frühen Neuzeit kommt, einerseits im überlieferten Rahmen einer inszenierten „civitas diaboli", wenn wir etwa an das Weiterbestehen der römischen Judenwettläufe im Barock denken, andererseits aber eine weiterentwickelte Konstruktion des Jüdischen zur Darstellung, die die konzentrierten Verteufelungen des Mittelalters überwindet und an deren Stelle Umkehr oder Bekehrung, also Themen des Aschermittwochs, Gestalt gewinnen lässt.

---

24 Ägypten ist in der mittelalterlichen Exegese in erster Linie „Hölle". Vgl. dazu Scharff 2007, 159ff.

25 Auf einem kolorierten Holzstich des Jahres 1870 zeigt der Künstler die Motivwagen vom Umzug 1823. Deutlich erkennbar sind ein ägyptischer Thron und flankierende Sphinxen.

26 Moser 1986, 58: „Dass die Neuorganisation des Kölner Karnevals im Zeitalter der katholischen Restauration des 19. Jahrhunderts auf dem Weg über die Oberschicht erfolgte, die von den älteren Fastnachtsreichen und ihren Fürsten durch das dortige Jesuitenkolleg erfahren haben mochte, ist bekannt: Franz Ferdinand Walraff, J.M. Dumont, Joseph de Noel u.a. gehörten zu den Hauptinitiatoren. Die Jesuiten jedenfalls waren mindestens von der Geschichte des Römischen Kollegs her mit dem Institut der Narrenstaaten an Fastnacht vertraut, ...".

Dieser Wandel kommt bei der Durchsicht bisher zugänglich gewordener überlieferter Umzugsprogramme und Theaterzettel aus jesuitischer Spieltradition zum Ausdruck, die das mittelalterliche Judenbild nicht weiter schärft oder zumindest aufrechterhält, sondern alttestamentarische Szenen aufgreift und entsprechende Spieltraditionen an seiner Stelle begründet – in einem, der Liturgie des Festtermins „Fastnacht" entsprechenden und häufig folgenden intentionalen Rahmen.

Abbildungen

Abb. 1: „Judensau" an der Stiftskirche St. Peter in Bad Wimpfen. Bildnachweis: wikimedia commons, Fotograf Peter Schmelzl. Ähnlich die judenfeindlichen Steinmetzarbeiten, Glasfenster und Freskenmalereien an der Nürnberger Sebalduskirche aus dem späten vierzehnten Jahrhundert (https://www.sebalduskirche.de/wp-content/uploads/2017/12/Flyer-Judenbilder-Nu%CC%88rnberg-St-Sebald.pdf, Zugriff 21.2.2020).

Abb. 2: Illustration zum 99. Kapitel des „Narrenschiffs" von Sebastian Brant, Erstausgabe zur Fastnacht 1494. Auch hier sind im Kontext „Narr" und Fastnacht „Saracenen/Türken/Heyden ... all die vom glauben sind gescheyden" genannt - auf dem Bild wird an zentraler Stelle ein Jude mit spitzem Hut gezeigt. Bildnachweis: projekt.gutenberg.de, mit freundlicher Genehmigung.

Abb. 3: Sockelskulptur am Südportal des Doms zu Wetzlar. Bildnachweis: wikimedia commons, Fotograf Philipp Trümper.

Abb. 4: Narr vor König David (Psalm 52). Miniatur aus einem Psalter Karls VIII, spätes fünfzehntes Jahrhundert, Paris, Bibliothéque nationale, lat.774, fol 63r.

Abb. 5: Nürnberger Stadtarchiv A 41/II Nr. LR-296-17.

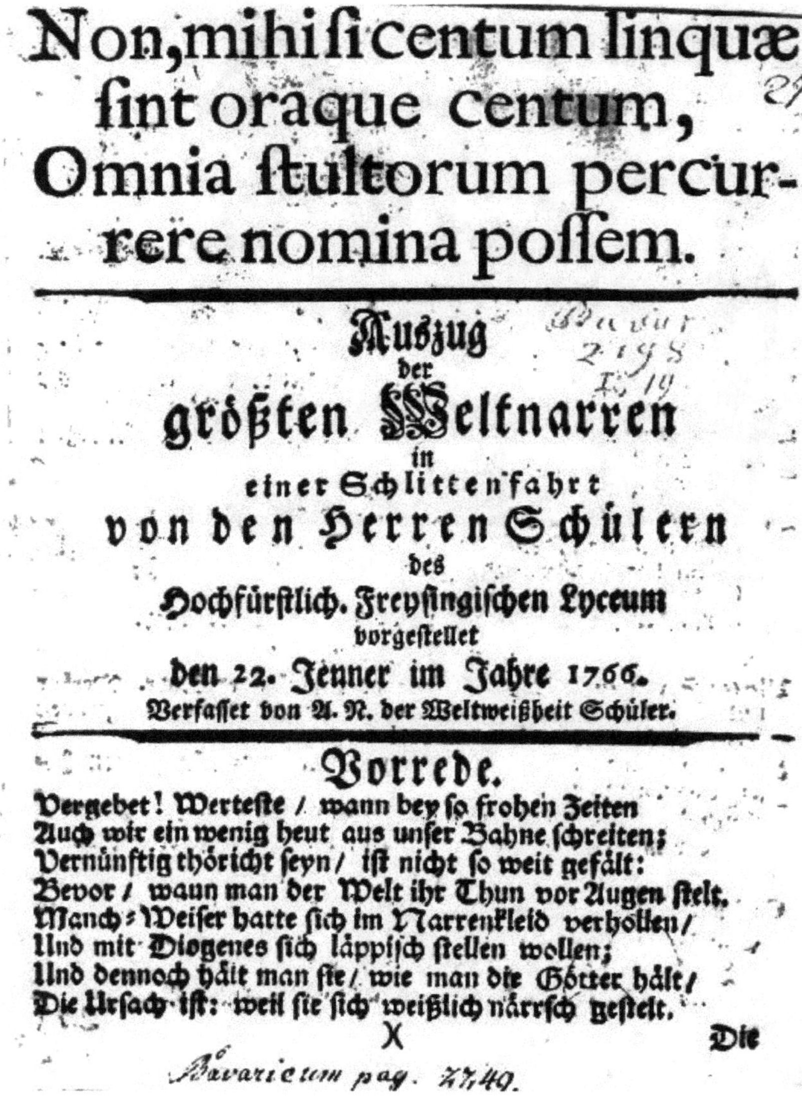

Non, mihi si centum linquæ
sint oraque centum,
Omnia stultorum percur-
rere nomina possem.

Auszug
der
größten Weltnarren
in
einer Schlittenfahrt
von den Herren Schülern
des
Hochfürstlich. Freysingischen Lyceum
vorgestellet
den 22. Jenner im Jahre 1766.
Verfasset von A. N. der Weltweißheit Schüler.

Vorrede.

Vergebet! Werteste / wann bey so frohen Zeiten
Auch wir ein wenig heut aus unser Bahne schreiten;
Vernünftig thöricht seyn / ist nicht so weit gefält:
Bevor / wann man der Welt ihr Thun vor Augen stelt,
Manch = Weiser hatte sich im Narrenkleid verhollen/
Und mit Diogenes sich läppisch stellen wollen;
Und dennoch hält man sie / wie man die Götter hält/
Die Ursach ist: weil sie sich weißlich närrsch gestelt.

X   Die

Bavaricum pag. 77, 49.

Abb. 6: Flugblatt zu einer fastnächtlichen Schlittenfahrt „Auszug der Größten Weltnarren", Freising 1766. Diese „Motiv-Schlittenfahrten" waren ein verbreitetes, aber bisher auch nicht ausreichend dokumentiertes Format der akademisch-jesuitischen Spieltradition. Bildnachweis: Staatsbibliothek München, Permalink: http://www.mdz-nbn-resolving.de/urn/resolver.pl?urn=urn:nbn:de:bvb:12-bsb10338250-5.

MANASSES
König in Judenland
Oder
Abriß wahrer Buß,
Vorgestellt
Da
Der Hoch = Edlgebohrne Herr Frantz
Jung / J. U. Lic. des Hochfürstlichen Hochstiffts
Regensburg würcklicher Hof und Cammer = Rath
PRÆFECTUS
Der Hochlöblich grösseren CONGREGATION
Von der
Verkündigung
MARIÆ
Ernennet wurde
Zu Regenspurg bey S. Paul den 23. April 1752.
Mit Genehmhaltung der Oberen.

Gedruckt zu Stadt am Hof, bey Johann Bernhard Riepel.

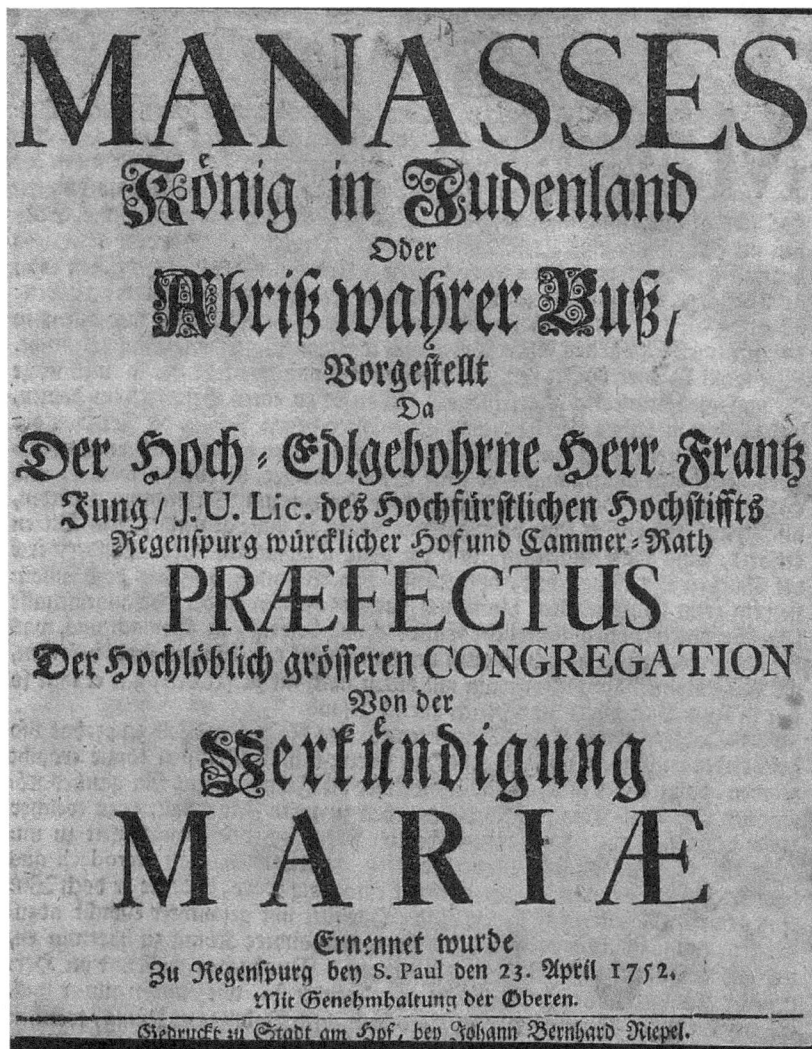

Abb. 7: Periochen-Deckblatt zu „Manasses König in Judenland oder Abriß wahrer Buß,..." Regensburg 1752, Bildnachweis: Creative Commons http://dl.ub.uni-freiburg.de/diglit/manasses1752/0001.

Abb. 8: Imster Schemenlauf 2016, Bildnachweis: Creative Commons. Fotograf: Andreas Praefcke.

Abb. 9: „Blaue Jüde" aus Weisbach 1951/52, Bildnachweis: Walter Stolle, Geheimnisvolle Masken aus der Rhön. Von jüdischen und christlichen Bartmännern. Katalog zu einer Ausstellung des Hessischen Landesmuseums, Lorsch 2005. Mit freundlicher Genehmigung des HLM.

Abb. 10: Mit freundlicher Genehmigung der Brauerei Rother Bräu.

Literaturverzeichnis

Boiteux, Martine: „Les Juifs dans le Carnaval de la Rome moderne", in: *Melanges de l'Ecole Francaise de Rome* (1976): 745–787.

Fresacher, Bernhard: *Anderl von Rinn*. Innsbruck 1998.

Gallini, Clara: „Gefährliche Spiele – Symbolisch praktizierter Rassismus in der Alltagskultur", in: *Das Argument. Zeitschrift für Philosophie und Sozialwissenschaften* 191 (1990/91): 67–78.

Geheimnisvolle Masken aus der Rhön. Von jüdischen und christlichen Bartmännern. Ausstellungskatalog Hessisches Landesmuseum Darmstadt, 2005.

Keller, Adelbert von: *Fastnachtspiele aus dem 15. Jahrhundert*, 4 Bde. Stuttgart 1853–1858.

Köhler, Annette: *Das neuzeitliche Fastnachtspiel. Versuch einer Gattungsbestimmung und -dokumentation*. München 1989. Ungedruckte Magisterarbeit.

Küster, Jürgen: *Spectaculum Vitiorum. Studien zur Intentionalität und Geschichte des Nürnberger Schembartlaufs*. Remscheid 1983 (Kulturgeschichtliche Forschungen Bd. 2).

Küster, Jürgen: „Der Narr als Gottesleugner", in: Werner Mezger u.a.: *Narren, Schellen und Marotten. Elf Beiträge zur Narrenidee*. Remscheid 1984 (Kulturgeschichtliche Forschungen Bd.3). 97–134.

Küster, Jürgen: *„Heimat und Volkskultur?" Vorträge und Essays zu einer fragwürdigen Geschichte*. Berlin 2019.

Langenfeld, Dagmar / Götz, Irene: „,Nos stulti nudi sumus – wir Narren sind nackt'. Die Entwicklung des Standard-Narrentyps und seiner Attribute nach Psalterillustrationen des 12. bis 15. Jahrhunderts", in: *Narren, Schellen und Marotten. Elf Beiträge zur Narrenidee*, hrsg. von Werner Mezger u.a. Remscheid 1984 (Kulturgeschichtliche Forschungen Bd. 3). 37–96.

Leibbrand, Jürgen: *Speculum Bestialitatis. Die Tiergestalten der Fastnacht und des Karnevals im Kontext christlicher Allegorese.* München 1989 (Kulturgeschichtliche Forschungen Bd.11).

Mezger, Werner: „Bemerkungen zum mittelalterlichen Narrentum", in: *Narrenfreiheit, Beiträge zur Fastnachtsforschung*, hrsg. Tübinger Vereinigung für Volkskunde. Tübingen 1980 (Untersuchungen des Ludwig-Uhland-Instituts der Universität Tübingen 51). 43–87.

Mezger, Werner: *Das große Buch der schwäbisch-alemannischen Fasnet. Ursprünge, Entwicklungen und Erscheinungsformen organisierter Narretei in Südwestdeutschland.* Stuttgart 1999.

Moser, Dietz-Rüdiger: *Fastnacht, Fasching, Karneval. Das Fest der „Verkehrten Welt".* Graz 1986.

Moser, Dietz-Rüdiger: *Maskeraden auf Schlitten.* München 1988.

Moser, Dietz-Rüdiger: *Bräuche und Feste durch das ganze Jahr.* Freiburg i.Br. / Basel / Wien 2002.

Pastor, L. Freiherr von: *Geschichte der Päpste im Zeitalter der Renaissance.* Freiburg im Breisgau 1928.

Pfaundler, Wolfgang: *Fasnacht in Tirol. Telfer Schleicherlaufen.* Wörgl 1981.

Rädle, Fidel: „Das Alte Testament im Drama der Jesuiten", in: *Paradeigmata. Literarische Typologie des Alten Testaments. Erster Teil: Von den Anfängen bis zum 19. Jahrhundert*, hrsg. von Franz Link. Berlin 1989 (Schriften zur Literaturwissenschaft, Bd. 5,1). 239–251.

Rommel, Florian: „Judenfeindliche Vorstellungen im Passionsspiel des Mittelalters", in: *Juden in der deutschen Literatur des Mittelalters*, hrsg. von Ursula Schulze. Tübingen 2002. 183–207.

Scharff, Thomas: „Die Rückkehr nach Ägypten, Prolegomena zu einer Geschichte des Ägyptenbildes im westlichen Mittelalter", in: *Exotisch, Weisheitlich und Uralt. Europäische Konstruktionen Altägyptens*, hrsg. von Thomas Glück und Ludwig Morenz. Hamburg 2007. 153–182.

Schulze, Ursula (Hrsg.): *Juden in der deutschen Literatur des Mittelalters; religiöse Konzepte, Feindbilder, Rechtfertigungen.* Tübingen 2002.

Shachar, Isaiah: *The Judensau: A Mediaeval Anti-Jewish Motif and Its History.* London 1974 (Warburg Institute Surveys & Texts, Bd. 5).

Voß, Rebekka: „Propter seditionis hebraicae. Judenfeindliche Apokalyptik und ihre Auswirkungen auf den jüdischen Messianismus", in: *Antichrist. Konstruktionen von Feindbildern*, hrsg. von Wolfram Brandes und Felicitas Schmieder. Berlin 2010. 197–217.

Cora Dietl
Verlacht oder verteufelt: Judendarstellungen in Fastnachtspielen und Komödien Jacob Ayrers

Unter den Nürnberger Fastnachtspielautoren ist Hans Folz derjenige, dessen Behandlung sich beim Thema ‚Judendarstellungen' unmittelbar aufdrängt. Die antijüdischen Darstellungen in Folz' *Von der Alten und neuen ee*, im *Kaiser Constantinus* und v.a. im *Herzog von Burgund* sind wegen ihrer Drastik berühmt, beginnend mit pseudo-theologischen Diskussionen, endend in einer wüsten Verunglimpfung der Juden, deren ‚Messias' mit dem Antichrist gleichgesetzt wird. Für ihre „Nachfolge des Antichrist" werden die Juden im *Herzog von Burgund* bestraft, indem sie einer dämonisch anmutenden Judensau überantwortet werden.[1] Wie das dargestellt werden konnte, mit einer lebenden Sau, einer Pappfigur oder einfach einem Verweis auf das auch heute noch erhaltene Judensau-Relief an der Sebalduskirche,[2] wird von der Forschung diskutiert. Konsens aber scheint darüber zu bestehen, dass Folz kein antijüdischer Einzelgänger war, sondern der Haltung des Nürnberger Rats entsprach, der zur Zeit der Entstehung und Aufführung von Folz' antijüdischen Stücken den ersten Versuch unternahm, die Juden aus Nürnberg zu vertreiben.

Nachdem Maximilian I. im Juli 1498 dem Rat der Stadt Nürnberg das Privileg erteilt hatte, eigene Wechselbanken einzurichten und dort auch Darlehensgeschäfte abzuwickeln, war der Rat nicht mehr von den Diensten der Juden abhängig.[3] Bis 10. März 1499 mussten daraufhin die Juden die Stadt verlassen;[4] es sollte bis zur Mitte des 19. Jahrhunderts dauern, bis der erste Jude wieder das Bürgerrecht von Nürnberg erwarb. Trotzdem konnten Juden nach wie vor die Stadt betreten, wenngleich es ihnen der Rat nur noch durch das Spittlertor und das Tiergärtnertor erlaubte und ihnen doppelte Zölle auferlegte.[5] Das heißt aber, dass sie bis zu einem gewissen Grad immer noch in Nürnberg präsent waren, und deshalb verschwand das Thema ‚Juden' auch nicht völlig aus den Nürnberger Spielen,

---

1 Frey 1982, 9–15; Wenzel 1992, 189–265; Scheit 1999, 59–63.
2 Schmidt/Windsheimer 2014, 14.
3 Lehnert 1993, 18.
4 Lehnert 1993, 18; Schmidt/Windsheimer 2014, 13.
5 Lehnert 1993, 19.

https://doi.org/10.1515/9783110696882-006

weder aus denen des Hans Sachs[6] noch aus denen der englischen Wandertruppen (gespielt wurde u.a. Marlowes *Der Jude von Malta*).[7] Ende des sechzehnten Jahrhunderts bringt Jakob Ayrer wieder vermehrt jüdische Figuren auf die Nürnberger Fastnachtspiel- und Komödienbühne, vielleicht weil er in Bamberg eine deutliche Judenfeindlichkeit erfahren hatte.

Der 1544 in Nürnberg geborene Jakob Ayrer[8] war, nachdem er im Eisenhandel in Nürnberg gescheitert war, in Bamberg als Gerichtsprokurator und Prozessvertreter tätig.[9] Dort waren die 1478 aus dem Hochstift Bamberg vertriebenen Juden ab ca. 1510 wieder zurückgekehrt.[10] Ayrer konnte hier Spannungen zwischen der christlichen und der jüdischen Bevölkerung erleben. Bischof Veit II. erließ am 26. September 1561 ein Wucherverbot, und als dieses nicht eingehalten wurde, kündigte er am 30. März 1565 allen dem Domkapitel unterstehenden Juden den Schutz auf und befahl ihnen, das Hochstift zu verlassen. Im September 1568 bat der Landtag den Kaiser um die Ausweisung der Juden aus dem Hochstift, jedoch erfolglos.[11] Veits Nachfolger Ernst erließ 1585 und 1586 Mandate gegen den Wucher und die Gewerbeausübung von Juden, insbesondere gegen die Hehlerei, und ordnete die Ausweisung aller Juden aus dem Hochstift an.[12] Der 1591 eingesetzte Bischof Neidhart von Thüngen schließlich bemühte sich um eine religiöse Reform Bambergs angesichts der äußeren Gefahr durch die Türken. Er setzte nicht nur die bereits 1588 beschlossene, aber bislang nicht eingetriebene Türkensteuer durch[13] und rief zu Gebeten, Wallfahrten und Prozessionen wegen des 1592 erneut ausgebrochenen Türkenkrieges auf,[14] sondern er verbot auch 1592 den Geld-, Getreide- und Weinverleih durch Christen zu Wucherzinsen, „der das Geschäftsgebaren der Juden noch überbiete",[15] und befahl am 3. September 1593

---

6 Frankl (1905) verzeichnet eine Komödie (Komödie, daß Christus der wahre Messias sey, 23f.), ein Fastnachtspiel (Der Teufel nam ein alt weib zu der ehe, 49 u. 102) und vier Schwänke des Hans Sachs (Der Jud mit der geschundenen gramma, 61; Der jung Kauffmann frass einen todten Juden, 62; Der teufel erscheint den iuden in Creta in der Gestalt Mose, 62; Die plage der Juden ob dem Tempel, 62) mit negativ gezeichnetem jüdischem Personal und ein Fastnachtspiel, in dem die Wucherer wider Erwarten Christen sind (Der Jüngling im Kasten, 96).
7 Frankl 1905, 112.
8 Zur Biographie vgl. Haustein 2011, 182–188.
9 Vgl. hierzu Baro 2011, 211, v.a. Anm. 682; Probst 1937, 6.
10 Herzig 2002, 57.
11 Weiss 2000, 177.
12 Weiss 2000, 243f.
13 Weiss 2000, 282.
14 Weiss 2000, 295.
15 Weiss 2000, 282.

den Juden, das Hochstift binnen vier Monaten zu verlassen.[16] In gleicher Weise ging er auch ab 1592 gegen den Protestantismus vor, zunächst gegen lutherische Prädikanten.[17] 1593 erließ er eine neue gegenreformatorische Schulordnung;[18] im selben Jahr wies er auch Jakob Ayrer aus, nicht zuletzt weil er der Ehe seines Sohnes mit einer aus dem Klarissenkloster entwichenen Nonne zugestimmt hatte.[19] Ayrer überzog ihn in mehreren seiner späteren Werke mit Spott.[20]

Von 1593 bis zu seinem Lebensende 1605 war Jakob Ayrer in Nürnberg als Prokurator am Stadtgericht und kaiserlicher Notarius tätig. Wohl in dieser kurzen Zeit[21] entstanden seine über 100 Theaterstücke,[22] von denen 66 posthum als Sammlung (*Opus theatricum*) gedruckt wurden, finanziert durch Freunde und Erben.[23] Ein zweiter Band mit 40 Komödien und Tragödien war vorgesehen,[24] wurde aber nie verwirklicht.

Jakob Ayrers Spiele sind als frühe Zeugnisse der aktiven Rezeption der englischen Wandertruppen in der deutschen Literatur in die Literaturgeschichte eingegangen. Im Jahr 1596 nämlich dürfte Ayrer die Schauspieltruppen von Thomas Sackeville und Robert Brown in Nürnberg erlebt haben.[25] Das professionelle Theater der Engländer mit seiner gegenüber dem rhetorischen Theater der Meistersinger weit ausgefeilten theatralen Kunst beeindruckte die Nürnberger Öffentlichkeit nachhaltig.[26] Ayrer versucht in seinen Stücken, zwischen den zwei Arten von Theater zu vermitteln.[27] Aufführungszeugnisse seiner Stücke aber sind nicht bekannt;[28] die Forschung hat deshalb wiederholt daran gezweifelt, dass sie überhaupt zu Ayrers Lebzeiten aufgeführt wurden,[29] oder angenommen, sie seien nur im privaten Raum gezeigt worden und tauchten deshalb nicht in den Ratsprotokollen auf.[30] Dass die Spiele zumindest zur Aufführung *gedacht* waren, bezeugen

---

16 Weiss 2000, 283.
17 Weiss 2000, 288.
18 Weiss 2000, 292.
19 Haustein 1993, 575; Haustein 2011, 182; Baro 2011, 212, v.a. Anm. 689.
20 Haustein 2011, 182; Weiss 2000, 301.
21 vgl. Thomke 1996, 1084; Paul 2002, 38.
22 Haustein 2011, 182.
23 Haustein 2011, 183.
24 Scherff 1618 [1865], 6.
25 Thomke 1996, 1086; Wuttke 1989, 360; Baro 2011, 213; Haustein 2011, 184.
26 Paul 2002, 27.
27 Röcke 2015, 210.
28 Thomke 1996, 1085; Robertson (1892, 49 u. 53) verweist darauf, dass auch von den englischen Komödianten nur spärliche Aufführungsbelege vorliegen.
29 Baro 2011, 214f., gestützt auf die schlecht begründete Einschätzung von Höfer (1927, 71).
30 Baro 2011, 216, gestützt auf Probst 1937, 21f.

der Untertitel und die Vorrede des 1618 postum von Balthasar Scherff publizierten *Opus theatricum* Ayrers. Scherff erklärt, die Spiele seien

> [...] alles nach dem Leben angestellt vnd dahin gerichtet, das mans (gleichsam auff die neue
> Englische manier vnnd art) alles Persönlich Agirn vnd Spilen kann, auch so lieblich und
> begierig den Agenten zuzusehen ist, als hette sich alles erst ferden oder heuer verloffen vnd
> zugetragen (6).[31]

Der Herausgeber unterscheidet zwischen den „Hystorien und Geschicht" (4f.)
bzw. „Comedien vnd Tragedien" (9), die aus antiken und anderen Quellen entnommen sind und hochverdiente Männer v.a. hohen Stands loben sowie als war-
nende Exempel Untugenden und Laster vorführen möchten, allen voran die Un-
dankbarkeit, sodann den Müßiggang und alle Laster, die daraus folgen (5), und
„Sing- vnd Faßnacht- oder Possenspilen" (6), die „voll Herrlicher vnnd Lehrrei-
cher nützlicher Moralien Warnung vnd Trost" (6) seien. Im nicht vollendeten
zweiten Band wollte Scherff weitere Komödien und Tragödien Ayrers abdrucken.

Die unterschiedlichen Textsorten sind weniger durch ein unterschiedliches
Personal und unterschiedliche Quellen gekennzeichnet, denn auch die Fastnachtspiele Ayrers kennen zuweilen adeliges Personal und literarische Vorlagen
(v.a. Boccaccios *Dekameron*), als durch eine unterschiedliche Rollenanzahl, unterschiedliche Länge und unterschiedlichen Umgang mit dem Raum. Damit
nimmt Ayrer auf unterschiedliche Aufführungskontexte und Bühnenformen
Rücksicht; die Fastnachtspiele gehen von einer schlichten Bühne aus, während
die Komödien mit einem Wechsel der Szenerie arbeiten. Zu den Unterschieden
zählt nicht zuletzt auch die explizite Moral, die im Fastnachtspiel wegfällt, während die Komödien einen moralisierenden Epilog des Ehrnholdts kennen. Wenig
beachtet worden ist bisher, dass sich die beiden Textsorten auch durch eine unterschiedliche Behandlung von Juden auszeichnen. Die Fastnachtspiele Ayrers
verweisen wiederholt darauf, dass es in Nürnberg keine (ansässigen) Juden mehr
gibt, auch wenn Nürnberger Kaufleute dennoch mit ihnen oder ihresgleichen zu
tun haben.

---

31 Scherff 1618 [1865]. Vgl. auch den Untertitel: „in teutsch reimen spilweiss verfasset, das man
alles persönlich agirn kan." Höfer (1927, 71) sieht in diesen Formulierungen einen Beweis dafür,
dass die Stücke nie aufgeführt wurden.

1 *Fassnachtspil von einem Juden zu Franckfort*

Auf der Frankfurter Messe, die Nürnberger Kaufleuten bestens vertraut war, lässt Ayrer[32] drei Figurengruppen aufeinandertreffen: einen Dieb Nicolaus,[33] der hofft, auf der Messe genügend für seinen Lebensunterhalt im nächsten Monat stehlen zu können; die Krämer Heinrich und Dietrich, die sich über das schlechte Einkommen auf der verregneten Messe und die hohe Konkurrenz beschweren; schließlich das jüdische Ehepaar Aaron und Sara, das vom betrügerischen Geldwechsel lebt und während der Messe einen Nebenverdienst in der Hehlerei erwartet. Nicolaus stiehlt den beiden Krämern ein Stück kostbares Tuch, Aaron beobachtet ihn dabei, will es ihm abkaufen – aber Nicolaus ist klüger. Er schenkt dem Juden das Tuch und zeigt ihn daraufhin gegenüber den beiden Krämern als Dieb an. Während diese Aaron verfolgen und schließlich stellen, bietet Nicolaus an, auf ihre restlichen Waren aufzupassen, und bereichert sich an diesen. Die beiden Händler verprügeln Aaron, werden aber vom Gerichtsdiener gestoppt. Der Richter verhängt über alle drei eine Geldstrafe – wegen Diebstahls bzw. wegen unerlaubten Bruchs des städtischen Friedens – und macht keinen Hehl daraus, dass das Strafgeld teils in seine eigene Tasche, teils in die des Gerichtsdieners fließt. Als Sara das Strafgeld herbeibringen muss, verprügelt sie ihren Mann. Der doppelt geprügelte, mit hoher Geldstrafe belegte und damit gescheiterte Betrüger erntet die höhnische Schadenfreude eines christlichen Publikums, das freilich auch die Korruption der eigenen Gerichtsdiener und die Gefahr, die von christlichen Dieben ausgeht, erkennt und sich mit den einzig ehrlichen Figuren, den Krämern, identifizieren und vor deren Naivität gewarnt sein soll.

Während die Handlung den Juden eher als lächerliche Gestalt präsentiert, sind die Juden in ihrer Selbstwahrnehmung deutlich negativ gezeichnet, v.a. Sara – was einer generellen misogynen Tendenz Ayrers entspricht. Zu Beginn der Handlung tauscht sie sich mit ihrem Mann über seine Geldwechsler-Tätigkeit aus:

Ja, wenn der Judn noch so vil wern,
Die all wohnen neben einander,
Nehrn sich mit der schindrey allsander,
So wist ich wol zu thun denn sachn.

---

32 *Ayrers Dramen* 1865, Nr. 34, 2419–2439; vgl. dazu Frankl 1905, 104–106.
33 Ayrer verwendet den Namen ,Nicolaus' auffallend häufig; er ist bei ihm der Standardname für deutsche Bürger in Handelsstädten. Er nimmt damit offensichtlich Bezug auf St. Nikolaus, den Patron der Kaufleute und Reisenden.

Also thet ich mich vnnütz machen.
So gieng der Goim von mir hin
Vnd bekam ein derer den gewin.
Deß must ich mich zu todt gremen.
Aber dessn will ich mich nicht schemen,
Das ich jm zehl böß gelt mit vnter;
Vnd wenn er nicht hat achtung bsunder,
So will ich jme vber zehln.
Es soll vmb etlich gulten fehln;
Denn zu den dingen ich wol kan.
(2422, 11–24)

Die große Konkurrenz zwischen den Juden, die so eng aufeinander leben, erlaube es nicht, dass sie einen *Goim*, also einen Christen, gehen lasse, da er sich dann ja nur an einen anderen Juden wende und der dann das Geschäft mache. Sie sei ja geradezu verpflichtet, ihn zu bedienen und dabei zu betrügen. Mit der eng aufeinandersitzenden jüdischen Geldwechsler-Konkurrenz spielt Sara auf die Judengasse in Frankfurt an. Sie war 1462 eingerichtet worden. Dort wohnten ursprünglich rund 100 Juden. Um das Jahr 1600 hatte sie bereits ca. 2.200 Einwohner. Der Geldwechsel wurde im späten sechzehnten und frühen siebzehnten Jahrhundert zum bedeutendsten Wirtschaftszweig der Frankfurter Juden, nicht nur im Zusammenhang mit der zu dieser Zeit florierenden Messe, die allerlei fremde Münzen in die Stadt brachte, sondern auch im Zusammenhang mit einer generellen Inflation, d.h. einer Schwemme kleiner Münzen und einer Knappheit an schweren Gold- und Silbermünzen, welche aber der Rat für seine Zinszahlungen benötigte.[34] Die Juden waren verpflichtet, dem Rat die durch Steuerzahlungen der Bürger eingenommenen Pfennige in Taler zu tauschen. Es dürfte sicher kein Zufall sein, dass Ayrers Jude ‚Aaron' heißt, nachdem der kapitalstärkste von insgesamt sechs jüdischen Geschäftspartnern der Stadt um 1600 Aaron Bonn war; er war auch langjähriger Gemeindevorsteher in der Judengasse.[35] An seinem Ansehen freilich kratzt Ayrer sehr, wenn er ihn zu einem Betrüger macht, der nicht nur, wie Sara kurz vor der hier zitierten Replik anmerkt, *falsch gemünzte Patzn* (2422,2), die *vil zu leicht* (2422,4) sind, unter die Leute bringt, sondern auch noch seine Frau das Geld falsch zählen lässt. Entschuldigt wird all dies mit der Konkurrenz zwischen den vielen Juden, was als eine indirekte Kritik an der Judengasse zu werten ist. War ihre Einrichtung aus Ayrers Sicht ein Fehler, so ist das keine exklusive Frankfurter Sache, sondern es betrifft durchaus auch die Nürnberger Bürgerschaft. Das wird aus Aarons erster Replik deutlich:

---

34 Kasper-Holtkotte 2010, 29 und 82.
35 Kasper-Holtkotte 2010, 84 und 346.

Sara, hastu die ReichsMüntz zelt,
die der Nürmberger bey vns bstelt,
Dem wir solche zu wechseln gebn?
Schaw! hab gut achtung! zels fein ebn!
Er ist ein reicher arger wanst,
Vnd wend jn schon besebeln kanst,
Es schad jm nichts, bey meinem Aid.
(2421,28–34)

Ein „arger Wanst" aus Nürnberg soll mit falschen Reichsmünzen betrogen werden. Neben diese Gefährdung aller Patrizier, die vom Geldwechsel in Frankfurt
abhängig sind, durch Juden betrogen zu werden, tritt im vorliegenden Fastnachtspiel der Tatbestand der Hehlerei. Dieser wurde um 1600 in Frankfurt mit hohen
Geldstrafen geahndet, v.a. bei Juden.[36] Was hier aber als Tüpfelchen aufs I zu
Aarons Hehlerei inszeniert wird, ist die Rede, mit der er den Dieb Nicolaus dazu
bewegen will, ihm das gestohlene Tuch zu verkaufen:

Ir förcht leicht, ich möcht etwas jehen.
[...] Kein Jud keinem Christen verredt,
Wenn er jn schon sicht etwas nemen.
Ein Jud thet sichs jns hertz nein schemen,
Dann es wer aller Juden schadt,
Wenn man es west in dieser Stadt,
Daß sie gestolens gut kauffen,
Deß sie doch habn ein grossen hauffen.
Drum saget mir, ob es euch fail sey!
(2425,15–26)

Kein Jude würde je einen Christen verraten, wenn er gestohlen hat, weil es den
Juden schaden würde, wenn bekannt würde, dass sie in großem Umfang Hehlerei
betreiben. Nicht etwa aus Freundlichkeit gegenüber Christen würden die Juden
sie nicht verraten, sondern weil sie den Ast, auf dem sie sitzen, nicht absägen
wollen. Das Geschäftsmodell der Hehlerei wird hier als geradezu selbstverständlich angenommen: Der Christ stiehlt, der Jude handelt damit. Nicolaus erkennt
freilich sofort, dass ihn dieses Geschäftsmodell in eine Abhängigkeit vom Juden
bringt: Er wäre auf dessen Verschwiegenheit angewiesen, daher kontert er mit
einer Gegenlist, denn, so erklärt er dem Zuschauer: „Vngeacht das er frum will
sein / Ich trau keim Juden groß noch klein" (2426,34f.). Dass Aaron die List nicht
durchschaut und den Dieb meint als Unerfahrenen verlachen zu können (2428,5–
8), rechtfertigt bereits unabhängig von allen moralischen Wertungen nach der

---

36 Kasper-Holtkotte 2010, 108.

Logik der Schwankhandlung, dass er am Ende untergehen muss. Seine Rechtfertigung schließlich gegenüber Sara, die ihm Vorwürfe macht, entzieht dem angesehenen Geldwechsler der jüdischen Gemeinde in Frankfurt alle Autorität:

> Die Dieb gebn ein ding vmbs halb gelt;
> Vnd du hast mich abgericht drauff,
> Das ich gerne auffs wolfeil kauff.
> (2437,6–8)

„Abgerichtet" von seiner Frau, möglichst günstig einzukaufen, hat er sich in diese Sache verrannt. Das ist eine allzu leicht zu erkennende Variante der Entschuldigung Adams, Eva habe ihm dazu geraten, die Frucht zu nehmen. Außerdem kennt Aaron auch die gleiche Rechtfertigung wie Sara für seinen betrügerischen Geldwechsel:

> So het jhn ein andrer gnommen
> Vnd ich wer gangen hinden hin.
> Es thut offt wol ein solcher gwin,
> Das gstoln gut macht Juden reich.
> (2437,14–17)

Die jüdische Konkurrenz in der Hehlerei lässt ihm angeblich keine Wahl. Das Stück scheint alle Vorurteile gegen Juden zu bestätigen: *Alle* hehlen und betrügen, haben kein Verhältnis zur Gerechtigkeit, würden keinen Dieb anzeigen, solange sie von ihm profitieren können, auch wenn sie dieses schmutzige Geschäft den Christen überlassen. Indem sie so den Diebstahl begünstigen und den Dieb wiederum betrügen, nützen sie die Sünden der Christen schamlos aus – und sehen keinen Grund, dies zu bereuen. Das Stück kann eine Bevölkerung, die 100 Jahre zuvor die Juden aus der Stadt getrieben und den Geldwechsel in christliche Hände gelegt hat, darin befestigen, dass sie den rechten Weg gegangen sei. Sollte das Stück für eine Aufführung im Nürnberger Ratssaal gedacht sein, was angesichts der großen Rolle, die dem Bürgermeister eingeräumt ist, durchaus denkbar wäre, wäre der Blick auf die Judensau an dem dem Rathaus gegenüberliegenden Außenchor von St. Sebaldus nicht weit.

Die eher unerwartete Wende kommt zum Schluss, wenn genau die verlachte und verachtete Figur den Epilog spricht. Aaron gibt seiner bösen Frau Recht:

> Sie hat mir nit fast vnrecht thon.
> Man find zwar auch noch manchen Mann,
> Der vil Zeit bringt mit sorgen zu,
> Wie er mit list bekommen thu
> Von andern Leuten Haab vnd Gut,

Vnd wenn ers schon bekommen thut
Vnd bringt dasselbig heim zu Hauß
Oder macht im ein Narung drauß,
So lests im doch Gott nit erspriessn,
Das er desselben kan geniessn,
Wie das alts Sprichwort sagen thut,
Das selten vnrecht gwunnen Gut
Thue reichen auff den dritten Erbn,
Sonder thut all wolfart verderbn
(2438, 18–31).

„Man find noch manchen Mann" bezieht sich in Nürnberg keineswegs auf Juden, vielmehr ist das eine Lehre, die direkt ans Publikum gerichtet ist, das Gottes Gerechtigkeit unterworfen ist. Der Jude ist in diesem Moment nicht mehr der Andere, sondern er ist Prototyp dessen, der sich an anderen bereichern will, was natürlich auch für den in der Schwankhandlung erfolgreichen christlichen Dieb zutrifft. Der Jude mit allen mit ihm verbundenen Klischees, angereichert durch Anspielungen auf aktuelle Erfahrungen Nürnberger Kaufleute auf der Frankfurter Messe, funktioniert demnach als Typus und wird schamlos so eingesetzt; die Zielrichtung des Textes allerdings ist eine andere, nämlich die Belehrung der Christen.

2 *Ein Fassnachtspil von eim halbnärrischen Wucherer und seinem Sohn und Zechgesellen*

Dass die Abwesenheit von Juden in der Stadt diese nicht vor Wucherern schützt, macht Ayrer insbesondere in einem Fastnachtspiel[37] deutlich, das die Zech- und Spielsucht eines alten Wucherers Hans verlacht. Er ist stolz auf seinen Erfolg, einen Kaufmann „wol vmb das halb Gelt betrogn" (2443,25) und einen betrügerischen Wechsel geschlossen zu haben (2443,31). Auf diesem Weg sei er in wenigen Jahren von einem Stallknecht zu einem so reichen Mann geworden, „Das ich mein Gelt nicht halb könt fressn" (2443,37). Er wohnt daher auch, wie man später erfährt, in der im sechzehnten Jahrhundert exklusiven Nürnberger Kreuzgasse (2463,35). Hans ist Christ, wird aber von den betrügerischen Zechgesellen Niclaus und Bernhart, die bestens verstehen, ihn zum Weintrinken und dann zum Kar-

---

37 *Ayrers Dramen* 1865, Nr. 35, 2441–2466; dazu Frankl 1905, 95f.

tenspiel zu verleiten und ihm durch Falschspiel das Geld aus der Tasche zu ziehen, als „alter Jude" (2443,2 u. 2449,16) bezeichnet, weil er Wucherer ist, oder genauso höhnisch als „vnser Abbt" (2443,3), weil er für das leibliche Wohl der Zechgemeinde sorgen muss. Mit dem Wirt Endres gehen die Zecher eine Symbiose ein, denn er lässt den Kellner stets mehr Wein aufschreiben als verbraucht wurde, schließlich habe es der Wucherer nicht anders verdient, „der gwint sein Gelt sust / Allein mit Wucher vnd finantz" (2445,14f.). Die Handlung konzentriert sich weitgehend auf einen Abend, an dem Niclaus und Bernhart den Wucherer, der eigentlich früh nach Hause wollte, so betrunken machen, dass er schon bei einfacher Verkleidung niemanden mehr erkennt und leicht zu betrügen ist. Ein erster Trick, ihn zu einer Hochzeit einzuladen und ihm ein Hochzeitsgeschenk abzugewinnen, scheitert daran, dass er bemerkt, dass kurz nach Mittfasten keine Hochzeit stattfinden kann (2451,7). Damit ist nicht nur der Aktualitätsbezug der Aufführung zu Mittfasten gegeben, sondern v.a. noch einmal klargestellt, dass es sich bei Hans um einen Christen handelt.

Der zweite Schauspieltrick der Zecher aber ist erfolgreich: Der Kellner Wolff verkleidet sich als Jude und bittet Hans um einen Kredit. Als Hans entschieden ablehnt mit der Begründung, „Ihr Judn seit all Schelmen und Dieb" (2453,34), entgegnet Wolff:

> Ey, wie haben euch die Judn so lieb!
> Sie halten euch für jhren Freund.
> Vnd warumb seit jhr jhn so feind?
> Villeicht das sie eur Handwerck treiben.
> (2453,36–2454,3)

Auf den Vergleich zwischen ihm und einem Juden reagiert Hans empört und droht, den „Juden" die Treppe hinunterzuwerfen, aber Wolff provoziert weiter:

> Mein Herr, thut euren zorn wenden,
> Mich armen Judn nicht also schendn!
> Wir Judn seind wol so gut, als jhr.
> Meint jhr, es hab keine Juden hier?
> So hat es doch vil Judenspieß.
> (2454,17–21)

Der gespielte Jude im Spiel spricht aus, was die moralisierende Hauptaussage des Spiels ist: Durch die Vertreibung der Juden ist das Problem des betrügerischen Wuchers in der Stadt nicht behoben, vielmehr haben Christen den „Judenspieß", d.h. den Wucher und das kritisierte Verhalten der Juden, übernommen. Dass sie dabei nicht mit den Juden verglichen werden wollen, macht sie letztlich lächerlich. Auf der Handlungsebene wirkt die Provokation, wie sie wirken sollte: Hans verprügelt Wolff, der ihn weiter als „Du alter Schinder vnd taufter Jud" (2454,35) beschimpft, man droht Hans mit einem teuren Klageverfahren des Juden, der unter dem Schutz des Adels stehe (2455,24), und so lässt sich der Wucherer zu einer enormen Entschädigungszahlung und einem Versöhnungstrank auf seine Kosten überreden. Der Verlachte ist am Ende der christliche Wucherer, der sich benimmt wie ein Jude, es aber nicht hören will und sich dessen bewusst ist, dass er keinen fürstlichen Schutz genießt wie die Juden vielerorts und daher noch mehr Angriffsfläche bietet als diese.

3 *Fastnachtspil, der falsch Notarius mit seiner vnwarhafften Beicht*

Mit der Rezipientenerwartung, dass Wucherer eigentlich Juden sein müssten, spielt Ayrer auch in einem Fastnachtspiel, das Boccaccios Novelle I,1 von Herrn Chapelet dramatisiert.[38] Der korrupte Notar Ciapperello alias Chapelet, bei Ayrer Serciapel, wird von Muciato (der wegen eines ihm vom Papst übertragenen Amts keine Zeit mehr für seine Handelsgeschäfte hat) beauftragt, bei seinen Schuldnern in Burgund das ausstehende Geld einzutreiben. Er kommt im Haus von zwei Wucherern unter. Bei Boccaccio heißt es, dass sie ihn ihrem Auftraggeber zuliebe bewirten. Bei Ayrer aber betont Serciapel seine Gesinnungsnähe zu den Wucherern – oder zumindest zu dem, was er von ihnen hält:

> Wievol ich selbst kein Wuchrer bin,
> Iedoch so wucher ich im Sinn
> Vnd wolt auch gern gwinnen viel guts,
> Frag nichts nach dem gemeinen nutz,
> Sonder nach dem, was ghöret mir
> (2981,28–32)

Die bei Boccaccio namenlosen Wucherer erhalten bei Ayrer Namen: Samuel und Abraham. Sie sind damit als Juden markiert; ungewöhnlich für Juden in Ayrers Dramen aber sind die Bedenken, die Samuel gegenüber dem eigenen Beruf äußert: Man beschimpfe sie als „Blutsauger, Schinder, / Verderber der Wittwen vnd Kinder" (2980,9f.) und vieles mehr, weshalb er mit dem Wucher hadert, bis ihm Abraham erklärt, dass die merkantile Welt es verlange, dass jemand Geld verleihe. Dabei einen Gewinn zu machen wie bei jedem Handel, sei keine Sünde

---

38 *Ayrers Dramen* 1865, Nr. 56, 2975–2999; Boccaccio [2013], 21–30; dazu Frankl 1905, 110.

(2981,9), und so akzeptiert auch Samuel: „Wir sind halt zwey rechte Weltkind, / Seind fleischlich gesind, wie wir geborn" (2981,11f.). Diese angeborene Weltlichkeit setzt Ayrer scharf von der völligen Skrupel- und Gottlosigkeit Serciapels ab. Dieser ruft durch sein rücksichtsloses Geldeintreiben Lucifer auf den Plan, der ihn mit Krankheit schlägt, und nun sind es die beiden Wucherer mit jüdischen Namen, die angesichts seines drohenden Endes die Bedenken äußern:

> Sein tag ist er zur Beicht nie gangen
> Vnd auch kein Abentmal empfangen,
> Er hat nur gfressen vnd gesoffn,
> Ist schönen Weibern nach geloffn,
> Das Recht gekrümmt vnd gepogen,
> Grausam gflucht, gspilt vnd gelogen,
> Gar viel Leut bracht in verderben.
> (2985,11–17)

Samuel drängt darauf, dass sich Serciapel einen Beichtvater holen lässt, denn „Gott kann all Krancke ergötzen" (2986,17). Aus Misstrauen gegenüber der Kirche aber, die seine vielen schweren Sünden nie erfahren dürfe, weil sie ihm eine christliche Bestattung verwehren könnte, lügt Serciapel schamlos bei seiner Beichte. Dem Beichtvater, einem Mönch, erscheint er so vorbildlich, dass er nach seinem Tod in der Klosterkirche bestattet und zum Heiligen erhoben wird. Der Teufel kommentiert: „Also die Leut betrogen send / Vor Jahrn mit dem Heyligthumen."

Die Spitze des Stücks richtet sich damit deutlich gegen den Heiligenkult der römischen Kirche, die aufgrund der Schutzklausel für religiöse Institutionen der anderen Konfession im Augsburger Religionsfrieden (§27)[39] in Nürnberg immer noch präsent war. Sie heiligt in Ayrers Augen die Gottlosigkeit und die brutalen Methoden von Geldeintreibern, die indirekt in päpstlichem Auftrag handeln und keinerlei Rücksicht auf Moral, Recht und Menschlichkeit nehmen. Die nur auf den ersten Blick wie Juden erscheinenden Geldverleiher, die nur einen nötigen Dienst innerhalb der merkantilen Gesellschaft leisten und keineswegs die „Bluthunde" sind, als die man sie verschreit, treten dagegen weit in den Hintergrund.

---

39 Zeumer 1913, 347.

4 Ein Fassnachtspil von Fritz Dölla mit seiner gewünschten Geigen

Die Gegenüberstellung von weltlicher und geistlicher Geldgier kommt auch in Ayrers Fastnachtspiel von Fritz Dölla[40] zum Ausdruck, welches ein Wanderthema aufgreift, das heute v.a. in der Fassung der Brüder Grimm bekannt ist, als das antijüdische Märchen *Der Jude im Dorn*.[41] Die judenfeindliche Variante des Erzählstoffs konnte aber Ayrer kaum bekannt sein; sie ist zwar noch zu seinen Lebzeiten (1604), aber in Prag erstmals bezeugt.[42] Ayrer verwendete wohl Albrecht Dietrichs *Historia. von einem bawrenkecht vnd München, welcher in der Dornhecken hat müssen tantzen* (Erfurt um 1599, Nachdr. Nürnberg 1618),[43] in welcher der Antagonist des Helden kein Jude, sondern ein Mönch ist.

Ayrer setzt mit einer Szene ein, die in der Stofftradition sonst nicht bekannt ist: Bauer Hensa Zölla bittet seinen Nachbarn Claus Rölla um Nachbarschaftshilfe, da sein Schweinestall zusammengebrochen ist. Er bittet darum, dass ihm Röllas Knecht Fritz Dölla beim Bergen der Schweine helfe. Rölla gesteht dies Zölla zu, auch wenn er Bedenken hat, dass sein törichter Knecht, der nie auf die Idee kam, Lohn zu fordern, ihm von Zölla mit Geld abgeworben werden könnte. Natürlich passiert es dann auch: Zölla will Dölla mit Lohn zu sich ziehen, was dieser aber ablehnt – und dennoch drei Pfennig Lohn erhält. Durch diese Konstruktion markiert Ayrer von Anfang an das Geld (das ja bereits im Namen des reichen Bauern Zölla anklingt) zu einem seiner Hauptthemen, dazu die Frage nach der gerechten Behandlung der Untergebenen. Die Namensähnlichkeit zwischen den Bauern und dem „tollen", sprich närrischen, Knecht[44] zeigt, wie nah Finanz,

---

40 *Ayrers Dramen* 1865, Nr. 49, 2829–2848.

41 *KHM* 110. Vgl. dazu Bottigheimer 1987, 123–142; Vaget 1995, 278–281.

42 Vaget (1995, 282) weist in diesem Zusammenhang auf den besonders großen jüdischen Bevölkerungsanteil in Prag; Bottigheimer 2010, 198.

43 Goedeke 1859, 325 u. 1164. Einziges erhaltenes Exemplar: SUB Göttingen, 8 P DRAM III, 640. Digitalisat: https://opac.sub.uni-goettingen.de/DB=1/PPNSET?PPN=1662816375. Hamann (1906, 37) verweist auf einen älteren englischen Text, *The Friar and the Boy* (15. Jh.), und dessen niederländische Übersetzung (gedruckt 1528) als mögliche Vorlage Dietrichs. Grimm habe, so vermutet Hamann (1906, 38), den Zweitdruck des Spiels Dietrichs verwendet; diese Fassung sei „roher und polternder im Ton". Bottigheimer (2010, 198) verweist auf den *Geist von Jan Tambaur* (1690), in dem ein Jude tanzt und der eher als Vorlage für das Grimm'sche Märchen in Frage kommt. Wodick (1912, 12) nimmt an, Ayrer habe unmittelbar den Druck von 1599 verwendet; Hamann (1906, 38) dagegen vermutet eine gemeinsame Vorlage Ayrers und Dietrichs.

44 Baro (2011, 364) sieht in Dölla eine für Ayrer typische inkonsistente Narrenfigur, die sich „vom Idioten zum Trickster" wandelt.

Wirtschaft und Torheit beieinanderliegen. Bemerkenswert ist aber v.a. die Reaktion Döllas auf das ihm unerwartet übergebene Geld:

> Fritz Dölla zehlt das gelt, sichts offt an vnd sagt:
> Ich glaub dennoch fürwar vnd frey,
> Das gelt die beste wahr hie sey,
> Die man finden auff der Welt.
> In drey jaren het ich kein gelt,
> Dann ichs nicht mehr geacht forthin.
> Itzt ich wider reich worden bin,
> Hab drey Pfennig, die bringen mir
> Fürwar grosse anfechtung schir,
> Dann ich weiß sie nicht zu bewahrn;
> Förcht, es möchte mir was wider-fahrn
> Zu dem gelt, das ich darumm köm.
> Fürwar das leben ich mir nemm.
> Nun ich auch nicht außrechnen kann,
> Wie ich sie wol sol legen an.
> (1832, 1–16)

Offenbar hatte Dölla schon einmal Geldbesitz. Jetzt, wo er wieder Geld besitzt, spürt er die Bedrohung durch das Geld: Er könnte es verlieren, es könnte ihm etwas wegen des Geldes zustoßen, er könnte so daran hängen, dass er sich das Leben nimmt, wenn er es verliert, oder er könnte es schlichtweg falsch anlegen. Die Angst einer Abhängigkeit vom Geld und einer Überforderung durch die Geldwirtschaft stellt alle Weichen, dass man im Folgenden eine Begegnung mit einem Wucherer oder Juden erwarten könnte.

Kaum aber haben Döllas Gedanken begonnen, ums Geld zu kreisen, erscheint schon Spiritus – ein Geist, offensichtlich eine Spiegelung seines eigenen Gedankens ans Geld.[45] Als er ihn erblickt, fürchtet Dölla sofort, dass es ihm ans Geld gehen könnte, und nun bietet ihm der Geist den Tauschhandel an, den in der Stofftradition ein Armer vorschlägt: das frisch erworbene Geld gegen drei Wünsche. Dölla wünscht sich ein Vogelrohr, das immer trifft, eine Geige, deren Klang alle zum Tanzen zwingt, und die Zusage, dass alle Menschen ihm seine Wünsche erfüllen. Als ihm die drei Wünsche erfüllt sind, erkennt Dölla:

> Itzt sehe ich, das das baar Gelt
> Vil höcher ist in dieser Welt,
> Als essen, trincken vnd vnterhalt.

---

45 Baro (2011, 362), sieht die Erkenntnis von der Macht des Geldes als eines der Geschenke des Geistes.

Gelt hat all ding in seim gewalt.
(2835,11–14)

Er will angesichts dieser Einsicht nicht mehr in sein altes Leben zurückkehren und arbeiten, und schon tritt aufs Stichwort ein Mönch mit dem trefflichen Namen Engelhart auf, der einen Sack voll gestohlenen Spendengelds mit sich trägt, um sich damit ein weltliches Leben zu ermöglichen. Auch er also hat eine ähnliche Erfahrung mit dem Geld gemacht wie Dölla. Indem Dölla ihn fragt, ob er denn ein Teufel (wegen des dunklen Habits), ein Dieb (wegen des Stricks um seine Hüften) oder ein Narr (wegen der Tonsur) sei, zeigt er sehr deutlich, dass er als Narrenfigur sein Gegenüber klar durchschaut – als widerchristlich und sündhaft, als Dieb und als dunkle Spiegelung seiner selbst. Als der Mönch nach Döllas Rohr fragt und, um zu sehen, ob es wirklich funktioniere, ihm einen Kreuzer verspricht, wenn er einen Vogel schieße, tut dies Dölla. Der Mönch geht, um den toten Vogel zu holen, stellt fest, dass er in eine Dornenhecke gefallen ist, und da beginnt Dölla auf seiner Geige zu spielen. Der Mönch bittet ihn, das zu unterlassen, denn:

Es ist in meim ordn der sit,
Das die Parfüsser tantzen nit.
Ich kann nit tantzen
(2839,19–21).

Dölla aber kennt kein Erbarmen und zwingt den Mönch durch das Geigenspiel zum Tanz in den Dornen, bis ihm der Mönch 100 Gulden dafür bezahlt, dass er aufhört. Er gibt ihm das im Kloster gestohlene Geld. Damit aber wird ihm klar, dass er, der durch das Geld verdorben und innerlich vom Orden entfernt ist, jetzt, wenn er kein Geld mehr hat, wieder in diesen zurück muss. Allein aus diesem Grund verklagt er Dölla: Er habe ihm mühsam für den Konvent gesammelte Almosen gestohlen.

Das Gericht glaubt dem Mönch und verurteilt Dölla zum Tode. Dieser erbittet als letzten Wunsch, noch einmal Geige spielen zu dürfen. So gerät die Gerichtsszene zu einer umfassenden Tanzszene. Dölla steht auf der Leiter zum Galgen und spielt immer, immer wieder, bis er begnadigt und der Diebstahl des Mönchs aufgedeckt ist. Dieser soll nun an Stelle Döllas hingerichtet werden, aber im Moment tanzt noch alles – und dieser Tanz geht fließend über in den Tanz des Publikums zu Fastnacht.[46]

---

46 Vgl. auch Baro 2011, 363.

Ayrers Fastnachtspiel verspottet einen Barfüßermönch als Vertreter der römischen Kirche; seine Sündhaftigkeit und Scheinheiligkeit werden ebenso aufgedeckt wie seine Verfallenheit an den Mammon, die seiner Fassade als Bettelmönch ebenso widerspricht wie der Tanz. Neben der scharfen Kritik an der alten Kirche birgt der Text in sich auch die Einsicht, dass die Geldwirtschaft das Leben aller verändert, eben auch des narrenhaften Protagonisten, der der Welt einen Spiegel vorhält.

Zusammenfassend lässt sich in Ayrers Fastnachtspielen beobachten, dass er den Wucher und die Geldgier als ein deutliches Problem der Handelsstädte und seiner gegenwärtigen Zeit herausstellt. Juden sind für ihn prototypische Wucherer, und er sieht es offensichtlich kritisch, dass Städte wie Frankfurt durch die Ballung der Juden in der Judengasse sie nur zu noch verbrecherischerem Wucher animieren. In Nürnberg dagegen beobachtet er, dass Christen, die das Geschäft des Geldverleihs übernommen haben, nicht viel besser sind. Jeder Wucherer aber ist in seiner Darstellung so sehr dem Geld verfallen, dass er einerseits blind, andererseits berechenbar und damit leicht auszutricksen ist. Eine echte Gefahr stellen in den Fastnachtspielen die Wucherer und Juden nicht dar, auch wenn sie sich selbst zum Teil als gefährlicher einschätzen, als sie es sind. Anders dagegen beurteilt Ayrer die Gefahr, die von der römischen Kirche ausgeht, die ähnlich dem Geld verfallen ist wie die Juden und Wucherer. Sie kann unter dem Deckmantel der Heiligkeit großes Übel anrichten, zumal – wie im Fall des Fritz Dölla – die Gerichte eher ihr als dem ‚einfachen Burschen' Glauben schenken. Eine anti-katholische Polemik der Fastnachtspiele Ayrers ist nicht nur biographisch erklärbar, vielmehr konnte sie sich auch in Nürnberg einer positiven Resonanz sicher sein.

Während sich die Fastnachtspiele Ayrers weitgehend im Themenbereich des Geldverleihs und im innerstädtischen Horizont bewegen, werfen seine Komödien einen Blick auf die Reichsebene, eventuell auch, um neben dem städtischen ein adeliges Publikum anzusprechen, vielleicht auch im Kontext der Reichstage in Regensburg. Der Jude rückt in diesen Texten in den Kontext der Türkenkriege.

5 *Comedi vom Soldan von Babilonia vnnd dem Ritter Torello von Pavia*

In der neunten Novelle des zehnten Tages in Boccaccios *Dekameron*[47] wird die Geschichte des Ritters Torello in Pavia erzählt, der, als Sultan Saladin in der Verkleidung als Kaufmann nach Italien kommt, um die kaiserlichen Kreuzzugspläne auszuspähen, diesen in außerordentlicher Gastfreundschaft beherbergt. Später wird er auf einer Pilgerfahrt ins Heilige Land von Moslems gefangengenommen und zu Saladin gebracht, der ihm nicht nur das Leben schenkt und ihm die frühere Gastfreundschaft zurückzahlt, sondern es ihm auch durch Zauber ermöglicht, rechtzeitig wieder nach Hause zu kehren, bevor seine Ehefrau von ihren Brüdern gezwungen wird, einen neuen Mann zu nehmen. Ayrer dramatisiert die Geschichte und fügt an scheinbar unnötiger Stelle einen Juden ein: Während es bei Boccaccio nicht gesagt wird, woher Saladin von den Kreuzzugsplänen Barbarossas erfahren hat,[48] erfährt der Sultan bei Ayrer von Heinrichs IV. Kreuzzugsplänen durch einen jüdischen Verräter namens Abraham. Dieser stellt sich noch im Vorspiel vor dem ersten Akt als Christenhasser und Verräter vor,[49] der über die Blindheit der Christen, welche die Juden nicht entsprechend einschätzen können, nur spotten kann:

> Bey Gott, groß Narren seind die Christen,
> Das sie jedoch auß vnsren listen
> Nit mercken, das all Juden seindt
> Ihnen von hertzen gram vnd feindt. [...]
> Wenn mir gwalt vber sie wer geben,
> Wie sie gwalt vber die Juden haben,
> Es hetten sie lengst gfressen die Raben.
> (1782,34–1783,7)

Alle Juden, so erklärt Abraham, ziehen durchs Land, um es auszukundschaften. Sie verraten alles, was sie sehen (1783,14), und betrügen die Christen böswillig, wo immer es geht (1783,13). Auch persönlich ist er sich dessen bewusst, dass, wenn die Christen nicht so dumm gutgläubig wären und ihn vielmehr als Verräter erkennen würden, sie ihn schinden und rädern würden (1787,30f.). Seinem Hass

---

47 Boccaccio [2013], 526–539.
48 Boccaccio [2013], 527.
49 Vgl. Frankl 1905, 106f.

auf die Christen gibt er Ausdruck, indem er mit dem Sultan paktiert, in der Hoffnung, „Das jhr vertilgt die Christn alsandt, / Welche seind mir vnd Gott ein greil!" (1785,27f.). Seiner Verachtung für die Dummheit der Christen verleiht er Ausdruck, indem er den ‚Christenhunden' (die im Stück sowohl von ihm als auch von den Türken wiederholt so bezeichnet werden) gleichsam im Austausch für die ‚Judensau' Hunde für Säue verkauft. Dabei verwandelt sich allerdings die (laut Selbstdarstellung) bedrohliche Figur des Christenhassers und Verräters in eine Schwankfigur, die sich mit Jahn, dem am Jean Posset der englischen Wandertruppen angelehnten narrenhaften Diener Torellos, in der weiteren Handlung einen ebenso lebhaften wie lächerlichen Austausch von Streichen liefert. Abrahams anfänglicher Verrat verhallt so doppelt, nachdem der Verrat im Ende nicht zu einer erfolgreichen Gegenwehr des Sultans gegen das Kreuzzugsheer des Kaisers, sondern eher zu einer Freundschaft des Sultans mit Torello führt, andererseits Abraham selbst auf das Niveau eines Narren abgesenkt und dem Verlachen preisgegeben wird.

Während Frankl davon ausgeht, dass Abraham nur in die Geschichte eingesetzt worden sei, um eine Möglichkeit zu finden, die Ressentiments des Verfassers oder des Publikums gegen Juden zu artikulieren,[50] sieht Kocher sowohl in der Gestalt des Abraham als auch in der wiederholten Thematisierung des Kreuzzugs eine Betonung des religiösen Diskurses gegenüber Boccaccios Novelle. Ayrer nutze das Kreuzzugsthema und die Gestalt des Juden, um „die Größe des Christentums sowie die Minderwertigkeit anderer Religionen herauszustellen".[51] Mit Recht bemerkt Kocher die relativ geringe Bedrohlichkeit der im Text dargestellten Konflikte; sie allerdings auf die historische Vergangenheit der Kreuzzüge zurückzuführen,[52] genügt sicher nicht angesichts der aktuellen Bedrohung durch die Osmanen, die in den 1590er Jahren in Predigten aktuell gehalten wurde. Der Text scheint vielmehr zwischen ernsthaften politischen Gegnern, denen aber militärisch begegnet werden kann und die zu fairen Verhandlungen fähig sind, und den teuflisch gezeichneten Verrätern im eigenen Land zu unterscheiden, die ständig gegen die Christen agieren, aber in ihrem Hass letztlich erfolglos und lächerlich sind, sehr ähnlich dem üblichen Typus des Teufels im geistlichen Spiel. Abraham sieht sich selbst zu Beginn der Handlung auf einer Ebene mit Kaiser und Sultan und wäre damit Repräsentant der dritten großen Religion. Unversehens aber rutscht er in die Nebenhandlung, die in barocker Manier die Haupt-

---

50 Frankl 1905, 99f.
51 Kocher 2005, 430.
52 Kocher 2005, 430, unter Berufung auf Bolsinger 1998, 81.

handlung um die hochgestellten Hauptfiguren (den Sultan und Torello) auf niederer gesellschaftlicher Ebene spiegelt. Die Großzügigkeit Torellos gegenüber dem Sultan meint der faule, närrische Diener Jahn gegenüber Abraham imitieren zu können – freilich nicht mit dem eigenen Geld, sondern mit dem seines Herrn, und nicht gegenüber einem Herrscher von Ehre, sondern gegenüber einem Betrüger wie Abraham, der auf Großzügigkeit nicht mit Dankbarkeit, sondern mit weiterer Gier reagiert. Auf ihn hereinzufallen, bezeichnet Torello als reine Dummheit und verprügelt dafür Jahn, der seinerseits die Prügel an Abraham weitergibt und ihn damit angemessen bestraft sieht. Damit aber ist deutlich markiert, dass der Jude, der sich selbst gerne auf einer Ebene mit der „echten" Bedrohung, dem Osmanenreich, sehen würde, nicht ernst zu nehmen ist.

Bemerkenswerterweise blendet die Lehre, die der Ehrnholdt im Epilog spricht, sowohl die Türkenkriege als auch die ja von Ayrer erst in den Text eingefügten Juden aus. Sie richtet sich allein an die Frauen, dass sie sich nicht vorschnell neu verheiraten und sich lieber in Geduld üben sollten, und hebt die Dankbarkeit als zentrale Tugend hervor, die auch laut Scherff bei Ayrer einen besonderen Stellenwert einnimmt.[53] Diese Tugend unterscheidet elementar den Sultan von den Juden, und so dienen sie letztlich als Negativfolie für den tugendreichen Nichtchristen.

6 *Comedia von Nicolay, dem verlornen Sohn* (1597)

Deutlich ernster zu nehmen ist die Bedrohung, die in Ayrers *Nicolaus* von den Juden ausgeht. Von Hans Sachs,[54] der sich seinerseits auf Beroaldo beruft (264,9), übernommen hat Ayrer eine Komödie über einen als Kind entführten Sohn eines reichen Bürgers aus Genua, der sechzehn Jahre später unerkannt und ohne es zu wissen ins väterliche Haus kommt, dort als Diener angestellt wird und, nachdem er den Avancen der Tochter des Hauses (seiner Schwester) nicht hat nachgeben wollen, fälschlich der Vergewaltigung angeklagt, zu Tode verurteilt und erst im letzten Moment erkannt und begnadigt wird. Ayrer gibt an, dass er den Text „für seine kinder Etwas Erweydert vnnd besser an Tag gebracht" habe, und zwar am 3. April 1597 (3231). Die Erweiterung besteht in der Ausgestaltung der Entfüh-

---

53 *Ayrers Dramen*, Bd. 1, 1865, 5.
54 *Hans Sachs*, Bd. 13, 1880, 264–288.

rungsgeschichte, die Hans Sachs nur im Prolog zusammenfasst, um dann sogleich mit der Rückkehr des Nicolaus einzusetzen. Aus den Entführern, die bei Sachs „zwen Kriechen" (264,14) genannt werden, macht Ayrer zwei griechische Juden: Moses und Samuel. Sie entführen den Knaben, kommen kurz beim Juden Hirschlein in Genua unter, bevor sie in ihre Heimat zurückkehren und das Kind dort an den für die grausame Behandlung seiner Sklaven berüchtigten Ernst von Albania verkaufen. Moses behält den Verkaufspreis allein für sich und gerät deshalb mit Samuel in Konflikt; als Hirschlein, dem der Vater des entführten Kinds reichen Lohn versprochen hat, nachforscht und Moses (freilich zu spät) befürchtet, Samuel könnte etwas verraten, tötet er ihn mit vergifteten Münzen.

Ayrer zeichnet die drei Juden durchaus differenziert; Frankl sieht in ihnen drei jüdische Stereotypen verbildlicht: den „Erzschelm"[55] (Moses), den „unselbständige[n], feigen[n] Handlanger des Herrn"[56] (Samuel) und den „ehrliche[n], aber ziemlich beschränkte[n] Jude[n]"[57] (Hirschlein). Ganz so „ehrlich" ist aber auch Hirschlein nicht; alle drei zeigen eine deutliche Verachtung gegenüber den *Goim* und alle drei sind extrem geldgierig; in der Durchtriebenheit und Skrupellosigkeit aber sind deutliche Abstufungen zu erkennen. Moses ist fraglos der aktivste und gefährlichste der drei Juden. Als solcher gleicht er am Anfang des Stücks der Gestalt des Abraham im *Torellus*, ohne aber einen Absturz in eine Schwankfigur zu erleben. Losgelöst von der eigentlichen Handlung, wird wie im *Torellus* zunächst die Rolle der Juden im Kontext der Türkenkriege zitiert, hier nun verbunden mit der strategischen Position Griechenlands zwischen dem Westen und dem Osmanischen Reich. Moses bekennt:

> Erforsch Ich was von einer Stadt,
> Ich Es dem Türckischen Kayser verRahdt,
> Der schenckt mir Etliche Ducaten.
> Kann dann den Turcken ich VerRahden
> Gegen denn Goim oder Christen,
> So dhue Ichs Auch mit hinderlisten.
> Es gilt mir ein Thayl wie der Ander,
> Sendt verdambt Goim bede sander
> (3236,17–24)

Auch jenseits jeder Politik kennt er keinen Unterschied unter den Menschen, wenn es ums Betrügen geht. So erklärt er Samuel, als dieser die Reise nach Genua

---

55 Frankl 1905, 108.
56 Frankl 1905, 109.
57 Frankl 1905, 109.

vorschlägt, wie eine solche Reise auf Gewinn aussehen könnte und dass sie sich dabei auch gegenseitig nicht trauen könnten:

> Schmuel, Ich dhu dir Warlich nit drauen,
> Dann Wenn Einer in der Welt hinnen
> Auff ein Reyß balt vil gelts will gewinnen,
> So darff er keines Menschen fehlen.
> Kon Er nit bedriegen, so muß Er stehln
> Vnd sein seel vf d'verdhür setzen,
> Falsch spiln vnd die leudt verletzen
> Mit grosem Wucher vnd Finanz,
> Das leben drob setzen in d'schanz.
> Nicht achten, Wenns schon Ist nit Recht
> (3238,13–22)

Auf diesen Handel lässt sich Samuel ein und schwört ihm „bey der Seuor thora" (3239,1), d.h. bei der sefer Torah, und „so Wahr, als ich ein Jud bin" (3239,6) die Treue. Moses fordert ihn auf, außerdem noch zu schwören, sich nicht durch das „Kalindere" (3239,15), das heißt das melodische Jom Kippur Gebet *Kol Nidre*, welches angeblich Gelübde auflösen kann,[58] oder durch einen Rabbi von diesem Versprechen lösen lasse (3239,17). Für Samuel hat das Wort, das er gegeben hat, obwohl ihm doch Moses ganz offen erklärt hat, dass Betrüger auf keinen Menschen Rücksicht nehmen und *alle* betrügen, Gültigkeit. Erst als er sich klar von Moses betrogen fühlt und als ihn Hirschle mit den Worten „wenn du ein frommer Judt bist, / So sag mir..." (3262,33f.) bedrängt und ihm zufällig genau das Geld verspricht, um das ihn Moses geprellt hat, gibt er nach und erzählt von dem Menschenhandel der beiden. Hirschle geht es dabei auch nicht um das Kind, sondern ums Geld; das sagt er sehr offen:

> Wenn Aber die sach kein gelt trüeg,
> Lies Ichs wenig Anfechten mich,
> Wenn schon der Jung wer gar Verlorn,
> Weyl Er ein Goim Ist geborn;
> Das gelt aber verricht All ding.
> (3263,23–27).

Die Verachtung, die die Juden in dem Spiel für die *Goim* empfinden, wird immer wieder betont; der Handel mit Christenkindern erscheint daher für die Juden kein Problem, sondern eher ein lukrativer Erwerbszweig zu sein, den auch Hirschle, als die Gauner direkt nach der Entführung des Kindes bei ihm einkehrten, deckt,

---

58 Fernbacher 2018, 24; Frankl 1905, 108f.

solange er noch kein Geld für die Aufklärung des Falls geboten bekommen hat. Als Menschenhändler stellt Moses damit keine Ausnahme, wohl aber einen ‚Spitzenreiter' unter den Juden dar, wie er in einem Selbstgespräch erörtert:

> Kein felscherer Judt Lebt hie, bey Gott,
> der nit uil vbels vnd Missedhatt,
> Alß Ich Allein, Begangen hat;
> Denn Ich hab denn vergangen winder
> Gelöst auß gstolnen Christen-kinder
> Mer alß in die Zwölffhundert Cronnen.
> (3277,21–24)

Mit der Formulierung „kein felscherer Jud" bestätigt die Figur des Moses gleichsam die Vorurteile der Rezipienten und behauptet, seine Schamlosigkeit im Gelderwerb sei typisch jüdisch; zudem reflektiert sie die Außensicht der Christen auf die Juden: „vns Juden draut man nicht gern, / Man förcht sich Vor vnserm bedrug" (3242,11f.). Auffälligerweise teilen in der Handlung aber nur die negativen christlichen Figuren diese Sicht auf die Juden. Allein der grausam strenge Sklavenhalter Ernst von Albania äußert generelle Kritik an Juden, und diese dafür sehr dezidiert: Als *spürhundt* (3275,29), um einen entflohenen Sklaven aufzutreiben, seien Juden ideal, „Vnd ist Euch kein Böß stückh zu uil" (3275,30), beschimpft er Hirschlein; ihm sei nicht zu trauen, denn: „Ein Judt, der Taussent Aydt schwert, / Leugt vf das wenigst Neunhundert mal" (3276,10f.). Niceas dagegen geht nicht explizit darauf ein, dass Hirschlein ein Jude ist; er verspricht ihm reiche Bezahlung (was als ein indirekter Kommentar zur Lenkbarkeit von Juden verstanden werden darf) und erhält dafür von ihm wichtige Informationen. Hirschlein erscheint so als der „normale" Jude, von dem zumindest für diejenigen, die es sich leisten können und wissen mit ihnen umzugehen, keine wirkliche Bedrohung ausgeht, ganz anders als von einem Verbrecher vom Schlage des Moses, der für Christen und für Seinesgleichen aufgrund seines Christenhasses und seiner hemmungslosen Gier gefährlich ist.

Durch die Konstruktion dieser Verbrecherwelt, die aus Juden und ihren Kunden am Rande der westlichen Welt besteht, gelingt es Ayrer, ein Gegengewicht zu der verbrecherischen Tat der Appollonia zu schaffen, die nach dem Vorbild von Potiphars Frau wegen enttäuschter übergriffiger Liebe einen Gerechten (und dazu auch noch ihren Bruder) falsch anklagt und der Todesstrafe übergeben will. Das geplante, verbrecherische Böse überdeckt so das in unbeherrschten Affekten der Frauen liegende Böse. Daher bezieht sich die Lehre des Stücks am Ende auch nicht auf die Frauen (wie in der *Comedi vom Soldan*); vielmehr rät der Ehrnholdt, Unglück und Widerwärtigkeit geduldig zu ertragen, und in der Not „Sein Ainich hoffnung zu Gott" (3309,20) zu haben und das heißt auch auf keine andere Form der Abhilfe zu setzen.

> Wann sein Aug alzeyt munder wacht
> Auf alle die, so Auf In schauen,
> Hoffen, glauben vnd Verdrauen,
> Ob er die seinen gleich lest sincken.
> Doch lest Er sie nicht gar erdrincken.
> (3309,24–28)

Diese Lehre macht die jüdischen Menschenräuber und die griechischen Sklavenhalter zu Werkzeugen Gottes, der die Geduld und Glaubenstreue der Seinen testet. Als gottgegebenes ,Kreuz', das der Christ zu tragen hat, unterscheiden sie sich nicht von anderen Übeln wie den Nachstellungen der Teufel. Eine aktive Aggression gegen Juden leitet Ayrer daraus nicht ab, sondern eine Lehre „für seine Kinder", die auch in der Ablehnung derer besteht, die auf anderes als auf *solum Christum* vertrauen, um dieses Leid durchzustehen.

Das Bild, das Ayrer in seinen Komödien von den Juden zeichnet, ist auf der Handlungsebene ein sehr viel bedrohlicheres als in den Fastnachtspielen: Juden erscheinen als politische Verräter, die im Türkenkrieg den Osmanen Informationen zuspielen; zudem treten sie – im Ausland – als Kindesentführer und Menschenhändler auf; sie machen keinen Hehl aus ihrer absoluten Verachtung und ihrem Hass auf die Christen und verlachen diese wegen ihres geringen Argwohns. Eine solche Darstellung hat das Potenzial, um einen bedenklichen Judenhass zu provozieren. Der Handlungsverlauf der Komödien fängt dies bedingt wieder ein: Sie zeigen, wie der Verrat der Juden ins Leere läuft, weil die siegreiche Kriegsführung des Kaisers gegen die Osmanen davon nicht beeinträchtigt ist, und vor allem, weil Gott im Ende alles für die „Seinen" zum Guten entwickelt. Die Lehren der Komödien blenden die Juden auffällig aus und konzentrieren sich allein auf das, was der Christ selbst verinnerlichen soll: Dankbarkeit, Geduld und Gottestreue. Die Juden erhalten so eine Doppelfunktion: als Gegenbild des ,rechten' Christen und als Teufelsgestalten, die den Christen hassen, peinigen und testen, aber wie die Teufel letztlich von Gott in Schach gehalten werden.

Dass die Fastnachtspiele Ayrers ein etwas anderes Judenbild zeichnen, nämlich das des Wucherers, der aus der Stadt Nürnberg vertrieben und durch christliche Wucherer ersetzt ist, ein leicht berechenbares und letztlich lächerliches Produkt der merkantilen Gesellschaft, das harmloser ist als die ebenfalls von Geldgier getriebene römische Kirche, hängt sicher mit der Fokussierung der Fastnacht auf die unmittelbaren Angelegenheiten des Stadtbürgertums in Nürnberg zusammen, die eine raumübergreifende Thematik (auch mit entsprechenden Raumwechseln auf der Bühne) nicht vorsieht, vermutlich aber auch damit, dass das Fastnachtspiel bei Ayrer auf einen moralisierenden Epilog verzichtet und nur das Verlachen von Alltagslastern kennt.

Literaturverzeichnis

Quellen

Ayer, Jakob: „Comedi vom Soldan von Babilonia vnnd dem Ritter Torello von Pavia, wie es jme auff seiner Reiß zum heiligen Landt ergangen", in: *Ayrers Dramen*, hrsg. von Adelbert von Keller, Bd. 3. Stuttgart 1865. Nr. 22, 1779–1854.

Ayer, Jakob: „Fassnachtspil von einem Juden zu Franckfort, der einem Dieb will sein gestollens Gut abkauffen", in: *Ayrers Dramen*, hrsg. von Adelbert von Keller, Bd. 4. Stuttgart 1865. Nr. 34, 2419–2439.

Ayrer, Jakob: „Fassnachtspil von eim halbnärrischen Wucherer und seinem Sohn und Zechgesellen", in: *Ayrers Dramen,* hrsg. von Adelbert von Keller, Bd. 4. Stuttgart 1865. Nr. 35, 2441–2466.

Ayrer, Jakob: „Ein Fassnachtspil von Fritz Dölla mit seiner gewünschten Geigen, mit zehen Personen", in: *Ayrers Dramen,* hrsg. von Adelbert von Keller, Bd. 4. Stuttgart 1865. Nr. 49, 2829–2848.

Ayrer, Jakob: „Faßnachtspil, der falsch Notarius mit seiner vnwarhafften Beicht", in: *Ayrers Dramen,* hrsg. von Adelbert von Keller, Bd. 5. Stuttgart 1865. Nr. 56, 2975–2999.

Ayrer, Jakob: „Comedia von Nicolay, dem verlornen Sohn, denn sein leyblicher Vatter richten lassen will", in: *Ayrers Dramen,* hrsg. von Adelbert von Keller, Bd. 5. Stuttgart 1865. Nr. 68, 3231–3310.

Boccaccio, Giovanni: *Das Dekameron,* übers. von Karl Witte. Berlin 2013.

Grimm, Jakob / Wilhelm: „Der Jude im Dorn", in: *Kinder- und Hausmärchen [KHM],* gesammelt durch die Brüder Grimm, vollständige Ausgabe auf der Grundlage der dritten Auflage (1837), hrsg. von Heinz Rölleke. Frankfurt 1985. 466–470.

Sachs, Hans: „Comedia, mit 10 personen zu agiern: Der verloren son, den man richten wolt, hat 3 actus", in: *Hans Sachs,* hrsg. von Adelbert von Keller und Eduard Goetze. Bd. 13. Tübingen 1880. 264–288.

Scherff, Balthasar: „Vorrede", in: *Ayrers Dramen,* hrsg. von Adelbert von Keller, Bd. 1. Stuttgart 1865. 1–8.

Zeumer, Karl (Hrsg.): *Quellensammlung zur Geschichte der deutschen Reichsverfassung in Mittelalter und Neuzeit.* 2. Teil: Von Maximilian I. bis 1806. Tübingen 1913.

Forschungsliteratur

Baro, Christine: *Der Narr als Joker. Figurationen und Funktionen des Narren bei Hans Sachs und Jakob Ayrer.* Trier 2011.

Bolsinger, Claudia: *Das ‚Decameron' in Deutschland: Wege der Literaturrezeption im 15. und 16. Jahrhundert.* Frankfurt am Main u.a. 1998.

Bottigheimer, Ruth B.: *Grimm's Bad Girls and Bold Boys. The Moral and Social Vision of the Tales*. New Haven / London 1987.

Bottigheimer, Ruth B.: „Tanz in der Dornhecke", in: *Enzyklopädie des Märchens*, hrsg. von Rolf W. Brednich u.a. Bd. 13. Berlin 2010. 196–201.

Fernbacher, Boris: *Vom Jerusalemer Tempel nach New York. 3000 Jahre jüdische Musikgeschichte*. Norderstedt 2018.

Frankl, Oskar: *Der Jude in den deutschen Dichtungen des 15., 16. und 17. Jahrhunderts*. Leipzig 1905.

Frey, Winfried: „Antijüdische Tendenzen in einem Fastnachtspiel des Hans Folz: einige Aspekte zum Unterrichtsthema ‚Antisemitismus'", in: *Wirkendes Wort* 32 (1982): 1–19.

Goedeke, Karl: *Grundriß zur Geschichte der deutschen Dichtung aus den Quellen*, 2 Bde. Hannover 1859.

Hamann, Hans: *Die literarischen Vorlagen der Kinder- und Hausmärchen und ihre Bearbeitung durch die Brüder Grimm*. Berlin 1906.

Haustein, Jens: „Jacob Ayrer", in: *Deutsche Dichter der frühen Neuzeit (1450–1600). Ihr Leben und Werk*, hrsg. von Stephan Füssel. Berlin 1993. 575–588.

Haustein, Jens: „Ayrer, Jakob", in: *Frühe Neuzeit in Deutschland 1520–1620. Literaturwissenschaftliches Verfasserlexikon*, hrsg. von Wilhelm Kühlmann u.a. Bd. 1. Berlin 2011. 182–188.

Herzig, Arno: *Jüdische Geschichte in Deutschland. Von den Anfängen bis zur Gegenwart*. München [2]2002.

Höfer, Conrad: *Die Bildung Jakob Ayrers*. Leipzig 1929.

Kasper-Holtkotte, Cilli: *Die jüdische Gemeinde von Frankfurt/Main in der Frühen Neuzeit. Familien, Netzwerke und Konflikte eines jüdischen Zentrums*. Berlin 2010.

Kocher, Ursula: *Boccaccio und die deutsche Novellistik. Formen der Transposition italienischer ‚novelle' im 15. und 16. Jahrhundert*. Amsterdam 2005.

Lehnert, Herbert: „Juden in Nürnberg", in: *Juden in Nürnberg. Geschichte der jüdischen Mitbürger vom Mittelalter bis zur Gegenwart*, hrsg. vom Presse- und Informationsamt der Stadt Nürnberg. Nürnberg 1993. 3–55.

Jakobidze-Gitman, Alexander: „The Rise of Machines in Reformation Nuremberg: Jakob Ayrer's *Fastnachtspiel of Fritz Dölla with His Bewitched Fiddle*", in: *Configurations* 26/4 (2018): 441–469.

Paul, Markus: *Reichsstadt und Schauspiel. Theatrale Kunst im Nürnberg des 17. Jahrhunderts*. Tübingen 2002.

Probst, Hans: „Jakob Ayrer und Bamberg. Neues über sein Leben und seine Werke", in: *Berichte des Historischen Vereins für die Pflege der Geschichte des ehemaligen Fürstbistums Bamberg* 85 (1937): 5–27.

Robertson, John George: *Zur Kritik Ayrers, mit besonderer Rücksicht auf sein Verhältnis zu Hans Sachs und den englischen Komödianten*. Diss Leipzig 1892.

Röcke, Werner: „Zwischen Rügebrauch und antik-moderner Komödie. Das Fastnachtspiel in der spätmittelalterlichen Stadt", in: *Amsterdamer Beiträge zur älteren Germanistik* 75 (2015): 196–215.

Scheit, Gerhart: *Verborgener Staat, lebendiges Geld. Zur Dramaturgie des Antisemitismus*. Freiburg 1999.

Schmidt, Alexander / Windsheimer, Bernd: *Geschichte der Juden in Nürnberg. Kurzführer*. Nürnberg 2014.

Thomke, Hellmut: „Kommentar", in: *Deutsche Spiele und Dramen des 15. und 16. Jahrhunderts*, hrsg. von Hellmut Thomke. Frankfurt am Main 1996. 899–1182.

Vaget, Hans Rudolf: „Der Jude im Dorn oder: Wie antisemitisch sind Die Meistersinger von Nürnberg?", in: *Deutsche Vierteljahrsschrift für Literaturwissenschaft und Geistesgeschichte* 69 (1995): 271–299.

Weiss, Dieter J.: *Das exemte Bistum Bamberg, Bd. 3: Die Bischofsreihe von 1522 bis 1693*. Berlin / New York 2000.

Wenzel, Edith: *„Do worden die Judden alle geschant". Rolle und Funktion der Juden in spätmittelalterlichen Spielen*. München 1992.

Wodick, Willibald: *Jakob Ayrers Dramen in ihrem Verhältnis zur einheimischen Literatur und zum Schauspiel der englischen Komödianten*. Diss. Breslau 1912.

Wuttke, Dieter: „Jakob Ayrer", in: *Fastnachtspiele des 15. und 16. Jahrhunderts*, hrsg. von Dieter Wuttke. Stuttgart ⁴1989. 360f.

Klaus Amann

Vom Salbenkrämer über die Grabwache bis Andreas von Rinn: Komik und Juden in der tirolischen und österreichischen Spieltradition

Wenn die Juden im Spätmittelalter und in der frühen Neuzeit in Tirol und angrenzenden Gebieten Purim begingen, an dem sie der Rettung vor einem drohenden Völkermord gedachten, dann war ihnen wohl klar, dass sie allen Grund hatten, sich Sorgen vor womöglich wiederkehrenden Pogromen und Verfolgungen zu machen. Das zeigt nicht nur ein Blick in die einschlägigen Beiträge der Geschichtswissenschaft,[1] sondern auch ein Blick in die Spielliteratur. In vielen geistlichen Spielen mit ihrer ausgesprochen verhetzenden Diktion[2] wird der Boden für Übergriffe, Gewalttaten und Pogrome bereitet, und zwar auch mithilfe von aggressiver Komik, wie ein besonders schauerliches Beispiel aus dem ersten Teil des *Bozner Osterspiels I*[3] verdeutlichen kann. Hier wird gleich zu Beginn des Spiels und für dessen Dramaturgie völlig irrelevant einem Juden die Erklärung für das religiöse Verbot des Schweinefleischverzehrs in den Mund gelegt – was zweifellos als komisch aufgefasst wurde.

> ARCHASINAOGUS dicit:
> [...]
> Wen des morgens frúe in einem thaw,
> Da lag ein iud pey ainer saw
> Vnd machat siben fercl dar an
> Darumb solt ír sy leben lan
> Vnd last dj saw all genesen,
> Wen sy sind vnsser múemen gebesen.
> (BzO I, 1. Teil, V. 19–24)

---

1 Palme 1991; Burmeister 2001; Brandstätter 2013; Keil 2013.
2 Die diesbezügliche Liste ist lang, für manche Spiele aber auch schon – wenigstens ansatzweise – aufgearbeitet, z.B. bei: Frey 1991; Frey 1992; Bartoldus 2002; Rommel 2002; Wolf 2012; Ukena-Best 2013.
3 In der Siglierung der Spiele folge ich Bergmann 1986. Hier: BzO I, 1. Teil; Edition: Lipphardt/Roloff 1986, 73–106 – vgl. auch hier, Anm. 21.

https://doi.org/10.1515/9783110696882-007

Diffamierung von Juden in den geistlichen Spielen des Mittelalters und der frühen Neuzeit geschieht meist auf sehr ernste Art und Weise.[4] Der Pöbel, der Jesus beim Prozess vor Pilatus wüst beschimpft und vehement auf seine Verurteilung drängt, besteht aus *den* Juden; bei der Kreuzigung selbst bestehen *die* Juden nicht selten auf besonders grausame Methoden wie etwa das Verwenden stumpfer Nägel oder Überstreckung der Gliedmaßen; andere Szenen wie etwa verbale Ausritte gegen Jesus durch *die* Juden oder einiger ihrer Vertreter komplettieren die Diffamierungen.[5]

Es gibt aber auch Szenen, in denen antijüdische Ressentiments mit den Mitteln der Komik ausgedrückt werden, was diese teils entschärft, denn mitunter werden bestimmte nichtjüdische Figuren von Bühnen-Juden sogar zu Recht verspottet, so dass das Publikum genötigt scheint, mit ihnen statt über sie zu lachen. In den allermeisten Fällen aber wird durch die Komik die Bösartigkeit des Judenhasses noch gesteigert, wie gerade zu sehen war. Solch komische Szenen, die man hauptsächlich in Osterspielen findet, erinnern in der Wahl ihrer Mittel an weltliche Spiele, denn wie Eckehard Simon festhält, sind diese „für Zuschauer bestimmt, die mit geistlichen Spielen – insbesondere mit Osterspielen – gut vertraut waren."[6] Auch Hansjürgen Linke hat darauf hingewiesen, dass die Unterscheidung „geistlich – weltlich" bei den mittelalterlichen und frühneuzeitlichen Spielen eigentlich unbrauchbar sei, weil es so viele Berührungspunkte gibt.[7] Daher wird hier nicht ausschließlich die tirolische beziehungsweise österreichische Fastnachtspieltradition und deren Bezüge – beziehungsweise Nicht-Bezüge – zum Judentum in den Blick genommen, sondern ganz bewusst auch und vor allem die geistliche Spieltradition. Das hat zwei Gründe: Einmal den ganz pragmatischen, dass in den Tiroler Fastnachtspielen, von denen in den Abschriften des Sterzinger Malers und Theater-Impresarios Vigil Raber nicht weniger als 25 überliefert sind, Juden überhaupt nicht vorkommen.[8] Sie wären, weil sie in Tirol praktisch nicht ansässig waren, als aus dem Alltag bekannte komische Figuren im Drama auch kaum zu verwerten gewesen. Doch der Hauptgrund für die Hinwendung zum geistlichen Spiel liegt darin, dass es sich auch beim Purimspiel, dessen Gattungsinterferenzen mit dem christlichen Spiel im vorliegenden Zusammenhang im Fokus des Interesses stehen, letztlich um ein religiös motiviertes Spiel

---

4 Ukena-Best 2013, 138 (Anm. 13) hält bspw. zum ‚Wormser Passionsspiel' fest: „Im gesamten WoP sind keinerlei komische Szenen enthalten."
5 Bartoldus 2002, 130.
6 Simon 2003, 149.
7 Linke 2001.
8 Eine Ausnahme bildet das Spiel vom ‚Pawrn und Juden', das von Vigil Raber 1543 in Sterzing aufgeführt wurde; dieses ist jedoch verloren (Simon 2003, 178).

handelt, sowie darin, dass komische Motive der (christlichen) geistlichen Spiele oftmals für ihr weltliches Gegenüber adaptiert wurden.

Im Folgenden werden also einige Spiele der österreichischen beziehungsweise insbesondere der tirolischen geistlichen Spiele danach befragt, wie mit Mitteln der Komik Juden diffamiert werden und inwiefern solche Mittel auch in zeitgenössischen Fastnachtspielen eingesetzt werden. Zuletzt wird auf ein besonders perfides *Andreas-von-Rinn-Spiel* aus dem siebzehnten Jahrhundert eingegangen, in dem eine Ritualmordlegende inszeniert wird, die bis ins zwanzigste Jahrhundert hinein Teil der tirolischen ‚Volksfrömmigkeit' war. Bei diesen Überlegungen stehen insbesondere die Grabwächter-Sequenzen sowie die Salbenkrämerszenen der Osterspiele im Mittelpunkt, denn diese operieren mit Strategien, Komik zu erzeugen, die auch in den Fastnachtspielen nachzuweisen sind. Dies sind Reiz- und Prahlreden, Gewalt- und Prügelkomik im Grabwächterspiel sowie derbe, sexuell-skatologische Komik in den Salbenkrämersequenzen. Werner M. Bauer unterscheidet im Inhaltsverzeichnis seiner Ausgabe der weltlichen Spiele Vigil Rabers[9] zwischen mehreren Stoff- beziehungsweise Motivkreisen, aus denen sich diese bedienen: Mittelalterliche Literatur (Heldenepik, Neidhartspiele), antike Motive (z.B. Aristoteles), Arztspiele, Werbespiele und schließlich Gerichtsspiele. Zu nahezu allen diesen Motiven könnte man eventuell entsprechende Oster- oder auch Passionsspiel-Szenen stellen: Von Fastnachtspielen, die auf mittelalterlicher Heldenepik beruhen sowie von Arztspielen wird hier noch die Rede sein. Manche Werbespiele könnten sich bei den Magdalenen-Szenen oder auch bei der Ständesatire bedient haben, wie z.B. *Venus*[10] oder *Rex Viole cum filia sua*,[11] wo Angehörige verschiedener Berufs- und Bevölkerungsgruppen auftreten und die standestypischen Verfehlungen aufgezeigt werden. Manche Gerichtsspiele wiederum haben vielleicht Anregungen aus den Gerichtsszenen der Passionsspiele bezogen, wobei hier wie dort auch die reale Gerichtspraxis der Zeit verarbeitet worden sein dürfte.[12] Diese Elemente werden – unterschiedlich gewichtet – immer wieder eingesetzt, um unter anderem auch Juden zu diffamieren und der Lächerlichkeit preiszugeben und lassen sich auch noch im schon erwähnten *Anderl-von-Rinn-Spiel* des siebzehnten Jahrhunderts feststellen.

Antijudaismus ist in allen hier besprochenen geistlichen Spielen nachzuweisen, was zu erwarten war; der Grad der Anfeindung der Juden ist aber recht un-

---

9 Bauer 1982, 5–6.
10 Edition: Bauer 1982, 206–236.
11 Edition: Bauer 1982, 236–269.
12 S. dazu Schennach 2004.

terschiedlich. Das eingangs zitierte *Bozner Osterspiel I* kann als besonders krasses Beispiel für Judenfeindschaft bezeichnet werden, was umso bemerkenswerter ist, als es im fünfzehnten Jahrhundert im historischen Tirol, wie schon angedeutet, keine nennenswerte Anzahl von Juden gegeben hat. Sehr im Unterschied übrigens zu anderen habsburgischen Herrschaftskomplexen, wie etwa den Vorlanden oder auch Österreich. Lediglich in Innsbruck, Lienz, Bozen und in Trient sind einige wenige Familien nachzuweisen. In Trient etwa lebten damals 16 oder 17 Männer mit ihren Familien, aufgeteilt auf gezählte drei Haushalte, und das bei einer Gesamtbevölkerung von über 3.000 Menschen.[13] Dennoch spricht Klaus Brandstätter in seiner Geschichte des mittelalterlichen Judentums in Tirol von einem „angespannten Klima"[14] in der Mitte und am Ende des fünfzehnten Jahrhunderts, als die Juden in Tirol einer besonders feindseligen Stimmung[15] ausgesetzt gewesen seien, die 1475 im Trienter Ritualmordprozess gipfelte.[16] In diesem Prozess wurden 14 Männer hingerichtet, einer starb noch in der Haft wohl an den Folgen der Folter – seine Leiche wurde noch postum exekutiert – und einer wurde nach seiner Taufe begnadigt, wohl weil er geistig behindert war. Die Frauen wurden, soweit sie die Haft überlebt hatten, freigelassen und mussten mit ihren Kindern die Stadt verlassen.

Komische Szenen in den geistlichen Spielen finden sich hauptsächlich – wenn auch keineswegs ausschließlich – in den Osterspielen, da sich ja die Freude über die Erlösungstat Christi auch im *risus paschalis* manifestierte.[17] Insofern sind sie den Purimspielen vergleichbar, denn auch wenn Purim als „jüdische Fasnacht"[18] bezeichnet werden konnte, dramatisieren die entsprechenden Spiele, die in Tirol offenbar nicht überliefert sind,[19] einen biblischen Stoff und sind von ihrer Anlage her auf das jüdische religiöse Jahr bezogen.[20] Dies wiederum lässt

---

13 Brandstätter 2013, 130–131.

14 Brandstätter 2013, 105.

15 Die Studie von Florian Rommel (2002) zeigt eindrücklich, wie sehr die geistlichen Spiele diese Stimmung, nicht nur in Tirol, aufgegriffen und ihrerseits befeuert haben; vor allem aber, im Anschluss an Frey (1991, 36–37), auf welchen jahrhundertealten Ressentiments der in den Spielen zutage tretende Judenhass fußt.

16 Der Prozess ist sehr gut dokumentiert und durch Wolfgang Treue (1996) aufgearbeitet.

17 Maria C. Jacobelli sieht „das Lachen, das Sexuelle, das Vergnügen" in diesem Zusammenhang als die „wesentlichen Elemente" der Osterfreude an (Jacobelli 1992, 35–38).

18 Burmeister 1987.

19 Jedenfalls legt das die sehr materialreiche Studie von Ekkehard Schönwiese (1975) nahe, wo solche Spiele nicht erwähnt werden. Auch bei Albrich (2013) findet sich kein Hinweis.

20 Der Umstand, dass an Purim eine Rettungstat gefeiert wird, was es zu einem Fest der Freude darüber macht, macht es in gewisser Weise ebenfalls mit Ostern vergleichbar, auch wenn dieser Vergleich vermutlich theologisch nicht haltbar ist.

eine Parallelsetzung zu den an das christliche Kirchenjahr gebundenen Fastnachtspielen zu. Potenziell komische Sequenzen in den Osterspielen sind unter
anderem die Bestellung der Grabwache, die anschließende Bewachung des Grabes und die Überwindung der Wächter durch den oder die Engel, weiters die
Ständesatire, in besonderem Maße die Salbenkrämerszene, zum Teil auch die
Hortulanus-Szene(n) sowie der Jüngerlauf. Fastnachtspielartig ist beispielsweise
die Hortulanus-Szene im zweiten Teil des *Bozner Osterspiels I*[21] gestaltet, wenn
der Gärtner empfiehlt, ungehorsame Frauen durchzuprügeln oder wenn er die
aphrodisierende Wirkung seiner Pflanzen – besonders Anis und Liebstöckel –
preist. Hier scheint aber der Gärtner, der ähnlich wie der Salbenkrämer mit einem
Diener auftritt, nicht der auferstandene Jesus zu sein, den Maria Magdalena zunächst nicht erkennt, sondern eine eigens eingefügte komische Figur. Ebenfalls
Gelegenheit zum Lachen gibt es in der Jüngerlauf-Szene, in der Petrus als alter
Säufer verspottet wird.

Die Salbenkrämerszenen sind in den genuin tirolischen Osterspielen sehr
schwach vertreten; in den meisten kommen sie gar nicht vor, sieht man einmal
vom *Tiroler Osterspiel* von 1520 ab.[22] Dort allerdings spricht der Medicus, anders
als sonst üblich, sehr respektvoll mit den drei Marien und selbst sein Knecht Rubin hält sich zurück; darüber hinaus verlangt er (fast) kein Geld für seine Öle. Das
wohl im fünfzehnten Jahrhundert entstandene *Bozner Osterspiel I* findet sich in
der Sammlung des aus Ingolstadt stammenden Bozner Lateinschulmeisters Be-
nedikt Debs, die dieser nach seinem Tod 1515 Vigil Raber vermachte. Hier und
auch in den anderen beiden Osterspielen des *Debs-Codex*[23] fehlen die Salbenkrämerszene und die Ständesatire beziehungsweise der Seelenfang – der Descensus
Jesu hingegen wird dargestellt. Die komisch-burlesken Szenen werden hier auf
die Hortulanus- und die Jüngerlauf-Szenen verlegt. Mercatorspiel und Ständesatire sind hingegen beide in sehr ausführlicher Form im *Innsbrucker (thüringischen) Osterspiel*[24] belegt. Dieses wurde schon 1391 aufgezeichnet, es stammt bekanntlich aus dem Thüringischen, die Handschrift befand sich aber spätestens
seit der Mitte des fünfzehnten Jahrhunderts im Kloster Neustift bei Brixen. Wenn
es auch keinen nachweisbaren Einfluss auf die Tiroler Spieltradition ausgeübt
hat, wie das seit der monumentalen Ausgabe der Tiroler Passionsspiele von Josef

---

21 BzO I, 2. Teil; Edition: Lipphardt/Roloff 1986, 137–169. Dort wird das Spiel als *Bozner Osterspiel II* bezeichnet; s. aber Bergmann 1986, 301.
22 TiO; Edition: Lipphardt/Roloff 1996, 299–332.
23 *Bozner Osterspiel II* und *Bozner Osterspiel III*. Insgesamt überliefert der *Debs-Codex* (Sterzing,
Stadtarchiv, Hs. IV) 14 geistliche Spiele; vgl. Lipphardt/Roloff 1986 sowie Bergmann 1986, 301–
309.
24 IO; Edition: Meier 1962.

Eduard Wackernell[25] gerne so gesehen worden wäre,[26] so wurde es doch zu einem unbekannten Zeitpunkt hier rezipiert und womöglich sogar abgeschrieben. Obwohl die von Eckehard Catholy postulierten direkten Abhängigkeiten zwischen dem *Innsbrucker (thüringischen) Osterspiel* und dem von Vigil Raber 1510 aufgezeichneten Arztspiel *Ipocras*[27] hier einmal dahingestellt bleiben mögen,[28] ist jedenfalls davon auszugehen, dass Mercatorszenen auch in unserem Raum bekannt waren. Denn der *mercator* des Osterspiels erlaubt von seiner Motivik her eine direkte Parallelsetzung zu den weltlichen Arztspielen.[29] Vier von sechs solcher Arztspiele, die Vigil Raber aufgezeichnet hat, sind praktisch Adaptionen der Salbenkrämerszenen[30] und im Stück *der scheissennd*[31] wird der Arzt als Italiener und damit als Fremder dargestellt, der sich durch sein gebrochenes und von starkem Akzent gekennzeichnetes Deutsch lächerlich macht. Sein Italienisch (*Bono schero, bono schero!*) wird von den Einheimischen nicht beziehungsweise falsch verstanden und verballhornt *(wier habm wärle khainr scherruebn da)*,[32] was wiederum an den Rubin des *Innsbrucker (thüringischen) Osterspiels* erinnert, der auf den lateinischen Klagegesang der Marien (*Heu quantus est noster dolor!*) antwortet: *Waz heu, waz heu, waz heu? / Waz sagit ir vns von häu?* (IO, V. 963–695).[33]

Natürlich sind in den Osterspielen der *mercator*, seine Frau und sein Gesinde keine Juden. Jedenfalls werden sie nicht explizit als solche inszeniert; als Christ gibt sich der Salbenkrämer allerdings auch nicht zu erkennen. Er bleibt also zunächst religiös undefiniert und das erlaubt es dem Publikum, alle möglichen Vor-

---

25 Wackernell 1897.

26 Mit einer Fülle von Argumenten dagegen: Moser 1976.

27 Edition: Bauer 1982, 89–105. Ypocras ist auch der Name des Salbenkrämers in IO.

28 Catholy (1961, 308) beruft sich auf die – keinesfalls bestreitbare – Ähnlickeit beziehungsweise Gleichheit von drei Versen. Im *Ipocras* schreit die Frau des Arztes, als sie von diesem verprügelt wird: *Aube, ach vnd layder! / Seind das nun mein cklayder, / Dy du mir zu vasnacht wild gebm?* (V. 445–447) und in IO ruft sie in derselben Situation: *Ja, ja, leider, / sin daz dy nuwen cleyder, / dy du mir czu desen ostern hast gegeben?* (V. 1017–1019). Ganz ähnlich auch das *Erlauer Osterspiel* (ErO; Edition: Kummer 1882, 31–89), V. 837–840.

29 Vgl. dazu Gerhard Wolf, der die Salbenkrämerszenen als mitten im zeitgenössischen literarischen Diskurs verortet, u.a. auch mit „formelhaften Wendungen aus Heldenepos und Minnesang" (Wolf 2009, 308).

30 *Ipocras, doctor knoflach, Artzt hännimann* und *Doctors appotegg*.

31 Edition: Bauer 1982, 120–133.

32 *der scheissend*, V. 110 und 112.

33 Ähnlicher Wortwitz begegnet auch im Gerichtsspiel *Consistorj rumpoldi I* (Edition: Bauer 1982, 295–316), wo der Angeklagte Rumpolt auf die Bemerkung des Offizials: *Ipse est suspectus* (V. 284) repliziert: *Her, ich hab kain speckh gessen* (V. 286).

urteile über Fahrende, Händler und Bader beziehungsweise Ärzte mit ihm zu verknüpfen. Es ist auffällig, dass dabei viele Stereotype aufscheinen, die mit dem Judentum in Verbindung gebracht wurden: Ortsungebundenheit, medizinische (Pseudo-) Profession sowie Geldgier. Rubin und auch der Medicus rühmen sich im *Erlauer Osterspiel*,[34] das wohl aus Gmünd in Kärnten stammt, ihrer Weltläufigkeit, indem sie aufzählen, wo sie überall schon gewesen seien. Auch den Juden wurde ja nicht zuletzt aufgrund ihrer (meist erzwungenen) Mobilität mit Misstrauen begegnet.

Medicus dicit ad populum:

Hôrt, ier herren all geleich,
paide arm und reich!
ich pin ein maister lobsam
und var da her von Asian.
(ErO, V. 81–84)

Ich pin neuleich chômen von Pareis,
auf erznei hab ich allen fleis
gelegt wol tausent jar.
waz ich red, daz ist nicht war.
man vint halt nindert mein geleich
in Pehaim noch in Osterreich.
(ErO, V. 100–105)

Rubinus dicit:

Hollant und Probant,
di sind mir auch wol erchant;
Reussen und Preussen
chund ich mich halt nie geåussen;
und zu Dinning
traib ich vil wunderleicher ding;
ze Polan, Pehaim, Meichsen
da lårt ich die peutelein,
und das unerber Osterlant,
das ist mier alles vor erchant,
dacz Sibenbûrgen lag ich under den tischen,
da von chan ich wol Ungerischen;
ze Steir und ze Chrain
cham ich nahant umb ain pain;
ze Lampparten und Tuschkan,

---

34 S. hier, Anm. 28.

da åfft ich manige man
(ErO, V. 174–189)

Im *Erlauer Osterspiel* wird der Krämer als *medicus* bezeichnet – jüdische Ärzte standen zeitweise zwar in hohem Ansehen, waren aber auch Anfeindungen ausgesetzt, wie die Beschwerde eines Regensburger Baders von 1516 zeigt, der sich beklagte, dass sich fast alle Leute von jüdischen Ärzten kurieren ließen.[35] Schließlich und endlich ist der Salbenkrämer beziehungsweise ganz besonders seine Frau extrem geldgierig und verlangt einen viel zu hohen Preis für seine an sich nutzlosen Salben, was wiederum das Vorurteil des „Geldjuden"[36] bedient.

Medicus dicit:

Die salben, di ist starkch,
ich gib euchs nůr umb hundert markch.
(ErO, V. 784–782)
...
Ich gib si eu an diser stund
nicht leichter dann umb hundert phunt. (ErO, V. 787–788)

Tunc medica clamans indignanter ad medicum:

Woi ier alter peghart,
ich swer euch das pei meinem wart:
wolt ier so ring verchauffen,
ich wůrd euch wol zerauffen.
(ErO, V. 799–802)

Der Vorwurf der Habgier wird hier gegen religiös zwar nicht definierte, aber wohl als christlich zu denkende Figuren erhoben, mit der Bezeichnung *peghart* wird der Medicus aber immerhin in die Nähe häretischer Bewegungen gerückt und gleichzeitig die Frau als noch habgieriger als ihr Mann demaskiert. Die Ansicht von Gerhard Wolf,[37] wonach die Frau nicht aus Habgier, sondern aus berechtigter Sorge um ihr und ihrer Kinder ökonomisches Wohlergehen einen höheren Preis verlangen will (*gedenkcht ȋr nicht an eure chlaine chind, / di da haim so nakchat sind, / und an mich vil schönes weib*; ErO, V. 803–805), teile ich nicht. Nur wenige Verse weiter demaskiert sie sich nämlich selbst als sexuell unersättlich und damit als moralisch höchst suspekt. Außerdem wäre aus christlicher Nächstenliebe

---

35 Burmeister 2001, 221.
36 Ukena-Best 2013, 131; s. auch Bartoldus 2002, 122.
37 Wolf 2009, 313.

wohl angebracht, für den Leichnam Jesu den heiligen Frauen einen kleinen Rabatt zu gewähren, wie das beim *medicus* ja ansatzweise der Fall ist. Vielmehr ist davon auszugehen, dass dem Publikum gerade durch die Darstellung einer durch und durch unmoralischen Figur die Gelegenheit geboten wurde, sich voll und ganz dem immer wieder geforderten Mitleid hinzugeben. Wichtiger aber scheint mir hier, dass das Klischee der Geldgier seit jeher den Juden angehängt wird, was auch im *Bozner Himmelfahrtsspiel*[38] augenscheinlich wird. Dort wird vom Archisinagogus das Paternoster verballhornt: *Vater vnser, der dw pist, / Verporgen in des kunigs kist, / Dein nam der phenning haist* (BzH, V. 679–681). Der *medicus*, seine Frau und auch sein Knecht Rubin des Erlauer Spiels bedienen also viele Klischees, die typischerweise den Juden zugeschrieben wurden.[39]

Eine im vorliegenden Zusammenhang ebenfalls zu beachtende komische Szenenfolge ist die im ersten Teil des *Bozner Osterspiels I* dargebotene Bestellung der Grabwache und die anschließende Bewachung des Grabes, die beileibe nicht in allen Osterspielen beziehungsweise Passionsspielen mit Osterteil Gelegenheit für Komik bietet.[40] Die Juden beschließen, Pilatus um eine Grabwache zu bitten, damit der Leichnam Jesu nicht gestohlen werde (vgl. Mt 27,62–66; 28,11–15). Der Diener des Kajphas, der hier Josel heißt, wird beinahe vergessen und empfiehlt sich mit einer Prahlrede als Mitstreiter.

---

38 BzH; Edition: Lipphardt/Roloff 1986, 15–49.

39 Ob der Name „Rubin" als Hinweis auf die – rote – Haarfarbe des Krämerknechts gesehen werden kann, lässt sich aus den Regieanweisungen oder den Figurenreden in IO und ErO nicht untermauern. Es ist immerhin bemerkenswert, dass 1549 in Luzern der Darsteller des Judas mit rotem Haar und Bart aufzutreten hatte (Neumann 1987, Nr. 2115;). Auch der Umstand, dass besonders oft Bärte für Darsteller von Juden abgerechnet wurden (s. Frey 1992, 56), lässt darauf schließen, dass diese auf besondere Weise (rot?) gestaltet waren. In der zeitgenössischen bildenden Kunst wird Judas zuweilen mit rotem Haar dargestellt, z.B. Hans Holbein d.Ä., Tafel *Gefangennahme Christi* (Frankfurter Dominikaneraltar, 1501, Städelmuseum Frankfurt/M.) oder Pieter Pourbus, *Das letzte Abendmahl* (1548, Groeningemuseum Brügge); einer der Peiniger Jesu aus dem Flügel *Geißelung* des sog. Nürnberger *Angst-Altars* eines unbekannten Meisters vom Ende des fünfzehnten Jahrhunderts (Germanisches Nationalmuseum Nürnberg) hat ebenfalls rotes Haar. Dass rotes Haar als suspekt galt, konnte noch Nestroy in seinem *Talisman* als zentrales Motiv verwenden.

40 Das *Wormser Passionsspiel* wurde in diesem Zusammenhang schon erwähnt (s. hier, Anm. 4). Andere Beispiele wären das *Redentiner Osterspiel* (ReO; Edition: Schottmann 1975), wo die Wächter zwar in durchaus humorvoller, aber keinesfalls derb-komischer Weise dargestellt werden, oder das *Osterspiel von Muri* (MuO; Edition: Meier 1962), für das Ähnliches gilt. Aus späterer Zeit (2. Hälfte sechzehntes Jahrhundert, Polheim 1980, 23) ist der Osterspielteil des *Admonter Passionsspiels* (Edition: Polheim 1972) zu nennen, der völlig ohne Komik auskommt.

JOSEL, *seruus* CAYPHE, *dicit:*
[...]
Zwar wegreiff ich Jhesum alain,
Ich wolt in fueren ein fartt,
Das ym níe so wee wardt.
Wolt er sein nit enperen,
Ich wolt ym das vutter auss keren
Vnd wolt in pey dem har fachen
Vnd vnder ein wandt schlachen.
(BzO I, 1. Teil, V. 76–82)

Pilatus weigert sich, für die Wache zu sorgen, das sollen die Juden selbst tun. Diese heuern nun vier *milites* mit sprechenden Namen an: Unverzagt, Wagsring, Helmschratt und Wagendrussl preisen ihre eigene Heldenhaftigkeit in mehreren Prahlreden auf teilweise derbe Weise. Und auch der Hinweis auf beziehungsweise der Vergleich mit Dietrich von Bern, der im vorliegenden Zusammenhang noch eine Rolle spielen wird, fehlt nicht:

HELMSCHRATT, TERCIUS MILES:
[...]
Vnd kham halt der Perner von Dietreich
Oder yemancz sein geleich,
Den wil ich auff dem feld fachen
Vnd wil in auff den grint schlachen,
Mein schwert wil ich in im vmb reiben
Das er pluet mueß speiben
(BzO I, 1. Teil, V. 195–200)

Der gedungene Wächter wird hier als Herausforderer Dietrichs von Bern präsentiert, womit zweifellos an die bekannte Tradition der Heldenepik angeknüpft wird, in der der zaudernde Held erst mit Reizreden zum Kämpfen gebracht werden muss. Nach jeder Rede wird die Kraft des jeweiligen Ritters vom jüdischen Diener Josel auf ironische Weise bestätigt und dadurch ins Gegenteil verkehrt. Auf die oben zitierte Prahlrede repliziert er beispielsweise:

JOSEL confortat rigmum:

Ja, lieber ritter vnd her mein,
Ich wil des wol ewr zeug sein,
Das ír seytt ein ritter helt,
Wo man herte aír schelt,
Vnd wo man dj schwert zeucht,
Seitt ír der erst, der das fleucht.

In dem lant geit man euch dem preiss
Das habt ir mit ewrem schwert pebeist.
(BzO I, 1. Teil, V. 211–218)

Hier liegt der seltene, oben angedeutete Fall vor, dass das Publikum genötigt ist, mit Josel gemeinsam die Ritter zu verlachen. Diese Lachgemeinschaft mit einem Juden wäre aber wohl problematisch, weswegen sich die Frage erhebt, ob es sich bei dieser Figur um einen nichtjüdischen Diener des Kajphas, also um eine Art ‚Schabbesgoi', handeln könnte. Diese Frage ist kaum zu beantworten, da der Text selbst keine weiteren Hinweise dazu liefert; immerhin spricht dagegen, dass auch Josel nach der Auferstehung diese nicht anerkennt beziehungsweise sich gar nicht dazu äußert. Nach der Auferstehung, bei der die Soldaten bekanntlich vom Engel zu Boden geworfen werden beziehungsweise schlafen, kontrolliert Josel die Wache und stellt fest, dass der Leichnam Jesu verschwunden ist. Er holt die Juden herbei und sie stellen die Soldaten zur Rede. Diese berichten, was passiert ist, doch die Juden erweisen sich als ‚verstockt' und wollen die Auferstehung nicht anerkennen. Doch es ist ihnen klar, dass sie etwas gegen die Verbreitung der Geschichte unternehmen müssen, denn der ‚Goi' wird alles herumerzählen: *Wen der goy verschweigt sein nicht* (BzO I, 1. Teil, V. 596). Daraufhin werden die Soldaten bestochen, einer aber hat vor, zwar das Geld zu nehmen, aber die Wahrheit dennoch zu sagen.

WAGSRING:

Es sey euch lieb oder laid,
So wil ich reden dj warhaitt,
Wen er erstuendt von dem tad
(BzO I, 1. Teil, V. 649–651)

Von Pilatus befragt erzählen die Soldaten diesem alles, was ihnen widerfahren ist, auch die Bestechung durch die Juden, was nun auch Pilatus zu einer antijüdischen Invektive veranlasst: *Ir plueting iuden, ewr huld gegen mír klain ist* (BzO I, 1. Teil, V. 676). Der Bericht der Ritter bestätigt Pilatus in seiner Einschätzung, dass Jesus unschuldig gewesen sei. Als die Soldaten wieder auf die Juden treffen, werden sie von diesen verspottet und geschmäht, worauf sich eine veritable Prügelei entspinnt. Wie die Wächter haben die Juden die Botschaft von der Auferstehung gehört, sich aber im Unterschied zu den Rittern nicht bekehrt.

QUARTUS MILES WAGNDRUSSEL:

Doch wil ich mich nit lassen zwingen
Vnd wil sagen vnd singen:

Jhesus Crist sey erstanden
Von des tades panden.
Darumb singt all geleich
Gar frisch vnd froleich:
Crist ist erstanden
(BzO I, 1. Teil, V. 751–757)

Der Diener des Pilatus schreitet ein, verspricht den Soldaten ihren Sold und stiftet Frieden, doch die Paränese scheint klar: Die Juden sind noch lächerlicher und frevelhafter als die moralisch ebenfalls höchst zweifelhaften Ritter und müssen *coram publico* gezüchtigt werden.

Besonders antisemitisch ist auch das unter dem Einfluss des *Bozner Osterspiels I* stehende *Bozner Passionsspiel*, das Vigil Raber 1514 aufgezeichnet hat und das deswegen auch *Vigil Rabers Passion* heißt.[41] Es enthält einen Karfreitags- und einen Osterspielteil und in Letzterem finden sich dieselben Aussagen wieder, die den Grabwächtern und ihren Auftraggebern – den Juden – in den Mund gelegt werden, selbst die ‚spaßige‘ Figur des Josel tritt auf. Auch hier fehlt die Mercatorszene, eine Seelenfangsequenz ist hingegen eingebaut. Dieses Fehlen fällt auch in einem Passionsspiel (mit Osterteil) auf, das nicht in der Raberschen Sammlung enthalten ist, sondern durch zwei Handschriften überliefert und *Bozner Passionsspiel von 1495* (Hs. A)[42] beziehungsweise *Amerikaner Passion* (Hs. B)[43] genannt wird. Hier ist auch die in den bisher besprochenen Spielen so auffällige Judenfeindschaft deutlich abgemildert, wenn auch nicht ganz getilgt.

Das *Erlauer Wächterspiel*[44] ist in der Handschrift mit *Ludus Judeorum circa sepulchrum Domini* überschrieben. Dementsprechend stellt es die Juden in den Vordergrund und operiert ebenfalls sehr stark mit antijüdischen Ressentiments, die wohl auf derbe Komik abzielen. Zu Beginn des Spiels sagt Kajphas zu seinen Beratern:

Cayphas:
[...]
ier sůlt saufleisch eßen,
das sag ich euch an allen list,
wann si unser muem ist.
(ErWä, V. 30–32)

---

41 BzPVR; Edition: Lipphardt/Roloff 1996, 7–161.
42 BzP 1495; Edition: Klammer 1986, 1–174.
43 Abgeleitet vom Bibliotheksort der Hs., der Cornell University in Ithaca (NY). AmP; Edition: Klammer 1986, 174–350.
44 ErWä; Edition: Kummer 1882, 121–146.

Daraufhin stimmen die Juden den pseudo-hebräischen Gesang an, der seit jeher dazu dient, sie „lächerlich und gefährlich zugleich"[45] erscheinen zu lassen, bevor sie zu Pilatus gehen und um die Grabwache bitten. Sie dingen Söldner, die – ähnlich wie im *Bozner Osterspiel I* – ihre Heldentaten in Prahlreden darstellen, die dann – anders als im *Bozner Osterspiel I* – nicht von einem Juden sondern von Pilatus selbst ins Lächerliche gezogen werden, womit es keine Möglichkeit gibt, mit einer jüdischen Figur zu lachen statt über sie. Insgesamt ist diese Szene hier viel weniger ausgestaltet als im Bozner Pendant; es fehlen etwa das Würfelspiel, mit dem sich die Soldaten unterhalten, sowie weitere Prahlereien und Drohungen gegen Jesus, wodurch sie moralisch in einem besseren Licht erscheinen als im Bozner Spiel. Auch sie bezeugen die Auferstehung gegenüber ihren jüdischen Auftraggebern, werden von diesen aber nicht bestochen, sondern von Pilatus eingekerkert.

Die Wächterspiele weisen strukturelle Ähnlichkeiten mit der Gestaltung mancher Fastnachtspiele auf, nämlich in den Kampf- und Fechtszenen, ganz besonders aber in den Reizreden, wie sie in Vigil Rabers *Reckenspiel* vorkommen.[46] Dieses Spiel dramatisiert das Epos vom *Rosengarten zu Worms*, in dem die Recken Dietrichs von Bern von denen rund um Kriemhild beziehungsweise Siegfried zu Zweikämpfen in Kriemhilds Rosengarten herausgefordert werden. Auf der Bühne beziehungsweise im Wirtshaus (es handelt sich um ein Einkehrspiel[47]) werden sechs solcher Zweikämpfe gestaltet, denen jeweils Prahl- beziehungsweise Reizreden vorausgehen. Diese dienen eindeutig der Ridikülisierung der beteiligten Figuren, insbesondere dem Verlachen der unterlegenen Wormser Seite – und letztlich auch dem Verlachen des zeitgenössischen adligen Rittertums.[48] Zwei Beispiele mögen dies illustrieren: Im ersten droht die Figur des Staudnfues aus der Riege der Wormser dem Bruder Hildebrands, Ilsan, der nach einem Leben als Kämpfer in ein Kloster eingetreten ist und für die Rosengarten-Kämpfe ‚reaktiviert' wurde. Offenbar tritt Ilsan auf der Bühne in seinem klösterlichen Habit auf,[49] denn Staudnfues bezieht sich auf die Kukulle des Mönchs.

---

45 Frey 1992, 71.
46 Edition: Bauer 1982, 9–26.
47 Simon 2003, 174 sowie Grafetstätter 2013, 246.
48 Zum Verlachen des Adels vgl. Amann 2011 sowie Grafetstätter 2013, 241–264.
49 Auf Ilsans Mönchstracht beziehungsweise seinen geistlichen Stand wird mehrfach verwiesen, sowohl von ihm selbst, als auch von anderen Figuren, z.B. V. 327, 336, 339, 345, 348.

Staudnfues:

pait, ich will dier dy gugl schuten
Vnd dar zue schlachen auff den grindt,
das dier die vesper zum ars außrindt!
(Reckenspiel, V. 361–363)

Im zweiten Beispiel treten Siegfried und Dietrich von Bern höchstpersönlich ge-
geneinander an; Siegfried spielt in seiner Reizrede auf die typische Zögerlichkeit
Dietrichs an, wenn er ihn beschuldigt, zu *verziechen*.

Seyfrid zum perner:

Hew, wie lang thuestu verziechen!
du mainst villeicht, ich soll dich fliehn;
Du treibst so gar ain grossen praus
vnd pist doch ain klaine vilczlaus
Vnd thuest auch ainem knabn gleichen.
ich gtrau dich woll mit ruetn streichn.
(Reckenspiel, V. 448–452)

Die Repliken der Berner Helden[50] sind jeweils vergleichsweise sanft im Ton: Dietrich selbst bezeichnet sich etwa noch vor der oben zitierten Rede Siegfrieds als
einen *vill klainen, schbachen man* (V. 444) und ruft zweimal Gott und Maria um
Beistand an (V. 442 und 466). Die kaum ironische Richtigstellung der wahren
Kräfteverhältnisse findet, anders als im Osterspiel durch Josel, in den jeweiligen
Zweikämpfen statt, die für die meisten Wormser tödlich enden. Doch auch hier
treten ritterliche Maulhelden gegen einen weit überlegenen Gegner an, dem sie
sich schließlich kleinlaut geschlagen geben müssen und die Unterwerfung des
Wormser Königs Gibich unter die Lehenshoheit Dietrichs von Bern korrespon-
diert mit dem Eingeständnis der Niederlage durch die Grabwächter, die durch die
Bezeugung der Auferstehung ihren Ausdruck findet. Lediglich das *tertium com-
parationis* fehlt, nämlich eine Figurengruppe, die am Schluss völlig isoliert da-
steht und sich den Zorn aller Beteiligten zuzieht – die Juden des Osterspiels haben hier keinen Platz.

Zum Schluss noch ein Sprung ins siebzehnte Jahrhundert. Um dem Kult des
Simon von Trient eine ähnliche Geschichte zur Seite zu stellen und womöglich
eine Wallfahrt zu etablieren, hat der Stadtarzt von Hall in Tirol, der aus Trient

---

50 Im Verzeichnis der *Person des spills* (Bauer 1982, 25–26) werden die Berner als *helden*, die
Wormser hingegen als *reckhn* bezeichnet.

stammende Vielschreiber, fanatische Gegenreformator und Antisemit Hippolytus Guarinoni seit 1619 die Ritualmordlegende um *Anderl von Rinn* erfunden – ein
„Sonderfall in der Geschichte der Ritualmordbeschuldigungen!"[51] – und diese
1642 als Lied im Druck veröffentlicht.[52] Schon 1621 wurde ein lateinisches *Andreas-von-Rinn-Spiel* von den Haller Jesuiten beziehungsweise ihren Schülern
aufgeführt, an dem Guarioni maßgeblich beteiligt gewesen sein muss.[53] Inwie-
weit dieses Spiel die Mitte des siebzehnten Jahrhunderts einsetzende und bis ins
zwanzigste Jahrhundert nicht abreißende Tradition von deutschen Andreas-Spie-
len in ganz Tirol beeinflusst hat, muss dahingestellt bleiben. Sicher ist aber, dass
die Liedfassung diese Tradition (mit)begründet hat, wie Ellen Hastaba gezeigt
hat.[54]

Der von Guarinoni erfundenen Legende zufolge wurde 1462 – also noch vor
der Simon-Geschichte – im kleinen Dorf Rinn in der Nähe von Hall der dreijährige
Andreas von durchreisenden Juden – sie seien nach Bozen unterwegs gewesen –
seinem Vormund abgekauft und rituell ermordet. Die Tat soll auf einem altarar-
tigen Stein verübt worden sein – der entsprechende Ortsteil des Dorfes heißt bis
heute Judenstein, offenbar kam noch niemandem die Idee, diesen Namen zu ändern. Die daraufhin entstandene Verehrung des *Anderl von Rinn* wurde erst 1988
von Reinhold Stecher, dem damaligen Bischof von Innsbruck, endgültig verboten, wird aber illegal immer noch ausgeübt.[55] In Augsburg und in Neuburg an der
Donau haben sich zwei vollständige Exemplare der Perioche dieses Spiels erhalten, die gute Einblicke in den Ablauf der Handlung gibt.[56] Die Beschreibung so
mancher Szenen lässt darauf schließen, dass durchaus komische Elemente enthalten waren,[57] zumal Komik im Jesuitentheater keine kleine Rolle spielte, auch
wenn „die schwankhaften, fastnachtspielartigen volkssprachigen Intermedien
der ersten Jahrzehnte des jesuitischen Theaters"[58] seit dem Ende des sechzehnten
Jahrhunderts zunehmend verpönt waren. Vielmehr wurde Komik zu bestimmten

---

51 Frey 2008, 62.
52 Hastaba 1997, 273.
53 Tilg 2004, 626–628.
54 Hastaba 1997, 283–287.
55 Frey 2016, 173–174.
56 Staats- und Stadtbibliothek Augsburg, 4 Bild 1,43; Staatliche Bibliothek Neuburg, Sign. 4
Philol. 189–1#15 (Tilg 2004, 625).
57 Ganz sicher ist Komik in den frühen deutschen Stücken nachzuweisen (vgl. die ausführliche
Beschreibung bei Schönwiese 1975, 285–326), doch dazu wird extra eine Narren-Figur eingeführt, die im Jesuitendrama fehlt.
58 Meier 2009, 165.

Zwecken eingesetzt, niemals aber, um das Lachen um seiner selbst Willen her-vorzurufen. Die Komik, wenn sie denn im *Anderl-von-Rinn-Spiel* eingesetzt wurde, hatte demnach wohl das Ziel, nicht nur die Darstellung des schaurigen Märtyrertodes des kleinen Kindes erträglich zu machen, sondern auch die Bösar-tigkeit der Juden noch schärfer zu zeichnen. Auch wenn Christel Meier wohl mit einigem Recht anmerkt, dass das frühneuzeitliche Drama sowohl protestanti-scher als auch altgläubiger Provenienz nicht automatisch „ein Erbe des Geistli-chen Spiels des Mittelalters"[59] sei, so darf wohl doch davon ausgegangen werden, dass einzelne Motive denen der mittelalterlichen Spiele zumindest vergleichbar sind. Jedenfalls legt die erhaltene Perioche des Tiroler *Anderl-von-Rinn-Spiels* dies nahe.

Schon ganz zu Beginn sind die Parallelen zu einer Krämerszene, in der Rubin mit seinen Betrügereien prahlt, nicht zu übersehen. In der Perioche heißt es dazu:[60]

> Teil 1, Szene IV:
> Etlich fuornemme Juden / welliche ihr Kauffmannschafft zutreiben auff Botzen raisen/ er-frewen sich under einanderen ab irer Glückseligkeit und uberfluß des Gelts. Berüehmen sich auch wegen ihrer sonderbaren Kunst die Leüt im verkauffen zubetriegen / und hinder das Liecht zuführen.

Wegen des fehlenden Dramentexts wissen wir natürlich nicht, was die Darsteller der Juden genau zu sagen hatten – und sind damit, überspitzt formuliert, in einer ähnlichen Situation wie die Eltern der Schauspieler und andere Zuschauer, die des Lateinischen nicht mächtig waren und lediglich mithilfe der Perioche dem Handlungsverlauf zu folgen vermochten. Die Juden auf der Bühne, so ist anzu-nehmen, mussten also durch entsprechende Kostüme und Requisiten als solche kenntlich gemacht werden; weiters musste aus Mimik, Gestik und Tonfall des vorgetragenen Textes deutlich werden, dass sie sich ihres immensen Reichtums *erfrewen* und dass es ihre Absicht sei, die *Leüt* (Christen), mit denen sie zu tun haben, *zubetriegen*. In ähnlicher Weise tritt auch der *medicus* des geistlichen Spiels auf, noch viel mehr aber sein Knecht Rubin.

Die Juden reisen also durch Tirol und treffen im Dorf Rinn auf das Kind, das sie haben wollen. Sie versuchen, seinen Vormund und Taufpaten dazu zu über-reden, ihnen den Knaben zu verkaufen, was dieser zunächst ablehnt. Doch die Juden geben nicht auf und bestechen den Ziehvater. Darauf lässt er sich schließ-lich ein und verspricht, den Juden das Kind bei deren Rückkehr auszuhändigen,

---

59 Meier 2009, 169.
60 Im Folgenden wird die Perioche nach der Edition von Stefan Tilg (2004, 633–640) zitiert.

worauf *die Juden voller Freüden auff den Jarmarckt gehn Botzen fort passieren* (Szene X). Die weitere Szenerie spielt sich auf dem Jahrmarkt in Bozen ab, wo die Juden die Leute nach Strich und Faden betrügen – auch hier werden Reminiszenzen an die Krämerszenen wach. In Szene XI ist davon die Rede, dass *zwen Jüdische Spitzbueben* und Knechte der Kaufleute in einer Schenke darüber in Streit geraten, wer von ihnen die Kunst des Lügens und Betrügens besser beherrsche: Auch der Rubin des Krämerspiels und der von diesem gedungene Pusterpalk geraten nicht zuletzt über dieses Thema in Streit, der auch in eine Prügelei ausarten kann.[61] Mit diesen Hinweisen sollen nun keineswegs Abhängigkeitsverhältnisse oder gar direkte Übernahmen postuliert noch auch nur suggeriert werden: Es geht lediglich um das Aufzeigen strukturell ähnlicher Elemente von (derber) Komik, die dem Publikum mitunter noch vertraut waren, jedenfalls aber auf eine lange Tradition zurückblicken können.

In den Szenen XIII–XV des 1. Akts wird dargestellt, wie die Juden in Bozen den Bogen überspannen: Ihr Knecht Abacuc betrügt die beiden Christen Drusus und Manfredus,[62] die das jedoch bemerken und sich an den Juden rächen. Insbesondere in Szene XV könnte eine Prügelszene eingeschoben worden oder zumindest angedeutet sein.

Szene XV:
Deßgleichen Manfredus rechet sich auch an dem Juden wegen deß geschehnen Betrugs/ und tractiert ihn also/ daß endtlich der arme Gesell vor jederman zu spott und schandt wirdt.

Im zweiten Akt kehren die Juden nach Rinn zurück und freuen sich über ihre Betrügereien; entsprechende Gesänge und / oder Prahlereien könnten diese Szene wie schon zu Beginn flankiert haben, denn sie *triumphiren erstlich wegen deß grossen Gewins unnd gspickten Seckels / welchen sie auch wider Billigkeit ab dem Marckt darvon getragen* (Szene I). Nachdem sie nun zum Vormund des kleinen Andreas gegangen sind und ihn an den Handel erinnert haben, führen sie das Kind davon und töten es. Dem Ernst des grausigen Vorgangs angemessen war hier keinerlei Komik auszumachen – lediglich in Szene VI, nach der Ermordung

---

61 Z.B. IO, V. 714–715; in Vigil Rabers *Ipocras* werden Prügel immerhin angedroht (Bauer 1986, 94 [V. 158–160]).
62 Die Namen der Figuren wären eigene, mitunter regionalhistorisch ausgerichtete Untersuchungen wert. Dazu methodisch grundlegend Wolf 2017, der für die Stücke der Hessischen Passionsspielgruppe sowie das *Augsburger Passionsspiel* mehrere Übereinstimmungen von – insbesondere jüdischen – Figurennamen mit real existierenden Personen im jeweiligen regionalen Umfeld wahrscheinlich machen konnte.

des Andreas, verfluchen sie die Christen *mit ihrem gewohnlichen Gebett auß dem dritten Buech Thalmud*, womit der aus den geistlichen Spielen bekannte *Judengesang* gemeint sein könnte, jedenfalls wohl ein pseudo-hebräisches Kauderwelsch. Dieser Gesang ist zwar nicht per se komisch[63], doch dient er, wie oben schon behauptet, der Ridikülisierung und gleichzeitig der Dämonisierung der Juden.

In den folgenden Szenen konnte ich keine potenzielle Komik ausmachen, Parallelen zu den mittelalterlichen und frühneuzeitlichen geistlichen Spielen aber sehr wohl. So wird eine allegorische *Crudelitas* eingeführt, die ob des Mordes triumphiert, doch die „heiligen Engel" verstoßen sie in die Hölle. Das erinnert an Szenen zwischen Ecclesia und Synagoga. Der Ziehvater und Pate des Andreas erkennt endlich seine Missetat und verliert darüber den Verstand, was wohl das Ende des Verräters Judas zum Vorbild nimmt beziehungsweise diese Parallelsetzung zumindest evoziert. Und auch die Szenen, in denen Andreas getötet, an einem Baum aufgehängt und anschließend betrauert wird, lässt auf frappante Weise an die Passion Christi und anschließende Marienklage-Sequenzen denken.

Komik kann aggressiv und bösartig sein und sie ist es besonders dann, wenn sie sich gegen Minderheiten und Schwächere richtet. Das zeigen die geistlichen Spiele des Mittelalters und der frühen Neuzeit sehr eindrücklich. In diesen wird Komik nicht nur eingesetzt, um der Freude über die Auferstehung Jesu Ausdruck zu verleihen oder um über närrische Gegen-Figuren und damit über den Teufel zu lachen, sondern auch, um Juden zu diffamieren und den Hass auf sie zu verstärken. Elemente solcher komischer Szenen finden sich auch in zeitgenössischen Fastnachtspielen wieder, wodurch dem mit dem Inventar geistlicher Spiele vertrauten Publikum konkrete Anknüpfungspunkte geboten wurden. Je nachdem, wer auf solche Art verlacht wird, kann mit Komik Kritik an herrschenden Verhältnissen oder höheren gesellschaftlichen Schichten geübt, oder gegen Minderheiten gehetzt werden. Im einen Fall ist das Ergebnis humorvoll, im anderen bösartig.

---

63 Winfried Frey hat gezeigt, dass dieses ‚Kauderwelsch' zwar keinen Sinn ergibt, aber dennoch „aus Wörtern, Begriffen, Floskeln" besteht, „die jeder, der ein einigermaßen scharfes Ohr hatte, [...] aufschnappen und daher ‚wiedererkennen' konnte" (Frey 1992, 65–67; hier 67).

Literaturverzeichnis

Albrich, Thomas (Hrsg.): *Jüdisches Leben im historischen Tirol. Band 1: Vom Mittelalter bis 1805*. Innsbruck 2013.

Amann, Klaus: „Der hirnen seyfrid ist gar vngelenck. Zur Bearbeitung des Rosengartens zu Worms in Vigil Rabers Reckenspiel", in: *Deutschsprachige Literatur und Dramatik aus der Sicht der Bearbeitung: Ein hermeneutisch-ästhetischer Überblick*, hrsg. von Fabrizio Cambi und Fulvio Ferrari. Trient 2011 (Labirinti 134). 9–32.

Bartoldus, Thomas: „We dennen menschen die schuldig sind. Zum Antijudaismus im geistlichen Spiel des späten Mittelalters", in: *Judentum und Antijudaismus in der deutschen Literatur im Mittelalter und an der Wende zur Neuzeit. Ein Studienbuch*, hrsg. von Arne Domrös, Thomas Bartoldus und Julian Voloj. Berlin 2002. 121–146.

Bauer, Werner M. (Hrsg.): *Sterzinger Spiele. Die weltlichen Spiele des Sterzinger Spielarchivs nach den Originalhandschriften (1510–1535) von Vigil Raber und nach der Ausgabe Oswald Zingerles (1886)*. Wien 1982 (Wiener Neudrucke 6).

Bergmann, Rolf: *Katalog der deutschsprachigen geistlichen Spiele und Marienklagen des Mittelalters*. München 1986.

Brandstätter, Klaus: „Jüdisches Leben in Tirol im Mittelalter", in: *Jüdisches Leben im historischen Tirol. Band 1: Vom Mittelalter bis 1805*, hrsg. von Thomas Albrich. Innsbruck 2013. 11–134.

Burmeister, Karl Heinz: „Hohenemser Purim, eine jüdische Fasnacht im Jahre 1811", in: *Schriften des Vereins für Geschichte des Bodensees und seiner Umgebung* 105 (1987): 131–137.

Burmeister, Karl Heinz: *medinat bodase. Band 3. Zur Geschichte der Juden am Bodensee 1450–1617*. Konstanz 2001.

Catholy, Eckehard: *Das Fastnachtspiel des Spätmittelalters. Gestalt und Funktion*. Tübingen 1961 (Hermaea, N.F. 8).

Frey, Winfried: „Gottesmörder und Menschenfeinde. Zum Judenbild in der deutschen Literatur des Mittelalters", in: *Die Juden in ihrer mittelalterlichen Umwelt*, hrsg. von Alfred Ebenbauer und Wolfgang Zatloukal. Wien / Köln 1991. 35–51.

Frey, Winfried: „Pater noster Pyrenbitz. Zur sprachlichen Gestaltung jüdischer Figuren im deutschen Theater des Mittelalters", in: *Aschkenas* 2 (1992): 49–71.

Frey, Winfried: „Hippolytus Guarinonius und die Tradition der Ritualmordbeschuldigungen", in: *Hippolytus Guarinonius. Akten des 5. Symposiums der Sterzinger Osterspiele (5.–7.4.2004). „Die Greuel der Verwüstung menschlichen Geschlechts." Zur 350. Wiederkehr des Todesjahres von Hippolytus Guarinonius (1571–1654)*, hrsg. von Klaus Amann und Max Siller. Innsbruck 2008 (Schlern-Schriften 340). 61–76.

Frey, Winfried: „Die alte Litanei", in: *Aschkenas* 26 (2016): 157–174.

Grafetstätter, Andrea: *Ludus compleatur. Theatralisierungsstrategien epischer Stoffe im spätmittelalterlichen und frühneuzeitlichen Spiel*. Wiesbaden 2013 (Imagines medii aevi 33).

Hastaba, Ellen: „Vom Lied zum Spiel. Das Anderl-von-Rinn-Lied des Hippolyt Guarinoni als Vorlage für das Anderl-von-Rinn-Spiel", in: *Literatur und Sprachkultur in Tirol*, hrsg. von Johann Holzner, Oskar Putzer und Max Siller. Innsbruck 1997 (Innsbrucker Beiträge zur Kulturwissenschaft. Germanistische Reihe 55). 273–288.

Jacobelli, Maria Caterina: *Ostergelächter. Sexualität und Lust im Raum des Heiligen*, übers. von Fortunat Sommerfeld. Regensburg 1992.

Keil, Martha: „Judenschutz auf dem Papier? Juden im Herzogtum Österreich 1305–1421", in: *Das Wormser Passionsspiel. Versuch, die großen Bilder zu lesen*, hrsg. von Volker Gallé, Klaus Wolf und Ralf Rothenbusch. Worms 2013. 101–117.

Klammer, Bruno (Hrsg.): *Bozner Passion 1495. Die Spielhandschriften A und B.* Bern, Frankfurt am Main / New York 1986 (Mittlere deutsche Literatur in Neu- und Nachdrucken 20).

Kummer, Karl Ferdinand (Hrsg.): *Erlauer Spiele. Sechs altdeutsche Mysterien nach einer Handschrift des XV. Jahrhunderts.* Wien 1882.

Linke, Hansjürgen: „Unstimmige Opposition. ‚Geistlich' und ‚weltlich' als Ordnungskategorien der mittelalterlichen Dramatik", in: *Leuvense Bijdragen* 90 (2001): 75–126.

Lipphardt, Walther / Roloff, Hans-Gert (Hrsg.): *Die geistlichen Spiele des Sterzinger Spielarchivs. Band 1.* 2., verb. Aufl. Bern / Frankfurt am Main / New York 1986 (Mittlere deutsche Literatur in Neu- und Nachdrucken 14).

Lipphardt, Walther/Roloff, Hans-Gert (Hrsg.): *Die geistlichen Spiele des Sterzinger Spielarchivs. Band 3.* Bern 1996 (Mittlere deutsche Literatur in Neu- und Nachdrucken 16).

Meier, Christel: „Sakralität und Komik im lateinischen Drama der Frühen Neuzeit", in: *„Risus sacer – sacrum risibile." Interaktionsfelder von Sakralität und Gelächter im kulturellen und historischen Wandel*, hrsg. von Katja Gvozdeva und Werner Röcke. Bern / Berlin / Bruxelles / Frankfurt am Main / New York / Oxford / Wien 2009. 163–184.

Meier, Rudolf (Hrsg.): *Das Innsbrucker Osterspiel. Das Osterspiel von Muri. Mittelhochdeutsch und Neuhochdeutsch.* Stuttgart 1961 (RUB 8660).

Moser, Hans: „Die Innsbrucker Spielhandschrift in der geistlichen Spieltradition Tirols", in: *Tiroler Volksschauspiel. Beiträge zu einer Theatergeschichte des Alpenraumes*, hrsg. von Egon Kühebacher. Bozen 1976. 178–189.

Neumann, Bernd: *Geistliches Schauspiel im Zeugnis der Zeit. Zur Aufführung mittelalterlicher religiöser Dramen im deutschen Sprachgebiet.* 2 Bde. München 1987 (MTU 84–85).

Palme, Rudolf: „Zur spätmittelalterlichen und frühneuzeitlichen Sozial- und Rechtsgeschichte der Juden in Tirol", in: *Die Juden in ihrer mittelalterlichen Umwelt*, hrsg. von Alfred Ebenbauer und Wolfgang Zatloukal. Wien / Köln 1991. 183–203.

Polheim, Karl Konrad: *Das Admonter Passionsspiel. Band I: Textausgabe.* Faksimileausgabe. München / Paderborn / Wien 1972.

Polheim, Karl Konrad: *Das Admonter Passionsspiel. Band II: Untersuchungen zur Überlieferung, Sprache und Osterhandlung.* Paderborn 1980.

Rommel, Florian: „ob mann jm vnrehtt thutt, so wollenn wir doch habenn sein blutt. Judenfeindliche Vorstellungen im Passionsspiel des Mittelalters", in: *Juden in der deutschen Literatur des Mittelalters. Religiöse Konzepte – Feindbilder – Rechtfertigungen*, hrsg. von Ursula Schulze. Tübingen 2002. 183–207.

Schennach, Martin P.: „Rechtshistorisches bei Vigil Raber: Darstellung und Funktion des geistlichen und weltlichen Gerichts", in: *Vigil Raber. Zur 450. Wiederkehr seines Todesjahres. Akten des 4. Symposiums der Sterzinger Osterspiele (25.–27.3.2002)*, hrsg. von Michael Gebhardt und Max Siller. Innsbruck 2004 (Schlern-Schriften 326). 161–191.

Schönwiese, Ekkehard: *Das Volksschauspiel im nördlichen Tirol. Renaissance und Barock.* Wien 1975 (Theatergeschichte Österreichs II/3).

Schottmann, Brigitta (Hrsg.): *Das Redentiner Osterspiel. Mittelniederdeutsch / Neuhochdeutsch.* Stuttgart 1975 (RUB 9744–9747).

Simon, Eckehard: *Die Anfänge des weltlichen deutschen Schauspiels 1370–1530. Untersuchung und Dokumentation.* Tübingen 2003.

Tilg, Stefan: „Die Popularisierung einer Ritualmordlegende im Anderl-von-Rinn-Drama der Haller Jesuiten (1621)", in: *Daphnis* 33 (2004): 623–640.

Treue, Wolfgang: *Der Trienter Judenprozeß. Voraussetzungen – Abläufe – Auswirkungen (1475–1588).* Hannover 1996.

Ukena-Best, Elke: „Sie dadens nit wan vmbe daz, daz sie gein Iesum trugen haz. Die Darstellung der Juden im Wormser Passionsspiel", in: *Das Wormser Passionsspiel. Versuch, die großen Bilder zu lesen*, hrsg. von Volker Gallé, Klaus Wolf und Ralf Rothenbusch. Worms 2013. 119–143.

Wackernell, Josef Eduard: *Altdeutsche Passionsspiele aus Tirol. Mit Abhandlungen über ihre Entwicklung, Composition, Quellen, Aufführungen und litterarhistorische Stellung.* Graz 1897.

Wolf, Gerhard: „Komische Inszenierung und Diskursvielfalt im geistlichen und weltlichen Spiel. Das ‚Erlauer Osterspiel' und die Nürnberger Arztspiele K 82 und K 6", in: *Fastnachtspiele. Weltliches Schauspiel in literarischen und kulturellen Kontexten*, hrsg. von Klaus Ridder. Tübingen 2009. 301–326.

Wolf, Klaus: „Das Judenbild in mittelalterlichen Dramen aus Worms, Mainz und Erfurt", in: *Die jüdische Gemeinde von Erfurt und die SchUM-Gemeinden. Kulturelles Erbe und Vernetzung*, hrsg. von der Landeshauptstadt Erfurt. Erfurt 2012 (Erfurter Schriften zur jüdischen Geschichte 1). 150–156.

Wolf, Klaus: „Personennamen in Passionsspielen. Namenkunde als Mittel der Interpretation beim geistlichen Spiel", in: *Blätter für oberdeutsche Namenforschung* 54 (2017): 99–107.

Heidy Greco-Kaufmann

Die Anhänger des Antichrist: Juden und konfessionelle Gegner in Schweizer Fastnachtspielen

Anders als das Fastnachtspiel-Zentrum Nürnberg, das judenfeindliche Spiele kennt, – man denke nur an Hans Folz' sadistisches Fastnachtspiel *Der Juden Messias* oder wie es auch genannt wird, *Ein spil von dem hertzogen von Burgund*[1], – lassen sich in der Schweiz keine Fastnachtspiele ausmachen, in denen Juden eine Hauptrolle spielen.[2] In den schweizerischen religiösen Spielen – in den Passions- und den eschatologischen Spielen – treten Juden jedoch mehr oder weniger prominent auch als handelnde Personen in Erscheinung.[3] Eine strenge Abgrenzung der sogenannt „geistlichen" von den „weltlichen" Spielen ist allerdings in vielen Fällen nicht unproblematisch. Auf diese „unstimmige Opposition" wiesen insbesondere Hansjürgen Linke[4] und in der Folge auch Eckehard Simon[5] hin. Für die Schweizer Spiele des Mittelalters und der Frühen Neuzeit ist die Vermischung von religiösen mit weltlichen Themen, vor allem im nachreformatorischen Theater, geradezu charakteristisch.[6] Seit Catholys Fastnachtspiel-Studien wird zudem die politische Dimension der Schweizer Spiele hervorgehoben.[7] Dass Gattungszuweisungen mitunter fast nicht möglich sind, exemplifiziert Simon in seiner Studie zu den Anfängen des weltlichen deutschen Schauspiels.[8] Im Kapitel „Falsche Anfänge oder auf der Suche nach dem ersten weltlichen Schauspiel" wird unter anderem das Spiel *Des Entkrist Vasnacht* behandelt, in dem die Juden als Anhänger des Antichrist auftreten.[9] Dieses Spiel, das aufgrund von zeitgeschichtlichen Anspielungen in Zürich lokalisiert und auf das Jahr 1353/54 datiert wird, gehört

---

1 Neuausgabe des Spieltextes sowie Kommentar und eine Zusammenstellung der antijüdischen Nürnberger Fastnachtspiele und Reimpaarsprüche von Hans Folz in: Ridder/Steinhoff 1998, 85–108 (Textausgabe bearbeitet von Martin Przybilski) und 156–167 (Kommentar).
2 Überblick über Formen und Inhalte schweizerischer Fastnachtspiele vgl. Greco-Kaufmann 1994, Kap. 4.4.
3 Kotte 2012; Greco-Kaufmann 2005; Keller/Landmann 2005; Duncker 1994; Aichele 1974; Reuschel 1906.
4 Linke 2001.
5 Simon 2007.
6 Greco-Kaufmann 1994, 272–279.
7 Catholy 1961; Greco-Kaufmann 1994, Kap. 4.4.
8 Simon 2003.
9 Simon 2003, Kap. 1.

https://doi.org/10.1515/9783110696882-008

zu den „Frühen Schweizer Spielen", die von Friederike Christ-Kutter 1962 neu herausgegeben wurden. [10] Die Crux ist aber, dass der bezüglich unserer Frage nach Juden und Judenbildern in Schweizer Fastnachtspielen interessante Text nicht in der ursprünglichen Fassung überliefert ist, sondern in einer gut hundert Jahre später entstandenen Nürnberger Fastnachtspielversion. [11] Es handelt sich dabei um einen Text, der in der auf 1455-1458 datierten Sammelhandschrift von 48 Spielen erhalten geblieben ist, die im Inhaltsverzeichnis als *Vasnacht Spil Schnepers* bezeichnet werden. Bearbeiter des Schweizer Fastnachtspiels ist also „mit grosser Wahrscheinlichkeit" Hans Rosenplüt. [12] Die in der Forschung diskutierte Frage, ob Rosenplüt dem Schweizer Antichristspiel eine „fastnächtliche Maske" [13] aufgesetzt hat oder ob das Spiel schon in seiner ursprünglichen Gestalt als Fastnachtspiel konzipiert war, ist noch offen. [14] Unbestritten ist die politische Tendenz des Spiels, die „Polemik gegen korrupte Geistliche (Bischof *Gugelweyt*, der habgierige *Capplan*, Abt *Gödlein Waltschlawch*) und Kritik an einem Kaiser, der den Bestechungen des Entkrist unterliegt." [15] Die Tatsache, dass die Völlerei bei der Korrumpierung der Geistlichen eine viel größere Rolle spielt als in anderen Antichristspielen und dass der *Froß* seinen neuen Herrn mit einer Hymne auf die Völlerei anpreist (*Ich nym wein für schöne weib / Vnd schewb dye speis in meinen(en) leyb*, V. 503f), deutet auf den Fastnachtszusammenhang hin. Dennoch zieht Simon das Fazit: „Es ist nicht zu entscheiden, ob die Fressthematik zur Nürnberger „fastnächtlichen Maske" gehört, wie Christ-Kutter meint, oder ob Ansätze dazu schon in der Erstfassung vorhanden waren." [16]

---

10 Nebst *Des Entchrist Vasnacht* gehören das Spiel vom Streit zwischen Herbst und Mai, die Basler Fastnachtspielszenen sowie das Züricher Fragment zu den frühen Schweizer Spielen. Christ-Kutter 1962.

11 Die folgenden Ausführungen entnehme ich Simon 2003, 36–37.

12 Habel 2000, 177.

13 Christ-Kutter 1962, 38.

14 Ob das Spiel unter dem Aspekt der fastnächtlich „verkehrten Welt" oder als geistliches Antichristspiel mit verstörendem Schluss – der fehlenden Vernichtung des Gegners Christi – betrachtet wird, führt zu sehr unterschiedlichen Interpretationen. Vgl. Ridder/Barton 2010, 186–190.

15 Simon 2003, 37.

16 Simon 2003, 37–38.

1 Die Auftritte der Juden in *Des Entkrist Vasnacht*

Zur Eruierung des Stellenwerts und der Bedeutung der Auftritte der Juden sind Aufbau und Struktur des Fastnachtspiels einer genaueren Betrachtung zu unterziehen. Der *Praecursor*, der – wie in mittelalterlichen Spielen üblich – einen kurzen Überblick über den Inhalt des Spiels gibt, kündigt mit Verweis auf die Heilige Schrift, *als von got geschriben stat* (V. 4), das baldige Kommen des Antichrist an. Gott habe aber vorgesorgt, lässt er sich weiter vernehmen, und die Propheten *Enoch* und *Elias* dazu bestimmt, die Welt zu stärken. In direkter Ansprache an das Publikum legt er diesem nahe, die Lehre der Propheten zu beherzigen. Die kurze Vorrede des Vorläufers endet mit der Warnung:

> Vor dem pösen Valenzloer (=Teufel)
> Das er vns also nit / verker
> (V. 17f.)

Als erste Figur der Spielhandlung tritt der Prophet *Enoch* auf. In einem längeren Monolog weist er auf die drohende Gefahr durch den Antichrist hin und mahnt eindringlich, auf Christus zu vertrauen und nicht den Listen und Betrügereien seines Gegenspielers zu erliegen. Er schliesst mit den Worten:

> Gedenckt / an den waren Krist
> Der durch vns all gemartert / ist
> (...)
> Nemet in zu einem grunt
> Darauff solt ir pleÿben vnd stan
> Vnd secht die pittern helle an.
> (V. 54 ff.)

Nach dem flammenden Appell *Enochs*, standhaft zu bleiben und sich das Jenseits, die möglichen Höllenqualen, vor Augen zu halten, tritt der zweite Prologsprecher, der „Ausschreier des *Entkrist*", auf und kündigt dessen Erscheinen an. Dieser, hoch zu Ross einreitend[17], gibt sich sofort zu erkennen und eröffnet seine Rede an das Volk mit den Worten: *Ich pin der entkrist / Der aller werlt gewaltig ist* (V. 98f.). Beredsam preist er, die Rede seines Prologsprechers zum Teil fast wörtlich aufnehmend, seine Allmacht und Stärke. Dabei nimmt er Bezug auf die Vita Christi und mokiert sich über seinen Gegner – ein Prinzip, das sich durch

---

17 Diese Stelle, die in einem fastnächtlichen Nürnberger Einkehrspiel nicht viel Sinn macht, deutet darauf hin, dass das ursprüngliche Zürcher Spiel im Freien stattfand.

die ganze Spielhandlung hindurchzieht.[18] Die biblische Episode des Einzugs Christi in Jerusalem parodierend, höhnt der Antichrist: *Einen esel raÿt ewr got / Dartzu ward er verspot / Ain groß roß reÿt ich / Sehent alle an mich.* (V.116ff.)

Der Prophet *Elias,* der in der Folge auftritt, beschimpft den Antichrist als *tewffelischer man* (V. 129). Als Reaktion darauf befiehlt der Antichrist den Schergen, die Propheten tot zu schlagen. Nach der Tötung der Propheten ruft der *Entchrist* nach dem jüdischen Volk, präsentiert sich diesem als Messias und fordert es auf, ihm Gefolgschaft zu leisten und die Christen von seinem Glauben zu überzeugen:

> Ir schült euch alle zu mir kern
> Die Cristen meinen glawben lern
> Das sie auch werden meine kint
> Alls dÿ Jüden gewesen sint.
> (V. 156 ff)

Die Juden erkennen im Antichrist sogleich ihren Messias, sichern ihm ihre Anhängerschaft zu und setzen den Missionierungsauftrag unverzüglich in die Tat um. An die Christen gerichtet erklären sie:

> Wir sein des rechten gotz kint
> Jhesus Cristus ewr got
> Hat mit euch getriben sein spot
> Er was ain rechter trügner
> Ir seht nu dÿ rechten mer
> Das vnser herr der Entkrist
> Ain rechter warer got ist
> Wir red es on allen haß
> Er ist vnser Messias
> (V.182ff.)

Damit endet der Auftritt der Juden. Der *Entkrist* wendet sich nun dem Kaiser und später den Klerikern, dem Bischof und dem Abt, zu. Es gelingt ihm, sie zu verführen, u.a. durch die Heilung von Blinden und Lahmen sowie durch die Auferweckung des toten Kaisers und eines zuvor in seinem Auftrag getöteten Pilgers. In der letzten Szene wendet sich der Antichrist an den *Froß* und das Spiel endet in Nürnberger Manier in fastnächtlichem Geist.

---

18 Die Parallelisierung der Stationen des Wirkens des Antichrist mit der Vita Christi lässt sich in den meisten volkssprachlichen Antichristspielen beobachten.

Am Aufbau und der Ausgestaltung der Szenen fällt Folgendes auf: Die Propheten-Szenen und die Juden-Szenen bilden insofern eine Einheit als sie sich thematisch auf weit verbreitetes Antichrist-Schrifttum beziehen.[19] Sie besitzen Reihenspielcharakter, d.h. innerhalb der jeweiligen Szenen sind keine Dialoge vorhanden, welche die Figuren untereinander verbinden. Die Sprüche von *Enoch* und *Elias* sind je nur an den *Entkrist* gerichtet; die Juden ihrerseits wenden sich in ihrem ersten Spruch an den *Entkrist*, in ihrem zweiten an die *tummen lewt* (V. 176), an die Christgläubigen. Auffällig ist, dass sich „*die* Juden" an „*die* Christen" wenden, dass jeweils das Kollektiv und nicht individuelle Vertreter der Religionsgemeinschaften angesprochen werden. Die stereotype Behandlung der Propheten als alttestamentliche „Heldenfiguren"[20] und die ebenso stereotype Darstellung der Juden als erste Anhänger des Antichrist folgt einer gängigen mittelalterlichen Tradition, die vornehmlich durch die von Adso von Montier-en-Der verfasste Schrift *De ortu et tempore Antichristi*[21] weit verbreitet war.

Nach einem völlig anderen Muster sind die Szenen mit dem Kaiser und den Klerikern gestaltet. Der Antichrist richtet seine Rede zuerst an den weltlichen, dann an den geistlichen Machtträger. Worauf sich der Kaiser, und in der Folge auch der Bischof, an seine Gefolgsleute wendet und sie um Rat fragt. In den Beratungsszenen entwickelt sich ein Handlungsspiel mit verklammerten Dialogen. Die zahlreichen, mehr oder weniger verklausulierten Anspielungen verraten, dass die an die Machtträger adressierten Reden des Antichrist auf reale Persönlichkeiten zielen, die in der damaligen politischen Lage, in der sich Zürich befand, eine Rolle spielten. Bereits der älteren Forschung, Michels, Creizenach, Reuschel, Christ-Kutter, gelang es, die im Spiel thematisierten historischen Verhältnisse ansatzweise zu rekonstruieren und die Protagonisten zu identifizieren.[22] Mit dem Kaiser ist Karl IV. gemeint, hinter dem Bischof Gugelweit versteckt sich dessen Kämmerer Dietrich von Kagelweit, der spätere Bischof von Minden und Erzbischof von Magdeburg.[23] Der Konflikt dreht sich um Macht- und Herrschaftsansprüche im Zusammenhang mit der Eidgenossenschaft – neben Zürich

---

19 Der Prologsprecher verweist am Anfang seiner Auftrittsrede explizit auf schriftliche Quellen: *als von got geschriben stat* (V. 4). Zum Antichriststoff und den eschatologischen Spielen vgl. Emmerson 1981; Rauh 1979; Aichele 1974; Jenschke 1971.
20 Posth 2017.
21 Vgl. Adso Abbas Dervensis (Adso-Montier-en Der) in: Repertorium Geschichtsquellen des deutschen Mittelalters.
22 Die Stadt Zürich wurde von Herzog Albrecht II von Österreich belagert; Kaiser Karl IV. kam seinem Schwager mit seinen Reichstruppen zu Hilfe. Vgl. Michels 1896; Creizenach 1911; Reuschel 1906; Christ-Kutter 1961.
23 Vgl. Simon 2003, 36.

spielen auch Bern und Luzern eine Rolle. Anhand neuerer Forschungsergebnisse zur Stadtgeschichte könnte man den politisch-historischen Kontext heute mit Sicherheit noch genauer fassen.[24] Im Zusammenhang mit der Fragestellung dieses Beitrags ist jedoch nur relevant, dass in den Szenenkomplexen mit dem *Entkrist*, dem Kaiser und den Klerikern die brennenden politischen und gesellschaftlichen Probleme der damaligen Zeit verhandelt werden. Mit dem Auftritt des *Froß* kehrt das Spiel dann wiederum auf eine überzeitliche Thematik zurück, die das Spielgeschehen an den fastnächtlichen Anlass zurückbindet.

Aus dieser kurzen Betrachtung ergibt sich eine Dreiteilung des Spiels, die sich summarisch so beschreiben lässt:

– Die Eingangsszenen mit den Propheten und den Juden referieren bekannte Inhalte aus der Antichristliteratur. Schwerpunktmässig geht es um eine Gegenüberstellung von Christen und Juden, von „Ecclesia" und „Synagoga", wie sie im Tegernseer *Ludus de Antichristo*, dem Frankfurter, dem Donaueschinger und anderen Passionsspielen vorkommt.[25]
– Der mittlere und damit der weitaus umfangreichste Teil des Spiels thematisiert Konflikte, die in der zeitgenössischen Realität der Eidgenossenschaft wurzeln.
– Der Schluss des Spiels ist nach dem Muster der fastnächtlichen Nürnberger Stubenspiele gestaltet.

In Bezug auf die Judenszenen konstatierte Reuschel in seiner 1906 publizierten Untersuchung der deutschen Weltgerichtspiele, die von Christ-Kutter unkommentiert zitiert wird: „Es fällt auf, dass die Juden für ein Fastnachtspiel sehr gelinde, geradezu nachlässig behandelt werden. Seit September 1348 war Zürich judenrein; eine Verulkung der Juden musste daher gerade in Zürich ohne Reiz bleiben. Dabei ist allerdings zu bedenken, dass wir es nur mit dem ersten Teil einer Moralität zu tun haben, in deren Zentrum die Auferweckung des toten Königs steht. Die Juden heißen den Entkrist immerhin ohne weiteres willkommen. Sie könnten am Schluss des Stücks – dann, wenn Gott seine Allmacht beweist und der Entkrist untergeht – immer noch verhöhnt und grausam bestraft werden."[26]

---

24 Eine Veröffentlichung zu den ältesten Theateraufführungen in Zürich ist geplant.
25 Vgl. Schulze 2012; Wolf 2002; Freise 2002; Wenzel 1992; Bremer 1986; Frey 1984.
26 Christ-Kutter 1961, 34.

Abgesehen davon, dass heutige Forschende beim Begriff „judenrein" unwillkürlich zusammenzucken, ortet Reuschel die im Vergleich zu den späteren Nürnberger Fastnachtspielen ausgesprochen milde Behandlung der Juden im fehlenden Bezug zur ansässigen Bevölkerung. In der Tat: Die Pestepidemie im Jahr 1348 hatte zu Pogromen in ganz Europa geführt. Unter dem Vorwand, die Juden hätten Brunnen vergiftet, wurden Juden ermordet, verbrannt und vertrieben. Auch in Bern, Solothurn, Basel und Zürich. [27] Obwohl schon bald nach den Pogromen eine Wiederansiedlung von Juden in eidgenössischen Städten erfolgte, in Zürich um 1354, also zur Zeit der mutmaßlichen Entstehung/Aufführung der Urfassung des Spiels *Des Entkrist vasnacht,* handelte es sich nur um wenige Familien. Weil Juden in rechtlicher und wirtschaftlicher Hinsicht diskriminiert waren und ihre Bedeutung als Geldverleiher abnahm, bildeten sich auch im fünfzehnten und sechzehnten Jahrhundert keine bedeutenden jüdischen Gemeinschaften in eidgenössischen Städten. Einzelne Familien siedelten sich in ländlichen Gebieten an, wo sie gegen Ende des sechzehnten und im siebzehnten Jahrhundert ihr Auskommen im Kleinhandel fanden.

Da den Juden in der Schweiz während der Blütezeit der Fastnachtspiele weder in ökonomischer noch politischer Hinsicht eine bedeutende Rolle zukam und ihre Kultausübung vermutlich eher unauffällig im privaten Rahmen stattfand, waren die Juden auch nicht Gegenstand von Spott und Hohn fastnächtlicher Veranstaltungen. Jedenfalls ließen sich dazu keine Quellen finden. In Pamphilus Gengenbachs an der Fastnacht 1517 in Basel aufgeführtem Spiel *Der Nollhart*[28] tritt zwar *der Jud* auf und wird vom Bruder Nollhart mit *verfluochter Jud* betitelt, doch diese Beschimpfung steht – dem Zürcher Spiel *des Entkrist vasnacht* vergleichbar – in keinen erkennbaren Bezug zur damaligen Lebenswirklichkeit. Beim Basler Stück, das maßgeblich unter dem Einfluss von Lichtenbergers *Prognosticatio* und Wolfgang Aytingers kommentierter Ausgabe der Offenbarungen des Methodius, bzw. Pseudo-Methodius, entstanden ist[29] und vom Aufbau und Gehalt Gengenbachs zwei Jahre zuvor entstandenem Spiel *Die X alter dyser welt* ähnelt, handelt es sich um eine in die Endzeit-Thematik gekleidete Stände- und Zeitkritik. Papst, Kaiser, König von Frankreich, Bischof von Mainz, Pfalzgraf am

---

27 Für die folgenden Ausführungen stütze ich mich auf den Artikel „Judentum" im Historischen Lexikon der Schweiz. das HLS: URL: http://www.hls-dhs-dss.ch/textes/d/D11376.php
28 *Der Nollhart, Disz sind die prophetien sancti Methodij vnd Nollhardi. welche von wort zu wort nach jnhalt der matery vnd anzeigu[n]g der figure[n] sind gespilt worden jm. xvc. vnd. xvij. Jor vff der herren fastnacht von ettlichen ersamen vnd geschickten Burgeren einer loblichen stat* Basel, [Basel], [1517] [VD16 G 1205], Edition: Werren-Uffer 1977.
29 Vgl. Werren-Uffer 1983, 56–120.

Rhein, der Venediger, der Türke, der Eidgenosse, der Landsknecht und schließlich der Jude stellen Fragen zur Vergangenheit und Zukunft. Die Hauptfigur Bruder Nollhart, assistiert von Birgitta von Schweden, Sybilla Cumea und Methodius, gibt die Antworten. Auffällig ist wiederum die stereotype Behandlung des
Juden. In seiner Auftrittsrede wird dem Juden, der auch hier als pars pro toto für
die Glaubensgemeinschaft steht, die Frage *So du so ein gûter wysag bist. Sag mir
wen kumpt der Endtkrist* (V. 1424f.) in den Mund gelegt. Danach folgen die langen
Ausführungen des Bruder Nollhart, die in gleicher Weise wie im *Entkrist Vasnacht*
populäre Antichristvorstellungen evozieren. Der Monolog endet mit der Drohung
des Jüngsten Gerichts, das den Verfluchten – und damit sind traditionellerweise
die „Gottesleugner", die nicht Christgläubigen, gemeint – die ewige Höllenpein
bringen wird. Da andere Figuren des Spiels durchaus konkret im aktuellen Zeit-
geschehen situiert sind und von Bruder Nollhart mit tendenziösen politisch-pat-
riotischen Ermahnungen eingedeckt werden[30], liegt auch bei diesem Spiel den
Schluss nahe, dass Gengenbach die Juden mangels aktueller Konflikte anhand
tradierter Vorstellungen darstellt. Zur Zeit der Aufführung gab es keine jüdische
Gemeinde in Basel.[31] Die Juden, die sich als letzte an den Bruder Nollhart wenden,
wurden vielleicht nur der Vollständigkeit halber in das Panorama der Stände-
bzw. Religionsvertreter eingereiht. Gemäß Werren-Uffer, dient der Auftritt der Juden „vor allem zur Darstellung der Endzeit."[32] Dass die Juden im *Nollhart* nur eine
marginale Rolle spielen, zeigt sich unter anderem auch darin, dass bei einer Neubearbeitung durch Jakob Cammerlander um 1544 unter dem Titel *Der alt und new
Bruder Nolhard* die Judenszenen weggelassen werden.[33]

2 Konfessionelle Gegner als Zielscheibe der Agitation

Eine gegen bestimmte, allenfalls identifizierbare jüdische Persönlichkeiten ge-
richtete Verulkung oder gar Aggression lässt sich in den Schweizer Fastnachtspielen des sechzehnten Jahrhunderts jedenfalls nicht nachweisen. Häme, Spott

---

30 Warnung vor der Reisläuferei, Stellungnahme für eine kaiserfreundliche und eine franzosen-
feindliche Politik.
31 Zwar kehrten nach den Pestpogromen jüdische Familien ab 1362 wieder nach Basel zurück.
Doch diese zweite jüdische Gemeinde löste sich durch Abwanderung im Jahr 1397 auf. Vgl. Rebmann 2008.
32 Werren-Uffer, a.a.O., 135.
33 Werren-Uffer, a.a.O., 172ff.

und beißende Satire finden erst richtig Eingang in die Schweizer Fastnachtspiele mit der durch Luther und Zwingli losgetretenen Debatte um Glaubensfragen. Die Juden geraten dabei völlig aus dem Fokus. Zielscheibe fastnächtlicher Agitation werden die konfessionellen Gegner. Seitens der Glaubenserneuerer identifizierte man den Papst als Antichrist und seitens der Altgläubigen schob man diese Rolle den Reformatoren zu.[34] Im Februar 1522 wurde in Bern das von Niklaus Manuel verfasste reformationspropagandistische Fastnachtspiel *Von Papst und seiner Priesterschaft* aufgeführt, das auf Gegenbachs Pamphlet *Diss ist ein iemerliche clag vber die Todten fresser* beruht.[35] Darin werden die Missstände der römischen Kirche gegeißelt und die Nutznießer des Ausbeutungssystems – genannt werden Seelenmessen, Ablasshandel, Pfründenpolitik – in satirischer Weise bloßgestellt. Der Papst wird vom Ritter von Rhodos, der vergeblich Unterstützung gegen die auf der griechischen Insel eingefallenen Türken fordert, als Antichrist betitelt. Der Apostel Petrus bestätigt, dass der Papst keinesfalls der Stellvertreter Christi sei, sondern der Antichrist, der seiner Strafe nicht entgehen werde. In seinem Totenfresserspiel charakterisiert Manuel die Vertreter der Hierarchie der katholischen Geistlichkeit sowie die in ihren Diensten stehenden Söldner und die Pfaffenmetz durchwegs als verfressene, geldgierige und blutrünstige Anhänger des Antichrist im päpstlichem Habit, dessen Sinn nach Machterweiterung und Krieg steht und der die Zerstörung des christlichen Abendlandes in Kauf nimmt. Die Kontrahenten hingegen, die Apostel Petrus und Paulus, der Reformator Doctor Lupolt Schuchnit und die evangelisch gesinnten Bauern, werden zu frommen, bescheidenen und rechtschaffenen Garanten des „richtigen" Glaubens stilisiert.[36]

Die Provokation durch das antipäpstliche Schauspiel, dem ein paar Tage später eine Spottprozession ähnlichen Inhalts folgte, ließen die Altgläubigen nicht unerwidert. An der folgenden Fastnacht wurde in Luzern, dem Zentrum der Altgläubigen, die öffentliche Verbrennung eines Bildnisses von Ulrich Zwingli, den sie für den Urheber der als blasphemisch empfundenen Invektive der Berner hielten, inszeniert.[37] Dass die Glaubensstreitigkeiten, denen auch handfeste ökonomische und politische Interessen zugrunde lagen – man denke beispielsweise an das von Zwingli kritisierte Söldnerwesen, das für die wirtschaftliche Existenz der

---

34 Vgl. Richardsen-Friedrich 2003.
35 Kritische Neuedition mit Kommentar Zinsli/Hengartner 1999. Zur Neudatierung der Fastnachtspielaufführung vgl. Greco-Kaufmann 2016, 74.
36 Zur Funktion der Manuel'schen Fastnachtspiele bei der Durchsetzung der Reformation in Bern vgl. Pfrunder 1989; Ehrstine 2002.
37 Vgl. Greco-Kaufmann 2009, 295–300.

voralpinen ländlichen Gebiete von zentraler Bedeutung war – nicht nur symbolische Aktionen zeitigten, ist bekannt. Verbrennen, Ertränken und Hinrichten von „Ketzern" gehörte viele Jahre zu den grausamen Spektakeln, die große Massen von Schaulustigen anzogen. [38] Dazu gehörte die systematische Vertreibung von konfessionellen Gegnern aus den eigenen Territorien.

Die Parallelen der fastnächtlichen Schauspektakel der Berner und Luzerner zu den antijüdischen Fastnachtspielaufführungen mit anschließenden Pogromen und Vertreibungen wie dies in Nürnberg der Fall war, sind offensichtlich. Die Denunziation der jeweiligen konfessionellen Gegner als Anhänger des Antichrist gehört zu den üblichen Verhaltensmustern, die in konfliktbeladenen Zeiten gerne reaktiviert werden. Zur Verunglimpfung der Feinde – seien dies Juden, Muslime oder konfessionelle Gegner der christlichen Religion – bediente man sich stets klischeehafter Charakterisierungen. Dass die Antichrist-Figur gegebenenfalls zum Kristallisationskern von Gegnern jeglicher Couleur werden kann, zeigt sich eindrücklich am Antichristspiel von Zacharias Bletz, das, zusammen mit dem Weltgerichtsspiel, an Ostern 1549 in Luzern aufgeführt wurde.[39] Gemäß Angaben im Spielerverzeichnis tritt der Antichrist *alls ein doctor jn langem erbarn cleyd mit einem doctor baret*[40] auf und verkörpert damit den Humanisten und Reformator. Im Verlaufe der Spielhandlung ergibt sich jedoch ein facettenreicheres Bild der Figur. Beispielsweise erscheint der Antichrist nach seiner Beschneidung *alls ein küng geziertt vff eim sässel*[41] und gibt sich als Messias der Juden aus. Seinen Gegnern erscheint er aber auch als magisch-dämonische Teufelsgestalt, die mit dem siebenköpfigen Tier der Apokalypse verglichen wird. In einer weiteren Szene fordert der Antichrist seine Anhänger auf, alle Völker der Erde zu unterwerfen und sie mit dem Halbmond zu kennzeichnen. Reformator, Messias der Juden, die siebenköpfige Bestie, muslimischer Herrscher: in der Antichristfigur vereint Bletz alle Feinde des „wahren ungezwyffleten" Glaubens.[42]

Fazit: Da in der Blütezeit der Schweizer Fastnachtspiele in eidgenössischen Städten keine jüdischen Gemeinden existierten, waren Juden auch keine Zielscheibe aggressiver Verspottung. Ins Visier genommen wurden vielmehr die jeweils aktuellen politischen oder konfessionellen Gegner. Dennoch trug die den

---

38 Vgl. Greco-Kaufmann 2009, 300–309.

39 Teiledition in: Reuschel 1906.

40 Personenverzeichnis in: Reuschel 1906, 322.

41 Reuschel 1906, Regieanweisung nach Vers 1675.

42 Zur Instrumentalisierung der Antichristfigur im Luzerner Spiel von Zacharias Bletz vgl. Greco-Kaufmann 2009, 332–359; Frey 1995; Duncker 1994.

Juden in den Schauspielen wiederholt zugewiesene Rolle als Anhänger des Antichrist dazu bei, dass Stereotype über Jahrhunderte tradiert und immer wieder wachgerufen werden konnten.[43] Das Judenbild, das in den auf öffentlichen Plätzen inszenierten Spielen vorgeführt wurde, prägte sich ins kollektive Gedächtnis ein.

Literaturverzeichnis

„Adso Abbas Dervensis (Adso-Montier-en Der)", in: *Repertorium Geschichtsquellen des deutschen Mittelalters*. http://www.geschichtsquellen.de/repPers_118647091.html (Zugriff 15.6.2018)

Aichele, Klaus: *Das Antichristdrama des Mittelalters, der Reformation und Gegenreformation*. Den Haag 1974.

Bremer, Natascha: *Das Bild der Juden in den Passionsspielen und in der bildenden Kunst des deutschen Mittelalters*. Frankfurt et al. 1986.

Catholy, Eckehard: *Das Fastnachtspiel des Spätmittelalters. Gestalt und Funktion*. Tübingen 1961.

Christ-Kutter, Friederike (Hrsg.): *Frühe Schweizerspiele*. Bern 1962.

Creizenach, Wilhelm: *Geschichte des neueren Dramas. Bd. I, Mittelalter und Frührenaissance*. Halle ²1911.

Duncker, Veronika: *Antijudaismus, antireformatorische Polemik und Zeitkritik im Luzerner Antichristspiel des Zacharias Bletz*. Frankfurt am Main 1994.

Ehrstine, Glenn: *Theatre, Culture, and Community in Reformation Bern, 1523-1555*. Leiden et al. 2002.

Emmerson, Richard Kenneth: *Antichrist in the Middle Ages. A study of medieval apocalypticism, art and literature*. Manchester 1981.

Engelsing, Rolf: *Ludus de Antichristo / Das Spiel vom Antichrist. Lateinisch und deutsch*. Stuttgart 1976.

Freise, Dorothea: *Geistliche Spiele in der Stadt des ausgehenden Mittelalters*. Göttingen 2002.

Frey, Winfried: „Passionsspiel und geistliche Malerei als Instrumente der Judenhetze in Frankfurt am Main um 1500", in: *Jahrbuch des Instituts für Deutsche Geschichte der Universität Tel Aviv*, Bd. XIII (1984): 15–57.

Frey, Winfried: „Zacharias Bletz und die neue Zeit. Zum Luzerner Antichristspiel", in: *Zeitschrift für Religions- und Geistesgeschichte* 47 Heft 2 (1995): 126–144.

Greco-Kaufmann, Heidy: „Antichristspiel", in: *Theaterlexikon der Schweiz*, Band 1, hrsg. von Andreas Kotte. Zürich 2005. 55–56.

---

43 Die von der neueren Forschung konstatierte negative Darstellung der Juden in den spätmittelalterlichen und frühneuzeitlichen Spielen wird von Martin als zu pauschalisierend kritisiert. „Conflicted and contradictory images of Jews are demonstrably present in a wide variety of literary works from throughout the Middle Ages." Martin 2004, 187.

Greco-Kaufmann, Heidy: „Niklaus Manuel, der Fastnachtspieldichter", in: *Söldner, Bilderstürmer, Totentänzer. Mit Niklaus Manuel durch die Zeit der Reformation*, hrsg. von Susan Marti / Bernisches Historisches Museum. Zürich 2016. 70–77.

Greco-Kaufmann, Heidy: *Vor rechten lütten ist guot schimpfen. Der Luzerner Marcolfus und das Schweizer Fastnachtspiel des 16. Jahrhunderts.* Bern et al. 1994.

Greco-Kaufmann, Heidy: *Zuo der Eere Gottes, vfferbuwung dess mentschen vnd der statt Lucern lob. Theater und szenische Vorgänge in der Stadt Luzern im Spätmittelalter und in der Frühen Neuzeit. Historischer Abriss (Bd. I) und Quellenedition (Bd. II).* Zürich 2009.

Habel, Thomas: „Prototyp und Variation: Aufstieg und Fall des Antichrist in Nürnberger Bildertexten und Fastnachtspielen des 15. Jahrhunderts", in: *Der Sturz des Mächtigen. Zu Struktur, Funktion und Geschichte eines literarischen Motivs.* Bericht über Kolloquien der Kommission für literaturwissenschaftliche Motiv- und Themenforschung 1995-1998, hrsg. von Theodor Wolpers. Göttingen 2000. 149–201.

Jenschke, Georg: *Untersuchungen zur Stoffgeschichte, Form und Funktion mittelalterlicher Antichristspiele.* Diss. masch. Münster 1971.

„Judentum" in: *Historisches Lexikon der Schweiz.* http://www.hls-dhs-dss.ch/textes/d/D11376.php (Zugriff 16.6.2018)

Keller, Hildegard Elisabeth/Landmann, Ellinor: „Osterspiele", in: *Theaterlexikon der Schweiz,* Band 2, hrsg. von Andreas Kotte. Zürich 2005. 1357–1360, mit Abbildung auf 1358.

Kotte, Andreas: „Geistliche Spiele", in: *Historisches Lexikon der Schweiz* (HLS), Version vom 20.11.2012, http://www.hls-dhs-dss.ch/textes/d/D11899.php (Zugriff 16.6.2018)

Linke, Hansjürgen: „Unstimmige Opposition. "Geistlich" und "weltlich" als Ordnungskriterien in der mittelalterlichen Dramatik", in: *Leuvense Bijdragen* 90 (2001): 75–126.

Martin, John D.: *Representations of Jews in Late Medieval and Early Modern German Literature.* Bern 2004.

Michels, Victor: *Studien über die ältesten deutschen Fastnachtspiele.* Strassburg 1896.

Posth, Carlotta: „Krisenbewältigung im spätmittelalterlichen Schauspiel: Elias und Enoch als eschatologische Heldenfiguren", in: *helden. heroes. héros.* E-Journal zu Kulturen des Heroischen 5,1 (2017): *HeldInnen und Katastrophen – Heroes and Catastrophes.* 21–29. freidok.uni-freiburg.de/data/12922 (Zugriff 15.6.2018).

Pfrunder, Peter: *Pfaffen, Ketzer, Totenfresser. Fastnachtskultur der Reformationszeit – Die Berner Spiele von Niklaus Manuel.* Zürich 1989.

Rauh, Horst Dieter: *Das Bild des Antichrist im Mittelalter. Vom Tyconius zum Deutschen Symbolismus.* 2., verb. u. erw. Aufl. Münster 1979.

Rebmann, Roger Jean: *Die Basler Juden im Mittelalter,* Version vom 8.08.2008, http://www.ch/dossier/juden_basel.html (Zugriff 16.6.2018).

Reuschel, Karl: *Die deutschen Weltgerichtsspiele des Mittelalters und der Reformationszeit. Nebst einem Abdruck des Luzerner Antichrist von 1549.* Leipzig 1906.

Richardsen-Friedrich Ingvild: *Antichrist-Polemik in der Zeit der Reformation und der Glaubenskämpfe bis Anfang des 17. Jahrhunderts: Argumentation, Form und Funktion.* Frankfurt et al. 2003.

Ridder, Klaus / Barton, Ulrich: „Die Antichrist-Figur im mittelalterlichen Schauspiel", in: *Antichrist. Konstruktionen von Feindbildern,* hrsg. von Wolfgang Brandes und Felicitas Schmieder. Berlin 2010. 179–196.

Ridder, Klaus / Steinhoff, Hans-Hugo: *Frühe Nürnberger Fastnachtspiele.* Paderborn et al. 1998.

Schulze, Ursula: *Geistliche Spiele im Mittelalter und in der Frühen Neuzeit. Von der liturgischen Feier zum Schauspiel.* Eine Einführung, Berlin 2012.

Simon, Eckehard: *Die Anfänge des weltlichen deutschen Schauspiels 1370-1530.* Tübingen 2003.

Simon, Eckehrd: „Geistliche Fastnachtspiele. Zum Grenzbereich zwischen geistlichem und weltlichem Spiel", in: *Transformationen des Religiösen. Performativität und Textualität im geistlichen Spiel,* hrsg. von Ingrid Kasten und Erika Fischer-Lichte. Berlin 2007. 18–45.

Werren-Uffer, Violanta: *Der Nollhart des Pamphilus Gengenbach,* Bern et al. 1983.

Werren-Uffer, Violanta (Hg.): *Pamphilus Gengenbach. Der Nollhart,* Bern 1977.

Wenzel, Edith: „*Do worden die Judden alle geschant". Rolle und Funktion der Juden in den spätmittelalterlichen Spielen.* München 1992.

Zinsli, Paul / Hengartner, Thomas (Hrsg.): *Niklaus Manuel. Werke und Briefe. Vollständige Neuedition,* hrsg. unter Mitarbeit von Barbara Freiburghaus. Bern 1999.

Wolf, Klaus: *Kommentar zur ‚Frankfurter Dirigierrolle' und zum ‚Frankfurter Passionsspiel'.* Tübingen 2002.

~

www.ingramcontent.com/pod-product-compliance
Lightning Source LLC
Chambersburg PA
CBHW051424090426
42737CB00014B/2821